Jeannette Goddar/Dorte Huneke (Hrsg.)
Auf Zeit. Für immer.

Schriftenreihe Band 1183

Jeannette Goddar/Dorte Huneke (Hrsg.)

Auf Zeit. Für immer.

Zuwanderer aus der Türkei erinnern sich

Ein Projekt der Bundeszentrale für politische Bildung
und des KulturForums TürkeiDeutschland e.V.

bpb: Bundeszentrale für
politische Bildung

KulturForum TürkeiDeutschland

Bonn 2011

© Bundeszentrale für politische Bildung
  Adenauerallee 86, 53113 Bonn

Redaktion: Hildegard Bremer
Lektorat: Yvonne Paris

Diese Veröffentlichung stellt keine Meinungsäußerung der Bundeszentrale für
politische Bildung dar. Für die inhaltlichen Aussagen tragen die Herausgeber die
Verantwortung.

Umschlaggestaltung: Michael Rechl, Kassel
Umschlagfoto: Selahattin Biner
Satzherstellung: Naumilkat, Düsseldorf
Druck: CPI books GmbH, Leck

ISBN 978-3-8389-0183-1

www.bpb.de

Inhalt

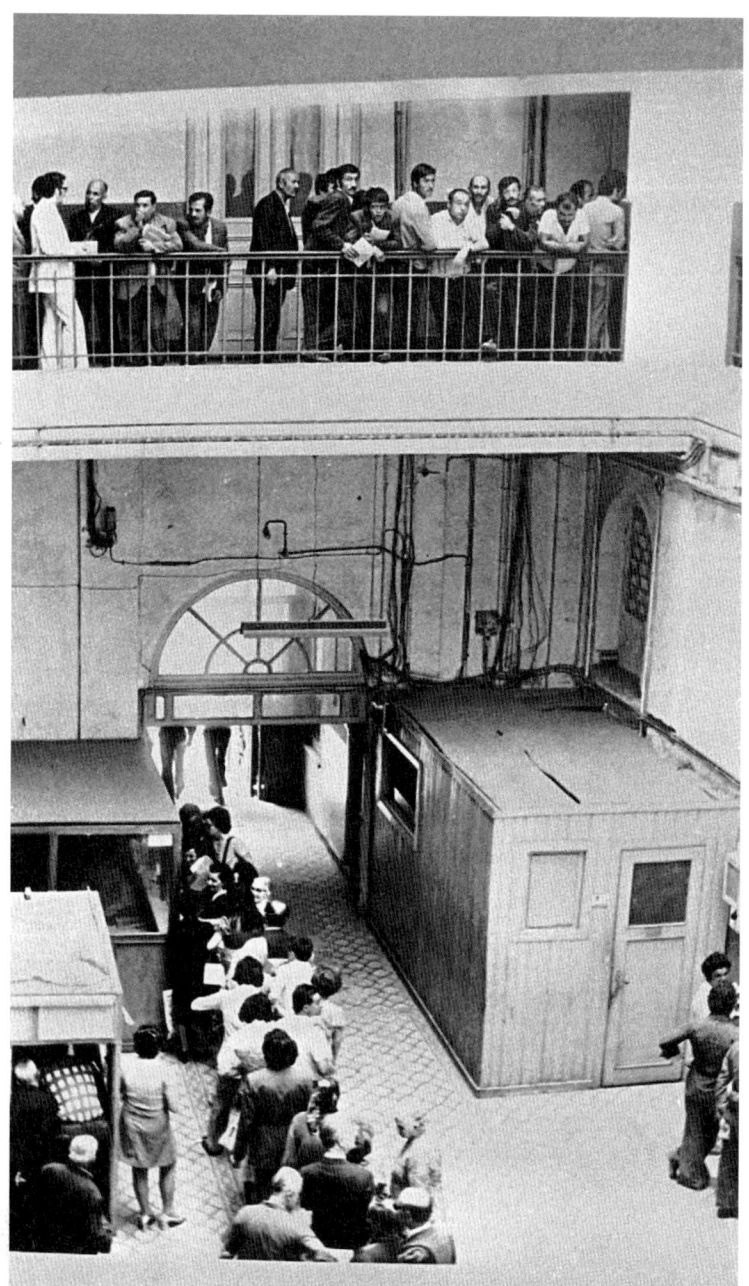

Die Türken sind auf unseren und ihren Wunsch zu uns gekommen.
Sie befinden sich jetzt bei uns,
und daher tragen wir die politische Verantwortung für ihre Lebenschancen.

Richard von Weizsäcker, 1983
Bundespräsident der Bundesrepublik Deutschland 1984–1994

Einleitung

Den Bewohnern seiner Stadt muss er einen merkwürdigen Anblick geboten haben: Mit einer Baskenmütze auf dem Kopf und Knickerbocker-
Hosen soll Ernst Reuter, der spätere Bürgermeister von Westberlin, als
junger Mann auf dem Fahrrad durch die türkische Hauptstadt Ankara zu
seinen Vorlesungen gefahren sein. Er war einer von über 1 000 Flüchtlingen aus Nazi-Deutschland, die in den 30er-Jahren in der noch jungen Republik Türkei Zuflucht fanden: jüdische Professoren, Künstler
und sozialdemokratische Politiker. In den großen türkischen Städten lebten damals bereits zahlreiche deutsche Ingenieure, Handwerker, Studenten, Diplomaten. Viele waren Anfang des 20. Jahrhunderts in die Türkei gekommen, um am Bau der Bagdadbahn mitzuwirken, mit dem 1903
begonnen worden war. In Istanbul werden die deutschen Familien, die
sich seither dort angesiedelt haben, »Bosporus-Germanen« genannt. Ihre
Spuren sind bis heute sichtbar: Es gibt deutsche Schulen, Krankenhäu-
ser, Buchläden, Kirchengemeinden, Weihnachtsmärkte und vieles andere,
das auf ihre sprachliche, kulturelle und religiöse Herkunft zurückweist.
Die deutsch-türkischen Beziehungen reichen also weit über hundert Jahre
zurück – und zwar in beide Richtungen. Der älteste islamische Friedhof
in Deutschland ist der Türkische Friedhof am Columbiadamm in Berlin-
Neukölln: ein Geschenk des deutschen Kaisers Wilhelm I. an das Osmanische Reich Mitte des 19. Jahrhunderts.

Im Deutschland des 21. Jahrhunderts gehören die Kinder und Kindeskinder der Einwanderer aus der Türkei zu den erfolgreichsten Filme-
machern, Ärzten, Unternehmern. Sie moderieren Sendungen in den
öffentlich-rechtlichen deutschen Medien, spielen in der deutschen Fuß-
ball-Nationalmannschaft, gründen Theater, gewinnen Literaturpreise,

Warten auf die Untersuchung: die Deutsche Verbindungsstelle in Istanbul, 1962.

machen wissenschaftliche Karrieren und vertreten Deutschland im Europa-parlament – den öffentlichen Debatten zum Trotz, in denen meist die »abschüssigen« Karrieren im Vordergrund stehen. Pionierarbeit für diese Entwicklung leisteten vor allem die Migrantinnen und Migranten, die als sogenannte Gastarbeiter über ein Anwerbeabkommen zwischen der Bundesrepublik Deutschland und der Türkei von 1961 bis 1973 hierherkamen.

Die Möglichkeit, nach Deutschland zu gehen, war für viele Menschen in der Türkei zu einer Zeit, als Internet und Billigflüge noch in weiter Ferne lagen, eine außergewöhnliche Chance, vor allem der Arbeitslosigkeit in ihren Ländern zu entfliehen, aber auch, um mehr von der Welt zu sehen. Einige nutzten die Gelegenheit, um in der Ferne ein unabhängigeres Leben zu führen, die Fesseln traditioneller Familienstrukturen abzustreifen, oder sie gingen mit der Hoffnung, in Europa studieren zu können. Für andere war es eine Flucht – vor Armut oder Repressionen und Verfolgung.

Herkunftsland Türkei

In den 60er-Jahren war die Türkei ein wirtschaftlich armes, politisch instabiles Land mit rund 29 Millionen Einwohnern. Nur wenige Jahrzehnte zuvor, 1923, war auf den Trümmern des Osmanischen Reiches unter dem ehemaligen General Mustafa Kemal Atatürk eine Republik errichtet worden. Mit klaren Prinzipien: Der neu gegründete türkische Staat sollte modern und laizistisch sein, orientiert an der westlichen Kultur. Traditionelle Kopfbedeckungen wie der Fes für Männer und das Kopftuch für Frauen kamen als Zeichen von Rückständigkeit in Verruf; das lateinische Alphabet wurde anstelle des arabischen eingeführt. Als Garant für die neue Ordnung galt eine möglichst homogene Bevölkerung: türkisch, muslimisch und bereit, Staat und Religion zu trennen. Tatsächlich lebten in der türkischen Republik jedoch – wie auch im Vielvölkerstaat des Osmanischen Reiches – von Beginn an unterschiedliche Kulturen und Religionen nebeneinander. 1965 ergab eine Volkszählung, dass damals 29 unterschiedliche Muttersprachen im Land gesprochen wurden; in der Wissenschaft ist zum Teil von 40 Sprachen die Rede. Eine Vielfalt, die immer wieder zu Konflikten führte.

Im 20. Jahrhundert erlebten vor allem nicht-sunnitische und nicht-türkische Bevölkerungsgruppen immer wieder Repressionen und Gewalt. 1955 wütete ein von Nationalisten angeheizter Mob in Istanbul gegen die seit Jahrhunderten dort ansässige griechische Bevölkerung mit Plünderungen, Brandschatzungen und brachialer Gewalt, die einen Exodus der Mehrheit der griechischen Bevölkerung zum Ziel und zur Folge hatte.

Mehrmals riss das Militär durch Putsche gegen die Regierung die politische Macht an sich (1960, 1971 und 1980). Etwa 17 000 Menschen, vornehmlich Kurden, Aleviten, Armenier, Kommunisten und andere Linksintellektuelle, fielen bis heute, aber vor allem in den 80er- und 90er-Jahren, der Praxis des »Verschwindenlassens«, sogenannten ungeklärten Morden, zum Opfer. Seit den 80er-Jahren wird der Konflikt zwischen der kurdischen Bevölkerung und den türkischen Sicherheitskräften vor allem im Südosten des Landes mit Waffen ausgetragen und hat bereits über 30 000 Todesopfer gefordert.

Als das Anwerbeabkommen mit der Bundesrepublik 1961 in Kraft trat, hatten die Menschen in der Türkei mehrere Wirtschaftskrisen hinter sich und erlebten erneut eine Zeit, die vor allem in den ländlichen Regionen von Armut und Arbeitslosigkeit geprägt war. Aus den Dörfern Anatoliens zogen Hunderttausende in die größeren Städte, zunächst innerhalb des eigenen Landes. In Istanbul seien der Boden und die Steine aus Gold, hieß es. Ähnliche Geschichten erzählte man sich aus Deutschland.

Anwerberepublik Deutschland

Die junge Bundesrepublik erlebte nur zehn Jahre nach dem Ende des Zweiten Weltkrieges einen einzigartigen Wirtschaftsboom. Acht Millionen Vertriebene aus den heute in Polen und Russland liegenden Ostgebieten des »Dritten Reichs« und drei Millionen Flüchtlinge aus der DDR reichten nicht, den Bedarf an Arbeitskräften zu decken. Also schloss die Bundesrepublik mit wirtschaftlich ärmeren Ländern, bei denen man annahm, dass die Menschen sie bereitwillig für eine Weile verlassen würden, um anderswo Geld zu verdienen, sogenannte Anwerbeabkommen: 1955 mit Italien, 1960 mit Spanien und Griechenland – und 1961 mit der Türkei. Weitere Abkommen mit Marokko, Portugal, Tunesien und Jugoslawien sollten folgen.

Die Abkommen fixierten die Details der Anwerbung – vor allem aber, wer kommen durfte. Das konnte je nach Abkommen unterschiedlich geregelt sein. In dem 1961 mit der Türkei geschlossenen Anwerbeabkommen war festgelegt: Männer durften, wenn sie ungelernt waren, nicht älter als 30 und sonst nicht älter als 40 Jahre sein, Frauen nicht älter als 45. Sie mussten eine Schule besucht haben und des Lesens und Schreibens mächtig sein. Und: Sie sollten nur zwei Jahre in Deutschland bleiben dürfen – eine Regelung, die allerdings nur drei Jahre später aufgegeben wurde, weil die deutschen Arbeitgeber nicht ständig neues Personal anlernen wollten. Gemeinsam war jedoch allen Anwerbeabkommen: Der deutsche Staat –

und nicht nur die Arbeitgeber – durfte seine neuen Arbeitskräfte im Ausland in einem von ihm geführten Büro selbst auswählen. Sogenannte Deutsche Verbindungsstellen wurden eingerichtet: Nach Rom, Neapel und Verona, Athen und Thessaloniki eröffnete die Bundesanstalt für Arbeit 1961 auch in Istanbul eine Verbindungsstelle.

Istanbul: Bewerber vor der Deutschen Verbindungsstelle, der Außenstelle des deutschen Arbeitsamtes, 1972.

Dort traten, unterstützt von türkischen Kollegen, deutsche Beamte ihren Dienst an, die jeden Bewerber genauestens prüften: Sie begutachteten Schul- und Arbeitszeugnisse; zum Beweis der Lesefähigkeit mussten die Bewerber aus Zeitungen vorlesen. Auch anhand kleinerer Arbeitsaufträge sollte der Bewerber zeigen, wie gut er bestimmte berufliche Fertigkeiten beherrschte. Deutsche und türkische Ärzte unterzogen jeden potenziellen Ausreisenden einem intensiven Gesundheitscheck. An jeder dieser Stationen konnten die Bewerber bestehen – oder scheitern.

Und so fielen in den Räumen der Deutschen Verbindungsstellen Hoffnung und Enttäuschung auf engstem Raum zusammen. Ob jemand nach Deutschland gehen konnte oder nicht, löste Freudentaumel oder bittere Tränen aus. Das Ja oder Nein zur Ausreise war für viele eine Entscheidung von existenzieller Bedeutung. So mancher hatte in seinem Heimatdorf Haus und Vieh verkauft, um in die Ferne zu ziehen – und stand bei einer Ablehnung vor dem Nichts. Und wer aus politischen oder religiösen Gründen das Land verlassen wollte und nicht durfte, dem blieb nur, fortan andere Wege zu finden, Verfolgung und Diskriminierung zu entkommen.

Ein Berufseignungstest in der Deutschen Verbindungsstelle Istanbul, 1973.

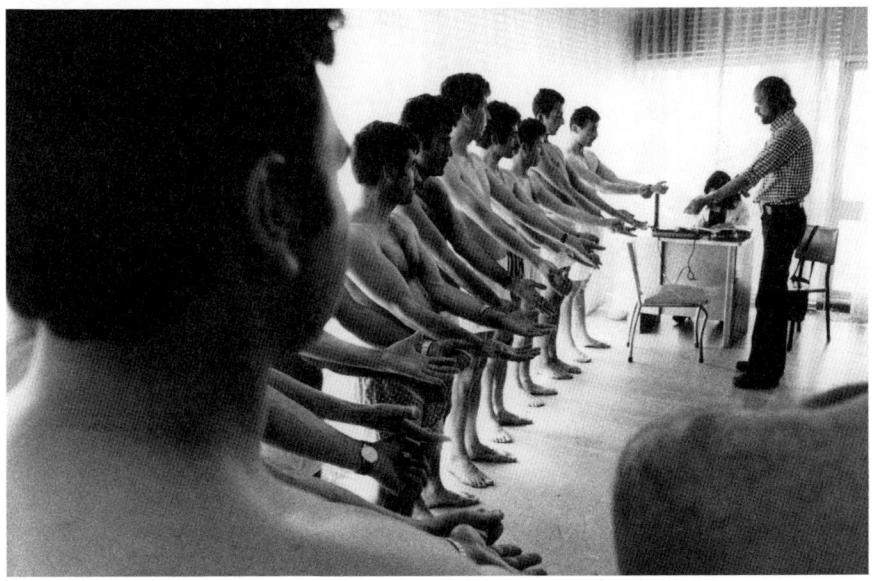

Gesundheitsprüfung in der Deutschen Verbindungsstelle Istanbul, 1973.

Bestanden oder durchgefallen? Warten auf das Ja oder Nein zur Ausreise, 1973.

Das Gedränge ist riesig – ein Zug fährt ab von Istanbul nach München, 1969.

Abschied von der Heimat: Gastarbeiterinnen bei ihrer Abreise in Istanbul.

Diejenigen, die eine Zusage bekommen hatten, stiegen – jedenfalls bis zu Beginn der 70er-Jahre, als immer häufiger auch Flüge von Istanbul nach Deutschland gingen – in den Zug. Bis zu 70 Stunden dauerte die Fahrt vom Bahnhof Istanbul-Sirkeci zum Münchner Hauptbahnhof, wo die Sonderzüge der Gastarbeiter auf dem immer selben Gleis anhielten: Gleis 11. Erschöpft, aufgeregt und gespannt, was das Leben in Deutschland ihnen bringen würde, kamen die Menschen dort an. Kaum einer wusste, wohin die Reise ihn oder sie führen würde, in welcher Stadt oder in welchem Job er oder sie arbeiten würde. Für die allermeisten war es die erste Reise in ein fremdes Land; Deutsch oder Englisch sprachen die wenigsten.

In einem ehemaligen Luftschutzbunker unterhalb des Münchner Hauptbahnhofs hatte die Bundesanstalt für Arbeit eine weitere Stelle eingerichtet: Die sogenannte Weiterleitungsstelle. Dort wurden die Neuankömmlinge begrüßt, bekamen etwas zu essen, konnten sich ein bisschen ausruhen. In vielen Fällen nahmen sie dort aber auch schon wieder Abschied: von all jenen, die ihnen auf der zwei- oder mehrtägigen Reise in die Fremde fast so etwas wie Freunde geworden waren. Nach ein paar Stunden, manchmal auch einer Nacht in München trennten sich ihre Wege: Mithilfe langer Listen – auf denen jeder Angeworbene und jeder Arbeitgeber verzeichnet waren – wurden die Ankömmlinge aufgeteilt und auf die Weiterreise geschickt, zu den Orten ihrer zukünftigen Arbeitgeber.

Ankunft der Gastarbeiter auf dem Gleis 11 im Münchner Hauptbahnhof (Foto aus dem Münchner Merkur vom 24. November 1965).

Die mehr als zwei Millionen Gastarbeiterinnen und Gastarbeiter, die zwischen 1955 und 1973 nach Westdeutschland kamen, schraubten nicht nur an den Fließbändern großer Fabriken Fernseher oder Autos zusammen. Sie bauten auch neue Wohnviertel oder legten Gärten an, schwitzten in Hochöfen und Bergwerken, kochten und putzten in Großküchen und Hotels. All das von der Nordseeküste bis an den Tegernsee. Dass die Gastarbeiter auch in beschauliche Dörfer in den Bergen oder am Meer kamen, war dabei nicht selten: In Zeiten, in denen die zu Wohlstand gekommenen Deutschen das Reisen für sich entdeckten, suchte auch die Hotel- und Tourismusbranche in den Kurorten händeringend Personal.

Meist übernahmen die Gastarbeiter Tätigkeiten, die monoton oder körperlich hart oder beides waren und für die sich so leicht kein Deutscher finden ließ. Arbeit in drei Schichten sowie im Akkord war die Regel. Aus tarifrechtlicher Sicht gab es an den Arbeitsbedingungen – dort, wo sie Tarifverträgen unterlagen – nichts zu beanstanden. Die Gewerkschaften hatten durchgesetzt, dass ausländische und deutsche Arbeitnehmer arbeits- und sozialrechtlich gleichgestellt wurden. So wollten sie verhindern, dass die Löhne in Deutschland insgesamt sinken. Ihre Sorge: Die Arbeitgeber könnten die ausländischen Arbeitskräfte zu niedrigeren Löhnen einstellen und so auch die deutschen Arbeitnehmer unter Druck

Türkische Gastarbeiter demonstrieren für mehr Dolmetscher und Wohnungen ohne Außentoiletten, vermutlich am 1. Mai 1970.

Etagenbetten und Fotos aus der Heimat: Gastarbeiter in einem Wohnheim in Frankfurt am Main, 1965.

Ein Sprachkurs bei der Ruhrkohle AG, 1971.

setzen. Die Gewerkschaften hatten ebenso erwirkt, dass den Gastarbeitern eine »menschenwürdige Unterbringung« zugesichert wurde. Die Realität sah allerdings am Arbeitsplatz wie in den Wohnvierteln zuweilen anders aus: Immer wieder mussten die ausländischen Arbeitskräfte für das gleiche Geld länger schuften als ihre deutschen Kollegen; viele von ihnen machten auch Überstunden, weil sie in kurzer Zeit so viel Geld wie möglich verdienen wollten. Auch war es keine Seltenheit, dass die Gastarbeiter zu völlig überteuerten Preisen in maroden oder ungepflegten Behausungen wohnten.

Gastarbeiter, Gurbetçi: 50 Jahre deutsch-türkische Migration

In Deutschland nannte man die Arbeitskräfte aus der Türkei und anderen südeuropäischen Ländern Gastarbeiter. In der türkischen Sprache wurde in diesen Jahren das Wort »Gurbet«, was so viel bedeutet wie »die Fremde«, »das ferne Land«, zum Synonym für Deutschland – jenem fernen Land, in dem seit Beginn der Arbeitsmigration nach Europa fast jeder in der Türkei mindestens ein Familienmitglied wusste. Aus dieser Fremde berichteten die »Gurbetçiler«, also diejenigen, die vorübergehend nicht in ihrer Heimat waren, von ihren Erfahrungen: von Wohlstand und Freiheit, aber auch von Heimweh, Sehnsucht und Einsamkeit, harter Arbeit, von Rassismus und Diskriminierung. Ihre Erzählungen prägten das Bild, das sich die Menschen in der Türkei von Deutschland machten. Ebenso wie die angeworbenen Arbeitskräfte über die Jahrzehnte hinweg das Türkei-Bild der Deutschen prägten.

Als die Wirtschaft in der Bundesrepublik Anfang der 70er-Jahre in eine Rezessionsphase geriet, verhängte die Bundesregierung unter Willy Brandt 1973 einen Anwerbestopp. Die laufenden Arbeitsverträge der Gastarbeiter blieben bestehen, aber es wurden keine weiteren geschlossen. Gemäß dem Ausländergesetz von 1965 erhielten die in der Bundesrepublik lebenden Gastarbeiter je nach Dauer ihrer Beschäftigung in Deutschland eine befristete oder unbefristete Aufenthaltsgenehmigung und die Möglichkeit, ihre Familien zu sich zu holen. Daher wurde schon damals über die Integration der Kinder von Zuwanderern im Bildungsbereich debattiert.

Immer wieder umziehen – auch das gehörte für viele Gastarbeiterfamilien zum Alltag.

Die folgenden Jahre waren jedoch geprägt von einer Unsicherheit der Zuwanderer in Bezug auf ihren Aufenthaltsstatus, Arbeitslosigkeit, restriktiven Gesetzen der Bundesregierung wie der Zuzugssperre für »überlastete Siedlungsgebiete« – und von einer wachsenden Fremdenfeindlichkeit innerhalb der deutschen Gesellschaft. Anfang der 80er-Jahre debattierte der Bundesrat über Regelungen »zur Förderung der Rückkehrbereitschaft von Ausländern«; am Ende stand der Beschluss einer individuell bemessenen Prämie – je nach Aufenthaltsdauer, Verdienst und der Zahl der Familienmitglieder – für diejenigen Zuwanderer, die in ihre Herkunftsländer zurückkehren würden.

Mit oder ohne Prämie: Etwa die Hälfte derer, die einst über das Anwerbeabkommen aus der Türkei nach Deutschland gekommen waren, kehrte früher oder später wieder zurück. Die andere Hälfte blieb in der neuen Heimat – und erlebte bewegte Zeiten des deutsch-türkischen Zusammenlebens.

Von den Entlassungswellen in der Regel stärker betroffen als ihre deutschen Kollegen, gründeten viele türkische Einwanderer eigene Unternehmen: Zunächst für die Zielgruppe der eigenen Landsleute; nach und nach aber auch für einen multikulturellen deutschen Markt. Aus den ehemaligen Gastarbeitern oder Leiharbeitern, wie man heute sagen würde, wurden Studierende, Facharbeiter, Künstler, Politiker. Sie gingen eigene Wege, nutzten Chancen und hatten Erfolg. Andere wurden, wie viele Deutsche auch, arbeitslos, hoffnungslos, kriminell. Die Lebensläufe der Gastarbeiter sind so vielfältig wie ihre Motive, nach Deutschland zu kommen. Das verdiente Geld investierten viele in ein Haus in der Türkei. Oder in die Bildung ihrer Kinder – in Deutschland.

Türkischer Arbeiterkongress in Gelsenkirchen, 1978.

Die Entscheidung, zu bleiben, beschreiben fast alle türkischen Einwanderer als einen mehrere Jahre dauernden Prozess. Häufig endete dieser damit, dass die für die geplante Rückkehr jahrelang in Kellern und Vorratskammern gelagerten Möbel und technischen Geräte aus den Originalverpackungen genommen und in der Wohnung aufgestellt wurden. Ebenso lange brauchte die Bundesregierung, um anzuerkennen, dass Deutschland ein Einwanderungsland geworden war. Wobei auch hier ein wichtiges Instrumentarium über mehrere Jahre gewissermaßen »unausgepackt« vorrätig war: Das sogenannte Kühn-Memorandum aus dem Jahr 1979. Benannt nach seinem Verfasser, dem ersten Ausländerbeauftragten der Bundesregierung, Heinz Kühn (SPD), enthält es wesentliche Grundsätze und Anregungen zur Integration der zugewanderten Bevölkerung in die deutsche Gesellschaft, um Chancengleichheit und ein diskriminierungsfreies Zusammenleben zu gewähren.

Private Hochzeitsfeier, 1983.

Ende der 70er-, spätestens in den 80er-Jahren war die türkeistämmige Bevölkerung, was ihren Status in Deutschland, aber auch ihre Altersgruppen und ihre soziale Lage betraf, noch vielschichtiger als in den ersten Jahren der Arbeitsmigration. Durch den Familiennachzug waren unterschiedliche Generationen ins Land gekommen, die zudem meist nicht durch Arbeitsstrukturen in der Gesellschaft verankert waren und nur selten deutsche Sprachkenntnisse besaßen. Nach dem Militärputsch in der

Türkei 1980 und infolge des eskalierenden kurdisch-türkischen Konflikts kamen vermehrt Asylsuchende und andere Flüchtlinge hinzu. Die Diskussion über Ausländer wurde zunehmend politisiert und ideologisiert. Das Thema sei schon in den 70er-Jahren vom Wirtschafts- in den Politikteil gerückt, beschreibt die Politikwissenschaftlerin Karen Schönwälder eine Entwicklung, die auch den Wandel des gesellschaftlichen Diskurses illustriert: Während die Einwanderer aus der Türkei zunächst vor allem als Arbeitskräfte gesehen wurden, die mithalfen, die deutsche Wirtschaft anzukurbeln, traten in wirtschaftlich schlechteren Zeiten gesellschaftspolitische und soziale Fragen in den Vordergrund. Zu den Auswüchsen dieser latent fremdenfeindlichen Stimmung in der deutschen Gesellschaft gehört das »Heidelberger Manifest«, 1981 von einer Gruppe deutscher Hochschulprofessoren herausgegeben, die vor einer »Unterwanderung des deutschen Volkes« und der »Überfremdung« der deutschen Sprache, der Kultur und des »Volkstums« warnen. Eine 24-köpfige Professorengruppe der Ruhr-Universität Bochum veröffentlichte daraufhin ein Gegenmanifest zur Völkerverständigung.

Auch in den darauffolgenden Jahren ist das Verhältnis von Deutschen und Türken emotionalen Schwankungen und politischen Zäsuren unterworfen. Der Fall der Berliner Mauer 1989 veränderte die politischen und wirtschaftlichen Verhältnisse und damit auch das deutsch-türkische Verhältnis.

Brandanschlag in der Nacht zum 23. November 1992 auf ein Wohnhaus in Mölln, Schleswig-Holstein, bei dem drei türkische Bewohnerinnen ums Leben kamen.

Anstelle eines wirtschaftlichen Aufschwungs traten in den Jahren nach der Deutschen Einheit 1990 Arbeitslosigkeit und Unzufriedenheit in den Vordergrund. Die Frage, wie das Asylrecht zu regeln sei, löste eine tiefe innenpolitische Krise aus – und verstärkte die Ressentiments gegenüber der nicht-deutschen Bevölkerung. Zwischen 1991 und 1992 kam es in Deutschland zu einer Welle rechtsradikaler Gewalttaten gegen Ausländer. Vorausgegangen waren den Brandanschlägen und Morden in Solingen, Mölln und anderen deutschen Städten hetzerische Kampagnen populistischer Politiker und der Boulevardmedien. Auch wenn viele Deutsche sich in der Folge mit ihren ausländischen Nachbarn solidarisierten, setzte sich die massive Ablehnung durch die deutsche Gesellschaft im kollektiven Gedächtnis der türkischen Einwanderer, aber auch in den Köpfen der Menschen in der Türkei fest.

Eine türkische Moschee im Ruhrgebiet.

Ein weiterer tiefer Einschnitt waren die Anschläge islamistischer Attentäter, unter anderem auf das World Trade Center in New York im September 2001. Wie in vielen anderen Ländern zogen diese terroristischen Akte auch in Deutschland islamfeindliche Tendenzen nach sich, und die Religion wurde zum zentralen Aspekt in der Debatte über die Gestaltung einer multiethnischen Gesellschaft. Seitdem stehen »die Muslime« in Deutschland im Fokus des öffentlichen (skeptischen) Interesses. Gegen den Bau großräumiger Moscheen finden Protestkundgebungen statt, während die

Hinterhofmoscheen und Kantinen-Gebetsräume der ersten Einwanderer-generation weitgehend unbeachtet geblieben waren. Die Moscheegebäude, die über die Jahre hierzulande entstanden sind, liegen meist abgeschottet in Industriegebieten. Das negative Klima, das sich gegen den Islam richtet, betrifft auch »die Türken« in Deutschland, obwohl sie wie zuvor unterschiedliche religiöse und kulturelle Traditionen pflegen.

Das deutsch-türkische Verhältnis ist gespalten. Dabei hat Deutschland zu keinem anderen Land so enge wirtschaftliche und, auf der Bevölkerungsebene, persönliche Verbindungen wie zur Türkei. Die türkische Sprache ist in Deutschland zur zweitwichtigsten Verkehrssprache geworden, im »Times Atlas of the World« wird sie gleich hinter der deutschen genannt. Eine Entwicklung, die in der deutschen Gesellschaft bisher kaum Beachtung gefunden hat – abgesehen von Banken, Versicherungen und anderen großen Unternehmen, die gezielt türkischsprachige Mitarbeiter einsetzen. Auch die Kunst- und Kulturszene in der Türkei wird erst allmählich zur Kenntnis genommen. Vor allem die seit Jahrzehnten sehr emotional geführte Integrationsdebatte treibt immer wieder einen Keil zwischen die Menschen dieser beiden Länder und Kulturen, vor allem in strittigen Fragen wie der doppelten Staatsbürgerschaft, der Visafreiheit, den Zuwanderungsbestimmungen. Die Differenzen, Missverständnisse und Klischees beeinflussen nicht zuletzt auf beiden Seiten auch die Haltung zu der Frage einer EU-Mitgliedschaft der Türkei.

Und dennoch haben Deutsche und Türken – wie auch immer sie sich bezeichnen, ob als Europäer, Deutschländer, Almancı oder türkeistämmige Deutsche – viele gemeinsame Geschichten zu erzählen: tragische, spannende und kuriose, die von mutigen, suchenden, verzweifelten und hoffnungsvollen Menschen unterschiedlicher kultureller, religiöser und sozialer Herkunft handeln. In diesen Erinnerungen, Wünschen und Sichtweisen spiegelt sich die Vielfalt in der Bevölkerung der Türkei – und die neue Vielfalt Deutschlands.

Im vorliegenden Buch stehen die ehemaligen Gastarbeiterinnen und Gastarbeiter aus der Türkei im Mittelpunkt. Und ihre Antworten auf unsere Fragen, woher sie kamen und weshalb sie ihr Land verließen. Was sie damals dachten und wie sie sich heute sehen. Weshalb sie blieben oder zurückkehrten. Was sie erlebt und geschafft haben, wovon sie träumen, wer sie sind. Ihre Erzählungen spiegeln, wie eng die persönlichen Lebenswege verwoben sind mit den politischen und wirtschaftlichen Entwicklungen, aber auch den kulturellen Prägungen ihrer Zeit. Andererseits haben all diese individuellen Geschichten auch die politischen und wirtschaftlichen Verhältnisse geprägt – und bestimmen die Debatten bis heute. Entstanden ist dieses Buch im Rahmen eines gemeinsamen Projekts des

KulturForums TürkeiDeutschland und der Bundeszentrale für politische Bildung anlässlich des 50. Jahrestags des Anwerbeabkommens der Bundesrepublik Deutschland mit der Türkei im Herbst 2011. Wir haben dieses Datum zum Anlass genommen, um auf ein wichtiges Kapitel der deutsch-türkischen Migrationsgeschichte zurückzublicken.

Die Erinnerungen der ersten Gastarbeiter-Generation, die hier von verschiedenen Autorinnen und Autoren in Deutschland und in der Türkei aufgezeichnet wurden, bleiben, so denken wir, auch über den Jahrestag hinaus erzählenswert – weil sie einzigartig sind und zugleich wichtige politische und kulturelle Entwicklungen widerspiegeln, Einblicke in historische Zusammenhänge gewähren und damit auch für die kommenden Generationen in Deutschland von Bedeutung sind.

Die Herausgeberinnen

Die erste Generation

»Das ist meine Welt! Da muss ich hin!«

Von Kind auf Europäer: Selahattin Biner

Dunedin, Neuseeland, 18. Februar 2011

Kia Ora, liebe Frau Goddar,

»Kia Ora«, das ist Maori und bedeutet so viel wie »Mögest du gesund sein«. Aus Neuseeland sende ich Ihnen frische Sommerluft mit Ozeanduftgrüßen aus unserem Lieblingsland. Eigentlich wollten wir am 21. März wieder in München sein. Aber nun haben wir ein wunderbares Angebot von der Tante unseres Schwiegersohns aus Sydney bekommen, sie zu besuchen. Es ist für uns natürlich ein Riesenglück, und dann auch noch so günstig, in Australien herumreisen zu können. Und irgendwann würden wir die Tante auch gern in München begrüßen und ihr unser wunderschönes Bayernland zeigen können. Uns geht es sehr gut, wir unternehmen vieles. Wandern, Kanu, Rudern, Fischen, Enkelinnen betreuen, Gartenarbeit, Konzerte besuchen, nette Menschen aus allen Ländern der Welt kennenlernen. Und auch die wunderbare Luft ist für meine Gattin und mich wie Balsam auf unseren Seelen!

Herzliche Grüße,
Selahattin Biner

Seine Familie hat es immer geahnt: Schon als er von den Anzeigen am Schwarzen Brett seiner Schule erzählt, schärfen Vater und Bruder ihm ein: »Guter Junge, wir wissen ja, wie gerne du reist. Aber wenn du nach Deutschland gehst, dann musst du dort Geld verdienen. Und sparen, dass du dir ein schönes Haus auf einem schönen Grundstück in der Türkei leisten kannst!«

Angekommen! Das Ehepaar Biner vor seiner ersten gemeinsamen Wohnung in München.

»Ja, ja«, erwiderte der Abenteuerlustige da, »wenn es sein muss, spare ich natürlich auch. Aber ich möchte auch das Land, Europa und am besten noch viel mehr kennenlernen!« Nach Deutschland gehen, als Gastarbeiter – um die Welt zu sehen? Seine Familie fand das völlig verrückt.

Dabei war es genau das, was er wollte, 1964, als er mit 20 Jahren an seinem Staatlichen Institut zur Ausbildung von Handwerkern die Aushänge deutscher Firmen studierte: Der junge Selahattin Biner war gut ausgebildet, mobil, unternehmungslustig. Vor allem aber fühlte er sich als Europäer, als einer, dem das Leben im Westen schon deswegen nicht schwerfallen würde, weil seine ganze Umgebung immer schon dorthin geschaut hatte. In seiner Schule waren nicht nur Englisch und Französisch oder Deutsch Pflichtfächer; die Lehrer lasen mit den Schülern auch die Sage des Rattenfängers von Hameln und das Märchen der Bremer Stadtmusikanten. Und natürlich hatten sie ihnen auch schon vom Ruhrgebiet als der Herzschlagader des deutschen Wirtschaftswunders erzählt. In Kırklareli war das, einer kleinen Stadt in der Nähe von Edirne, im europäischen Teil der Türkei, nahe dem griechisch-bulgarisch-türkischen Dreiländereck. Und der junge Modellschreiner, der er war, dachte sich: »Das ist meine Welt! Da muss ich hin!«

Heute, beinahe ein halbes Jahrhundert später, blickt Selahattin Biner nicht nur auf ein Leben in Duisburg und München zurück. Er kennt auch Polen und Ungarn, die Toskana und Andalusien, den Sinai und Marokko. Und vor allem: Das Land der Schafe und Berge – Neuseeland. Am anderen Ende der Welt haben seine Frau und er nach der zweiten in Deutschland noch eine dritte Heimat gefunden. Ihre ältere Tochter hat es, der Liebe wegen, dorthin verschlagen – und die Biners, die inzwischen auch Großeltern zweier neuseeländischer Enkelinnen sind, lassen keine Gelegenheit aus, sie zu besuchen. Und alles nur, weil er damals, mit 20 Jahren, zusammen mit zwei Freunden beschloss: Wir gehen nach Deutschland! Drei Monate dauerte es nur, dann durften sie weg.

» Das war natürlich ein Abenteuer! Wir hatten noch nicht einmal unseren Militärdienst absolviert. Normalerweise hätten wir die Türkei gar nicht verlassen dürfen. Das war verboten. Nur über die Anwerbung aus Deutschland konnten wir überhaupt weg. Wir haben uns riesig gefreut. Unser Arbeitgeber war ein Hersteller von Sitz- und Liegemöbeln, so hieß das damals, in Duisburg. Vier Mark und 16 Pfennig in der Stunde haben wir bekommen, das war ein guter Stundenlohn. Aber wir hatten ja auch einen guten Beruf, man hat uns gebraucht. Leider blieben davon nach Abzug der Kosten für Wohnheim und Essen am Ende jeder Woche dann aber doch nur 15 oder 20 Mark übrig, das war nicht so viel. Also haben wir angefangen, am Wochenende und abends zusätzlich zu arbeiten. Unser Meister, der ja gesehen hat, wie gut wir unseren Job machen, hat da manches vermittelt. So haben wir noch ein bisschen hinzuverdient, sagen wir einmal: unter der Hand. Ansonsten aber war ich natürlich vom ersten Tag kranken- und rentenversichert. Deswegen bekomme ich heute eine ganz zufriedenstellende Rente, mit unseren Bausparanlagen aus dieser Zeit konnten wir es uns dann auch leisten, meinem Betrieb diese Wohnung abzukaufen. Und unsere Reisen müssen auch bezahlt werden!

Erste Streifzüge durch Duisburg: Selahattin Biner (Mitte) und vier türkische Freunde.

Aber auch wenn ich gut und gern gearbeitet habe: Ich wollte immer mehr vom Leben; Freunde haben, Sport treiben, meine neue Umgebung erobern. Ich war neugierig auf die deutsche Kultur, die deutsche Sprache, die deutsche Lebensart. Da war es ein Glück, dass ich sofort Kontakt bekommen habe. Im Lohnbüro habe ich den Franz kennengelernt. Wir haben uns gleich angefreundet. Er hat mir Deutsch beigebracht und ich ihm Türkisch. Wann immer wir Zeit hatten, sind der Franz und ich mit den Rädern los, den Rhein hinauf oder bis nach Belgien und Holland. Es war eine wunderbare Zeit; ich habe so viel Neues gesehen! Und obwohl in Duisburg die Luft damals nicht sehr gut war und jedes weiße Hemd von all dem Ruß in einem halben Tag grau wurde – auch dort konnte man viel unternehmen. Ich bin gerudert, und ich habe Basketball gespielt. Beim Meidericher SV, heute heißt er MSV Duisburg, war ich in der Mannschaft. Am Wochenende sind wir bis zu Hannover 96 oder zum HSV nach Hamburg zu unseren Spielen gefahren. Ich war zwar ein kleiner, aber ein sehr zielstrebiger Basketballspieler, darauf bin ich heute noch ein wenig stolz! Ach, dieses erste Jahr in Deutschland – es war eins der schönsten meines Lebens!

Nach einem Jahr lief mein Vertrag aus – aber in die Türkei zurückzugehen hatte ich nie vor. Und ich hatte ein neues und sogar besseres Angebot bekommen: Von einem Campingwagen-Hersteller, der Weltbummler hieß. Für eine Mark mehr in der Stunde als zuvor habe ich dort Modelle für die Inneneinrichtung der Wohnwagen gefertigt: für die Tische oder Bänke oder Betten. Immer größere und schönere Modelle haben wir gebaut. Es war ja die Zeit des Wirtschaftswunders, die Menschen fingen an, Geld auszugeben und anzulegen. Und auch sie wollten einmal etwas anderes machen als arbeiten. An Fernreisen war dennoch für die allermeisten überhaupt noch nicht zu denken. Also haben immer mehr Menschen sich einen Wohnwagen zugelegt und damit am Wochenende und in den Sommerferien Urlaub im grünen Nordrhein-Westfalen gemacht. **«**

Selahattin Biner (Mitte) bei der Arbeit als Modellschreiner.

Nur kurze Zeit nach dem Wechsel in das Wohnwagen-Geschäft bekommt die Freude über das neue Leben einen gewaltigen Dämpfer. Der junge Gastarbeiter wünscht sich nichts sehnlicher, als in Deutschland zu bleiben, die Sprache besser zu lernen und eine Technische Universität zu besuchen. Erst bezahlt er aus eigener Tasche seine ersten Sprachkurse, dann nimmt er Kontakt zur Carl-Duisberg-Gesellschaft auf. Die, 1949 von Bund und

Ländern zur Förderung des wissenschaftlichen Nachwuchses gegründet, unterstützt nicht nur Deutsche bei ihren Auslandsaufenthalten. Sie hilft auch Ausländern in Deutschland. Auch den ehrgeizigen Türken nimmt sie in ihr Programm auf, bietet ihm Schulungen und eine Studienreise nach Berlin an. Die Hoffnung auf das deutsche Studentendasein macht ihm das türkische Generalkonsulat in Köln allerdings gründlich zunichte: Es verlängert seinen Pass nicht, und ohne gültigen Pass kann er nicht bleiben. Schweren Herzens packt er seine Sachen und fährt zurück in die Heimat, und das von ebenjenem Gleis 11 im Münchner Hauptbahnhof, von dem er damals in sein Leben im Ruhrgebiet fuhr. Das Ende eines Abenteuers. Als er in den Zug nach Istanbul einsteigt, laufen ihm die Tränen übers Gesicht.

Wenige Tage später folgt er dem Ruf der türkischen Armee: Erst in Izmir, dann in der Region um den Berg Ararat im äußersten Nordosten des Landes absolviert er seinen Militärdienst. Selbst dort, erzählt er stolz, habe man seine Deutschkenntnisse zu schätzen gewusst – und ihn in einem warmen Büro statt draußen im kalten Freien beschäftigt. Damit er in Deutschland nicht vergessen wird, schreibt er immer wieder Briefe an seinen Arbeitgeber: »Wenn ich hier fertig bin, komme ich gerne wieder!« Als das Militär ihn nach zwei langen Jahren 1967 in die Freiheit entlässt, erhält er aus Duisburg ein entmutigendes Schreiben: »Herr Biner, wir werden Sie gerne holen, sobald wir können.« Er möge sich noch ein wenig gedulden, momentan habe man ihn in Deutschland mit einer Rezession zu kämpfen. Und während tausende Gastarbeiterinnen und Gastarbeiter zurück in die Heimat geschickt werden und dort arbeitslos sind, findet der Modellschreiner auch in der Türkei wieder Arbeit. Er fängt als Kassierer bei einer Bank an. Der Traum von Deutschland ist damit aber keineswegs ausgeträumt – er versucht es über einen anderen Weg: Sein Bruder lebt inzwischen in München – ob der nicht etwas organisieren könne? Als der bei seinem Arbeitgeber Krauss-Maffei anfragt, ob ein Modellschreiner gebraucht wird, erwidert man ihm: »Spricht er so gut Deutsch wie Sie? Schicken Sie ihn her!« Mitte 1968 kommt der inzwischen 24-jährige Selahattin zum zweiten Mal in München an, dieses Mal nicht auf der Durchreise ins Ruhrgebiet. Und schon bald will er nie wieder weg.

» In München kam ich wieder in ein Firmenwohnheim. Und wieder dachte ich sofort: Du musst die Gegend erkunden, neue Freunde finden! Also habe ich mir ein Rennrad besorgt und bin los, zusammen mit Hans, einem Arbeitskollegen. Eine unserer ersten Touren werde ich nie vergessen: Plötzlich stand ich am Tegernsee und schaute auf die Berge! Ich habe mich sofort verliebt in die Gegend! Und als mein alter Chef aus Duisburg schrieb ›Herr Biner, es ist Zeit, bitte kommen Sie!‹, musste ich den netten Kollegen leider erwidern: ›Es tut mir leid – aber ich möchte Bayern nicht mehr verlassen!‹ Die Alpen zu sehen, das hat mich begeistert wie kaum zuvor etwas in meinem Leben. Inzwischen gehe ich seit Jahrzehnten in die Berge. Immer noch, wenn ich auf einem Gipfel stehe, kann ich mein Glück kaum fassen. Immer wieder spreche ich Leute an und frage sie: ›Sind Sie auch so begeistert?‹ Und die sind oft ganz überrascht: Türken findet man nicht viele dort droben.

Noch etwas trieb mich um: Ich war 24 und reifer geworden. Und ich dachte: Du willst eine Familie gründen! Eine deutsche Frau zu heiraten hätte ich mir damals nicht vorstellen können. Außerdem gab es in der Türkei jemanden, der mir über die Jahre nicht aus dem Kopf gegangen war: die Tochter meines Schuldirektors. Immer wieder hatte ich sie auf den Sommerfesten in der Schule gesehen, und immer wieder dachte ich: Die ist aber nett. Und was ich zumindest wusste, war, dass ihr Vater mich leidenschaftlich gern mochte, er war ein sehr europäisch orientierter Mensch. Als ich von einem Freund hörte, dass die Tochter noch nicht vergeben war, habe ich mich hingesetzt und geschrieben – erst einen Brief an ihre Mutter, dann eine Postkarte an sie selbst, ich wusste ja, was sich gehört! Die Postkarte hatte ich mit viel Sorgfalt ausgewählt: Das Schloss Neuschwanstein war darauf abgebildet, ich dachte, das Motiv gefällt ihr hoffentlich so gut, dass sie sich vorstellen kann, in Deutschland zu leben! Über Monate haben wir uns dann geschrieben, viele, viele Briefe. Dass wir zusammenpassen, wurde immer deutlicher – und eigentlich hatte ich es mir auch zuvor schon gedacht: Unsere Familien kannten sich, unsere Brüder waren Freunde. In meinem nächsten Urlaub sind wir dann zusammen ausgegangen und haben uns über unsere Vorstellungen von einem gemeinsamen Leben unterhalten. Dann haben wir sehr schnell entschieden: Wir heiraten!

Die Hochzeit fand in der Türkei statt. Und ich war in deutscher Begleitung. In München hatte ich einen deutschen Theologen getroffen. Er hatte uns, ohne etwas dafür zu nehmen, Deutsch beigebracht. Jeden Aussprachefehler hat er verbessert! Und er hat alles daran gesetzt, zwischen dem islamischen und dem katholischen Glauben zu vermitteln und auch zwischen den Menschen aus der Türkei und denen aus Deutschland. Mehrmals war ich mit ihm in die Türkei gereist und habe ihm bei archäologischen Reisen assistiert. Wir sind richtige Freunde geworden. Ich hoffe, ich darf das so sagen – der Oberstudienrat ist leider, leider schon verstorben! Als ich ihm erzählte, dass ich heiraten würde, sagte er jedenfalls sofort: Ich komme mit, ich bringe dich hin! Bis in die Türkei hat er mich mit seinem Wagen gefahren, die ganze Strecke, über Österreich und Rumänien. Ich bin ihm so dankbar, dem Oberstudienrat! Auch dafür übrigens, dass ich von ihm gelernt habe, wie viele Gemeinsamkeiten es zwischen dem Christentum und dem Islam gibt, und dass es gar nicht so schwer ist, ohne Streit zusammenzuleben! **«**

Güzin und Selahattin Biner in ihrer Münchner Wohnung.

Auf der Rückreise aus der Türkei sitzen sie zu dritt im Auto: Der Theologe, der Modellschreiner und seine junge Ehefrau Güzin. In München lernt Güzin ebenfalls fleißig die Sprache, besichtigt die Stadt. Zu den Highlights ihres ersten Jahres gehört der Besuch im Olympiastadion. Ihr Mann hatte sich einen Job als Platzanweiser verschafft – denn natürlich wollten sie bei dem sportlichen Großereignis, den Olympischen Spielen 1972, dabei sein. Für einen Stundenlohn von fünf Mark kann er Freunde und seine Familie ins Stadion lotsen! Von seiner Firma wird er für die Zeit freigestellt. Die Biners haben inzwischen eine Firmenwohnung im Münchner Norden bezogen – angesichts des desolaten Wohnungsmarktes für die inzwischen 250 000 Gastarbeiter in der Stadt ein echter Glücksfall. Und: ein guter Platz für eine Familie. Ende 1972 kommt ihre erste Tochter zur Welt. Mit vier Jahren fällt das kleine Mädchen seinen Erzieherinnen als außergewöhnlich auf: Die kleine Göknil singt, wie schon lange kein Kind in der Untermenzinger Kita mehr gesungen hat! Als eine Erzieherin den Eltern rät, das erstaunliche Talent zu fördern, fragen die begeistert: »Wie? Was können wir tun?« Wenig später erhält Göknil Gesangs- und Instrumentalunterricht; auch das erste Klavier in der Familie wird angeschafft. Als ihre Tochter eingeschult wird, treffen die Eltern eine Entscheidung:

» An dem Tag, als Göknil in die erste Klasse kam, haben wir gesagt: Jetzt müssen wir entscheiden, was wir wollen: Nach Hause? Oder hier bleiben? Wir mochten ja die Türkei, keiner von uns hatte je daran gedacht, ein ganzes Leben hier zu verbringen. Aber plötzlich lagen die Dinge anders. Die Älteste kam zur Schule, die Jüngere war gerade geboren. Und als wir auf dem Sofa saßen und überlegten, wurden wir uns schnell einig, dass eine Rückkehr nicht mehr infrage kommt. Die schulische und pädagogische Ausbildung, die unseren Töchtern hier bevorstand, hätte ihnen die Türkei nie geboten, als Mädchen schon gar nicht. Für Kinder und besonders für Mädchen ist die Zukunft in Deutschland einfach eine bessere! Also haben wir entschieden: Wir bleiben. Noch am selben Tag sind wir in den Keller und haben aufgeräumt: All die Kartons, in die wir den Kühlschrank oder den Fernseher wieder einpacken wollten, flogen in den Müll. Alles, worin man etwas verpacken konnte, haben wir weggeschmissen. Und wir haben es nie bereut. «

Als Göknil Biner eingeschult wird, ist die Presse voll von Berichten über die »hoffnungslose Zukunftssituation« der Gastarbeiterkinder. Mehr als zwei von drei Kindern der zweiten Generation erreichen bereits Mitte der 70er-Jahre nicht den Hauptschulabschluss; als wesentliche Ursache wird die mangelnde Sprachkompetenz ausgemacht. Dass mit den Gastarbeitern auch deren Kinder nach Deutschland ziehen, war bereits zehn Jahre zuvor – also lange vor dem Anwerbestopp, der zum Signal für den Familiennachzug wurde – bekannt. Bereits 1965 forderte die Caritas, die vor allem in den westdeutschen Großstädten Ausländer betreute, die Einrichtung spezieller »Förderinternate« für die Kinder ausländischer Arbeitnehmer im Land. Und ein Jahr zuvor, 1964, hatten die Kultusminister die allgemeine Schulpflicht für Gastarbeiterkinder in einem Beschluss verankert; das damit verbundene erklärte ministeriale Ziel war, auch ihnen gleiche Bildungschancen zu verschaffen.

Wie es aber gelingen sollte, diese zu verwirklichen, dafür fehlte von Beginn an und von Jahr zu Jahr mit immer dramatischeren Auswirkungen ein schlüssiges Konzept. In einem waren sich Bund und Länder in Deutschland mit der Mehrheit der Regierungen der Anwerbestaaten lange einig: Nationale Sonderschulen – wie sie etwa die Griechen in den Folgejahren einrichteten und bis heute gründen – sollte es nicht geben, die Bindung an die Heimat allerdings wegen der geplanten und politisch gewollten Rückkehr dennoch gewahrt bleiben. Das Resultat ist ein Zwittersystem aus deutschen und ausländischen Bildungsinstitutionen. In ganz Deutschland organisieren die türkischen Konsulate muttersprachlichen Ergänzungsunterricht. Dass türkische Lehrer in Deutschland nach türkischen Lehrplänen unterrichten, wird von deutschen Bildungspolitikern und Gewerkschaften über Jahre massiv kritisiert. Viele türkische Familien sehen den Zusatzunterricht allerdings häufig als einzige Chance, den Kindern die Heimat auch in Büchern nahezubringen. Nicht alle allerdings – die Biners lehnen das Modell rundweg ab.

» Während der gesamten Schulzeit unserer Kinder war ich im Elternbeirat, erst in der Schule, später auch im Gemeinsamen Elternbeirat der Stadt München. Und dazu muss ich wirklich sagen: Was man damals mit den Kindern veranstaltet hat – von deutscher wie von türkischer Seite – habe ich überhaupt nicht verstanden. Eine Zeit lang hat man in München türkische Klassen gebildet – da wurden nur türkische Kinder unterrichtet. Einen großen Teil der Zeit haben sie von türkischen Lehrern Türkischunterricht bekommen – anstatt, wie es in Deutschland geboten wäre, vernünftig Deutsch zu lernen. Meiner Beobachtung nach haben sich diese zweisprachigen Klassen, fernab von den Kindern der deutschen Regelklassen, überhaupt nicht bewährt. Sowohl als Vater wie auch als Mitglied des Berufsbildungsausschusses bei Krauss-Maffei – dem ich als Betriebsrat angehörte – habe ich immer wieder festgestellt: Die Schüler aus diesen Klassen konnten am Ende weder richtig Türkisch noch Deutsch! Und obwohl ich mich immer wieder dafür eingesetzt habe, mehr ausländische Jugendliche einzustellen, habe ich auch gesehen: Sie hatten eben nicht die gleichen Sprachkenntnisse; im Vergleich zu deutschen Kandidaten waren sie schlichtweg schlechter. Sie waren immer im Nachteil. Besonders geärgert hat mich, dass die Türkei diesen Unsinn jahrzehntelang forciert hat. Anstatt die Kinder ihrer im Ausland lebenden Bürger dabei zu unterstützen, möglichst gut in der neuen Heimat anzukommen, hat sie immer wieder den Daumen drauf gehalten, nach dem Motto: Ihr gehört zu uns! Entfremdet euch nicht. Bewahrt bloß euer Türkentum! Mir hat die Haltung dahinter nie gefallen. Und als ich mich dafür eingesetzt habe, dass unsere Kinder vom deutschen Staat unterrichtet werden und sonst von niemandem, musste ich mich von dem Münchner Konsulat dafür schief anschauen lassen. Dabei waren die türkischen Lehrer im Vergleich zu den deutschen auch noch viel schlechter ausgebildet. Sie konnten auch kein Deutsch; sie haben sich auch gar nicht bemüht, es zu lernen. Für uns kam nie infrage, unsere Töchter in eine solche Klasse zu geben. ›Nicht mit uns‹, haben wir gesagt – ›was diese Lehrer können, können wir schon lange. Türkisch lehren wir zu Hause und sonst nirgends.‹ «

Beide Töchter meistern die Schule mit Bravour. Beide machen Abitur, beide starten eine musikalische Laufbahn: Göknil absolviert am Münchner Konservatorium eine Ausbildung zur Sopranistin, die sechs Jahre jüngere Gülbin studiert Musik- und Erziehungswissenschaften an der Ludwig-Maximilians-Universität. Göknil, die Ältere, steht schon bald nach

Beginn ihrer Ausbildung nicht nur als Papagena in Mozarts »Zauberflöte« auf der Bühne – in Münchens berühmtestem Gotteshaus, der Frauenkirche, singt sie, in Anwesenheit des Kardinals, das Weihnachtsoratorium. Dass ihre Tochter christlichen Festen huldigt, ist für die liberalen Eltern, die sich durchaus immer noch als Muslime verstehen, kein Thema. Ist es für den Kardinal eins? Als der die hübsche junge Frau mit der schönen Stimme kennenlernt, kann er ihren Namen so wenig glauben, dass er ihre Hand loslässt. ›Vielleicht‹, sagen ihre Eltern damals, ›ist er einfach nur erstaunt, dass ein muslimisches Mädchen zu Weihnachten auftritt.‹

Die junge Nachwuchs-Sopranistin macht weiter ihren Weg. Auf dem Konservatorium lernt Göknil einen Pianisten aus Neuseeland kennen; gemeinsam präsentieren sie dem bayerischen Publikum wenig später eine musikalische Reise um den Globus: »In 40 Minuten um die Welt« heißt das Programm. Es dauert nicht lange, da nimmt der junge Neuseeländer seine Freundin mit in seine Heimat. Nach ihrer Rückkehr eröffnet Göknil ihren Eltern: »Papa, ich habe mich in Tom verliebt. Und in das Land. Wir möchten heiraten und auswandern.« Den Eltern, die selbst Jahrzehnte zuvor ebenfalls ihre Heimat verlassen hatten, um in dem Land ihrer Träume zu leben, fällt es nicht schwer, die Tochter ziehen zu lassen: »Mach, was Du für richtig hältst«, erwidern sie und besuchen sie, wann immer sie können.

Reisen in die Türkei stehen bei den Biners dagegen nur noch selten auf dem Programm. Aber das schon, seit Anfang der 90er-Jahre ihre Eltern dort verstorben sind. Dass sie sich, wie manche in ihrem Umfeld finden, von Heimat und Herkunft entfremdet hätten, wollen Selahattin und Güzin Biner aber nun keineswegs gelten lassen.

» Die eigene Identität vergisst man nie, glauben Sie mir! Wenn Sie unsere Älteste in Neuseeland sähen, würden Sie feststellen: Sogar sie ist noch ganz stark türkisch geprägt. Sie spricht mit ihren Kindern türkisch, sie veranstaltet Feste mit der türkischen Community dort. Und wenn meine Frau und ich deutsch sprechen, weil uns das in Neuseeland mit den drei Sprachen zu kompliziert wird, sagt sie: ›Papi, jetzt lass uns aber wieder türkisch reden!‹ Verrückt ist das. Und trotzdem ist sie auch Neuseeländerin: Voll integriert, in einem Land, in dem jeder jeden akzeptiert.

Und wir, meine Frau und ich, wir sind auch noch Türken. Was uns aber immer von vielen anderen Türken unterschieden hat, ist unsere Haltung. Wir haben nie gesagt: ›Das ist eine andere Kultur. Die lehnen wir ab. So wie die Menschen hier wollen wir nicht werden.‹ Ich finde das auch unnatürlich, die Umgebung prägt einen doch. Wenn du in Rom lebst, benimmst du dich eben auch, wie die Römer sich benehmen, und dann wirst du auch ein bisschen Römer, das geht doch gar nicht anders! Wir sind eben ein bisschen wie die

Deutschen geworden, das ging ganz von selbst. Wir haben gesehen, dass sie ihre Wäsche am Sonntag nicht nach draußen hängen; also haben wir uns auch angewöhnt, freitags zu waschen. Wir haben gesehen, dass deutsche Kinder nicht bis abends um elf auf der Straße rumlaufen, also haben wir unsere auch zur Tagesschau ins Bett geschickt. Und wenn ich heute in der Türkei bin, irritiert mich eine Wäscheleine am Sonntag ebenso wie Kinder, die nachts herumtoben.

Ich möchte auch Menschen, die sich anders entschieden haben und um jeden Preis an ihrem Türkentum festhalten, nicht verurteilen. Es kann ja jeder leben, wie er möchte, zum Glück. Aber zwei Dinge möchte ich einigen Menschen doch manchmal gern sagen. Erstens: Die Freiheit, die ihr hier habt, gerade die religiöse, die hättet ihr, wenn ihr zum Beispiel Katholiken wärt, in der Türkei nicht! Und zweitens: Bitte, meine Herrschaften, wenn ihr hier nicht weggehen wollt oder könnt: Steht dazu – und gebt euren Kindern die Möglichkeit, so zu leben und sich so zu bilden, wie es Deutsche tun. Denn die Möglichkeiten, die Deutschland bietet, die können einen begeistern! Und wer sie nutzt, verliert deswegen auch überhaupt nicht seine Identität! «

Jeannette Goddar

»Mit den Peitschenstriemen der Armut kam ich hierher«

Im Ruhrgebiet zu Hause: Ali Başar

Im zweiten Zug aus Istanbul nach München sitzt Ali Başar. Ohne Ausbildung, ohne Sprachkenntnisse, ohne Geld kommt der heute 79-Jährige ins Ruhrgebiet. Seine Heimat Tunceli (kurdisch: Dersim) in Ostanatolien hatte er schon als 13-Jähriger verlassen, um den Unterhalt für die Familie zu verdienen. Er landete in Istanbul, schlief auf Parkbänken, schlug sich als Tagelöhner durch. Ein Anwerbevertrag bringt ihn nach Deutschland, hier arbeitet er viele Jahre im Bergwerk und als Schweißer. Wie ein Paradies sei ihm das vorgekommen, erzählt er. Verschweigt aber nicht, dass selbst paradiesische Zustände weder Leid noch Ungerechtigkeiten verhindern.

Vor dem Wohnzimmerfenster der Familie Başar in Duisburg-Marxloh ragen heute die rauchenden Schlote der ThyssenKrupp AG ins Panorama. Ali Başar freut sich, seinen alten Arbeitsplatz jeden Tag im Blick zu haben. Gülten Başar hat Börek gebacken und ergänzt die Erzählungen ihres Mannes, vor allem wo es um nachbarschaftliche Beziehungen geht. Sie kam erst später, nach der Hochzeit Mitte der 60er-Jahre, nach Deutschland. Der älteste Sohn Cahit, Studienrat an einem Kölner Gymnasium, ist auch da, um die Lebensgeschichte seines Vaters zu hören.

Das Kapitel »Deutschland« beginnt für Ali Başar im Herbst 1961 mit einer Visitenkarte, die er in Istanbul von einem Freund zugesteckt bekommt. Darauf steht der Name eines Mannes, der ebenfalls Ali heißt und für die Deutsche Verbindungsstelle in Istanbul-Tophane arbeitet. Ali Başar gibt die Visitenkarte nicht mehr aus der Hand, bis er schnellen Schrittes bei dem Gebäude ankommt, in dem das Auswahlverfahren stattfindet. Er erkundigt sich nach Ali, landet aber wie alle anderen in der Warteschlange und schließlich bei der Gesundheitsprüfung.

Ali Başar im Frühjahr 2011 in seiner Wohnung in Duisburg-Marxloh.

» An die Atmosphäre bei den medizinischen Untersuchungen kann ich mich noch sehr gut erinnern. Alle waren aufgeregt, voller Hoffnungen. Wir haben viel gelacht. Wer allerdings mit einem schlechten Ergebnis aus den Untersuchungen kam, hat oft auch geweint. Die jungen Menschen, die sich für Deutschland beworben hatten, waren in der Türkei ja alle arbeitslos. Mit der Ablehnung verloren sie jede Hoffnung. Es ging bei vielen von uns ums Überleben.

Ich will aber auch etwas Lustiges erzählen. Bevor ich an die Reihe kam, eilte ein Kollege auf mich zu, der gerade untersucht worden war: ›Hey, Ali! Mein Urin ist super! Willst Du was davon haben?‹, fragte er. Für ihn wäre das ein gutes Geschäft gewesen – 15 oder 20 türkische Lira konnte man für guten Urin bekommen.

Bei meiner Untersuchung waren eine Schwester und zwei, drei Ärzte anwesend. Ich wurde von Kopf bis Fuß untersucht: abgeklopft, abgetastet, geröntgt. Das hatte schon alles seine Ordnung so. Wenn jemand krank gewesen wäre, hätten ja die Krankenkassen in Deutschland dafür aufkommen müssen. Die Ärzte prüften meine Augen, meine Lunge, mein Herz. Eine Narbe auf meinem Bauch machte sie stutzig. Woher die Narbe stamme, wollten sie wissen. Ich wusste es nicht mehr, ich muss noch sehr klein gewesen sein, als ich sie mir zugezogen habe. Am Ende habe ich aber bestanden. Den Bescheid bekam ich eine Woche später per Post. Laut Arbeitsvertrag und Visum sollte ich zwei Jahre in Deutschland bleiben.

Was für eine Freude das war! Mein erster Gedanke war: Nun würde ich meiner Mutter, meinen Geschwistern etwas zu essen geben können. Ich bin der Älteste von uns. Meinen Vater habe ich kaum kennengelernt, er ist gestorben, als ich sechs Jahre alt war. Meine Mutter hat uns allein großgezogen. Sechs Geschwister! Wir besitzen kein Land, meine Geschwister hatten keine Arbeit, einer meiner Brüder ist auf einem Auge blind. Wir haben in großer Armut gelebt. Wie kann ich das beschreiben, man kann sich das hier ja nicht vorstellen. In einer Blechhütte haben wir gewohnt. «

Die Provinz Tunceli, in der das Heimatdorf von Ali Başar liegt, gehört bis heute zu den ärmsten Regionen des Landes und verzeichnet seit der Gründung der Türkischen Republik 1923 einen kontinuierlichen Bevölkerungsschwund aufgrund von Umsiedlung, Flucht, Vertreibung und Auswanderung. Dersim ist der alte kurdische Name der Provinz und ihrer Hauptstadt Tunceli. Die meisten Menschen in der Türkei verbinden den Namen bis heute mit dem sogenannten Aufstand von Dersim in den 30er-Jahren, bei dem sich die vornehmlich kurdisch-alevitische Bevölkerung gegen die offiziellen Bestrebungen wehrte, dem Volk der neugegründeten Republik eine türkisch-muslimische Identität aufzuerlegen. Der Aufstand wird vom türkischen Militär blutig niedergeschlagen. Bis heute finden sich die Ausgewanderten und Vertriebenen von Dersim in anderen Ländern zusammen. In Deutschland wurde 2006 die »Föderation der Dersim-Gemeinden in Europa« gegründet.

Als Anfang der 60er-Jahre die ersten Züge vom Bahnhof Istanbul-Sirkeci nach Deutschland rollen, ahnt wohl kaum jemand, dass damit Migrationsgeschichte geschrieben wird. Im Enthusiasmus, mit dem der Aufbruch der Arbeiter begleitet wird, verbirgt sich jedoch die sichere Ahnung davon, dass die Reisenden auf diesem Wege Armut, Gewalt, politischem oder sozialem Druck entkommen. Der Bahnsteig von Sirkeci verwandelt sich am Abfahrtstag zum Festplatz: Mit Jubel, Trubel und Tränen werden die Gastarbeiter der ersten Stunde von Freunden und Verwandten verabschiedet. Ali Başars Familie kann natürlich nicht aus ihrem Dorf anreisen. Aber die Studenten aus dem Istanbuler Wohnheim, in dem er zuletzt als Hausmeister gearbeitet hat, sind gekommen, um ihm Lebewohl zu sagen.

» ›Güle güle, Ali!‹ (Geh lachend), riefen sie mir zu. ›Schick uns ein Farbfoto aus Deutschland!‹ Es wurde gelacht, geweint, gesungen, manche haben sogar Musik gemacht. Bis Edirne an der bulgarischen Grenze ist eine Gruppe Journalisten mit uns im Zug gefahren. Am nächsten Tag waren die Zeitungen voll mit uns. Wir waren ja der zweite Zug, das hat ganz schön für Aufsehen gesorgt. Vor der Grenze stiegen die Journalisten aus, und dann passierte etwas Lustiges.

In Sirkeci hatte ein Mann im schicken Anzug durch ein Megafon gesagt: ›Sehr geehrte Damen und Herren, hinter dem Eisernen Vorhang werden die Türen der Züge verschlossen bleiben. Bitte verlassen Sie hinter dem Eisernen Vorhang nicht mehr den Zug!‹ Als wir von der Türkei nach Bulgarien kamen, schauten wir also neugierig aus dem Fenster, sahen aber nichts. ›Wo ist denn nun der Vorhang aus Eisen?‹, fragten die Leute, ›wir können ihn ja gar nicht sehen!‹ Was hatten wir denn schon für eine Ahnung von der Welt da draußen!? «

Ali Başar kannte Deutschland damals nur aus den Erzählungen zweier Studenten aus dem Wohnheim, wo er vor seiner Abreise gearbeitet hatte; die beiden hatten in Deutschland studiert beziehungsweise dort ein Praktikum gemacht: Die Menschen in Deutschland hätten alle Arbeit, sie führen große Autos, das Leben sei frei und angenehm. In Ali Başars Ohren klang das noch verheißungsvoller als die Geschichten, die er seit seiner Kindheit von Istanbul gehört hatte. Anders als die meisten, die im November 1961 mit ihm im Zug sitzen, ist Ali Başar zumindest mit der Großstadt Istanbul vertraut. Die meisten anderen hatten ihre Dörfer erst wenige Wochen zuvor zum ersten Mal in ihrem Leben verlassen. Bevor Ali Başar abreist, packt er seine einzige gute Hose, ein Paar Schuhe und einige Hemden zusammen und schickt sie mit der Post zu seinem Bruder in Tunceli. Er selbst trägt seine ältesten Hosen und Schuhe, eine geflickte Jacke, als er im November 1961 am Bahnsteig 11 des Münchner Hauptbahnhofes aus dem Zug steigt. In seinem neuen Leben würde er sich alles neu kaufen können. Am Münchner Hauptbahnhof werden Ali Başar und die mehreren hundert Mitreisenden aus der Türkei mit einem Tusch empfangen, per Megafon willkommen geheißen – und schnell in den alten Luftschutzbunker geführt.

» In einem großen Raum, einer Art Salon unterhalb des Bahnhofs, haben sie uns versammelt. Sie gaben uns Obst, frisches Brot, Käse – und Würstchen. Wir dachten natürlich, das sei Schweinefleisch und wollten es nicht essen. Die Männer schauten uns an und machten ›Muuuh!‹ Wir verstanden und haben die Würstchen beruhigt gegessen. Dann wurden wir eilig in Gruppen aufgeteilt – je nach Ort und Arbeitgeber. Es breitete sich Panik aus, als wir erfuhren, dass wir getrennt werden sollten und alleine weiterreisen würden. Alle riefen durcheinander: Hasan, wo gehst du hin? Mehmet, in welche Stadt fährst du? Kaum einer sah sich danach wohl je wieder. Ich wurde mit zwei anderen Männern nach Dortmund geschickt.

Auf einmal waren wir also nur noch zu dritt: Ahmet, Şükrü und ich. Wir hatten Fahrscheine, sprachen aber überhaupt kein Deutsch und waren natürlich ängstlich, als wir uns auf den Weg machten. Vor allem fürchteten wir, in die falsche Richtung zu fahren oder dass wir uns verlieren. So stiegen wir in den Zug – und staunten: Um uns herum waren überall so gut gekleidete Frauen und Männer in Nylonhemden! Das sind bestimmt Politiker, Abgeordnete, Minister, waren wir überzeugt. Alle waren so schick! Wir haben es nicht gewagt, uns in eines der Abteile zu setzen. Also haben wir die gesamte Fahrt von München nach Dortmund im Stehen verbracht.

Auf dem Bahnsteig in Dortmund erwartete uns dann ein Mann. Und was für einer! Jung, groß, toll sah er aus. ›Patron!‹ (Chef), sagte er und zeigte mit dem Finger auf sich. Wir hatten also unseren Arbeitgeber gefunden. Beim Verlassen des Bahnhofsgebäudes hatten wir nach der langen Fahrt Mühe, seinem schnellen Schritt zu folgen. Er setzte uns in sein Auto, einen Volkswagen. Ahmet stieg vorne ein, Şükrü und ich hinten. Bevor wir losfuhren, holte unser ›Patron‹ ein Päckchen aus seiner Tasche und gab Ahmet eine Zigarette. Der zog daran, kurbelte hastig das Fenster herunter und spuckte kräftig aus. Der deutsche Tabak schmeckte ihm offensichtlich nicht. Unser Patron lachte. «

Fast drei Jahrzehnte arbeitet Ali Başar für deutsche Unternehmen: Erst auf dem Bau, dann unter Tage, er absolviert die Schweißerschule und wird später im Reparaturbetrieb eingesetzt. Sein Kollege Manfred bringt ihm in den ersten Jahren die wichtigsten Begriffe bei: Spachtel, Meißel, Hammer, Schaufel, Hacke... In der ersten Firma dauert die Schicht acht bis zehn Stunden am Tag, in der Stunde verdienen die Arbeiter 1,90 Mark. Am Abend, wenn Ali Başar in seinen Wohncontainer kommt, den er mit zwei Kollegen teilt, ist er müde, aber lange nicht so erschöpft wie nach jenen Tagen, an denen er einst in Istanbul schwere Körbe kilometerweit durch die Stadt hatte tragen müssen. Er ist froh, in Deutschland zu sein – aber anfangs auch sehr einsam.

» In den Pausen saß ich meist alleine da, auf einem Stein. Ich fühlte mich so einsam wie nie zuvor. Ich konnte mit niemandem reden, die Deutschen haben mich nicht beachtet. Bis Lorenz kam, der war anders. Er setzte sich neben mich, sprach mit mir. ›Ich: Lorenz, du: ?‹ – ›Ich: Ali.‹ So begann unsere Freundschaft. Am nächsten Tag brachte Lorenz mir von der Trinkhalle eine Sinalco mit, die er von seinem eigenen Geld für mich gekauft hatte! Ich gab ihm von meinem Brot, machte Tee für ihn. Irgendwann luden er und seine Frau Edith mich auch zu sich nach Hause ein. Die beiden haben mich aus meiner Einsamkeit befreit, sie haben mir sehr geholfen, so liebe Menschen. Wenn ich sehr traurig war, hat Lorenz mir den Arm um die Schulter gelegt und mich aufgemuntert. In Dortmund gab es damals außer Ahmet, Şükrü und mir überhaupt keine Türken.

Natürlich habe ich oft darüber nachgedacht, in die Türkei zurückzukehren, oder ich habe es mir gewünscht. Mein Plan war: Sobald ich 40 000 Mark verdient habe, verlasse ich Deutschland. Aber die Inflation in der Türkei war so groß, dass es sich überhaupt nicht gelohnt hätte, mit meinem Geld dorthin zu gehen. Ich hätte für alles nur noch die Hälfte bekommen.

Lorenz und Edith habe ich später leider nie mehr wiedergesehen. Irgendwann, nach einigen Jahren, wir wohnten schon in Duisburg, bin ich nach Dortmund gefahren, um sie zu suchen. Unter der alten Adresse waren sie nicht zu finden. Es tut mir so leid, dass wir den Kontakt verloren haben. Damals hatten aber die wenigsten von uns einen eigenen Telefonanschluss, auch die deutschen Arbeiter nicht. «

Ali Başars Leben in Deutschland ist geprägt von Arbeit – und seinem Engagement für die Rechte der Arbeiter. Dass es für ihn und seine Kollegen eine Möglichkeit gibt, sich zu organisieren, und dass ihre gemeinsame Stimme auch gehört wird, ist eine einschneidende Erfahrung im Leben von Ali Başar. 1969 wird er Gewerkschaftsmitglied, besucht regelmäßig die Gewerkschaftsschule der IG Metall, organisiert Diskussionsrunden, Demonstrationen, Weihnachtsfeiern, Sommerfeste. Lange Zeit ist er der einzige Türke unter seinen deutschen Kollegen, wird aber dennoch zum Vertrauensmann gewählt, besucht Gewerkschaftsmitglieder im

Krankenhaus, schlichtet Streit, malt Plakate für den 1. Mai. Sein Umfeld ist deutsch und politisch links. Dennoch begegnet er immer wieder auch Menschen, die anders denken.

» In dem Bergwerk, in dem ich gearbeitet habe, gab es einen Kollegen, Charly. ›Hey, Türke! Komm mal hier, mach mal hier fertig...‹, hat er immer gerufen. Einmal, in der Pause, sagte er zu mir: ›Hey, Türke, ich bin ein reinrassiger Ostpreuße. Du bist mein Sklave.‹ – ›Ja‹, antwortete ich. Ich konnte ja kaum Deutsch, hatte gar nicht verstanden, was er gesagt hatte. Zu Hause habe ich im Wörterbuch nachgeschlagen, was Sklave bedeutet. Oh, dachte ich, das ist ja etwas Schlechtes! Am nächsten Tag saßen wir wieder da, Charly sagte wieder das Gleiche zu mir. ›Hau ab, du!‹, rief ich und setzte mich woandershin. Meine Kollegen wollten Charlys Verhalten aber nicht akzeptieren. Sie gingen zu unserem Kolonnenführer Heinz und erzählten ihm, was Charly gesagt hatte. Daraufhin ging der Kolonnenführer zu Charly und stellte ihn zur Rede: ›Was hast du zu unserem Kumpel Ali gesagt? Wenn du so was sagst, bist du nicht mehr in unserer Kolonne!‹ Charly und ich wurden sogar zum Geschäftsführer gerufen. ›Charly!‹, sagte der Geschäftsführer. ›Wir arbeiten hier 2000 Meter unter Tage, wir müssen zusammenhalten! Wenn du zu unserem Kumpel Ali sagst, er sei dein Sklave, bist du nicht mehr bei uns im Bergbau. Entschuldige dich bei Ali!‹ So war das. Vielleicht hatte ich Glück, aber ich habe wirklich sehr gute Erfahrungen gemacht mit den Deutschen.

Unter seinen Gewerkschaftskollegen ist Ali Başar (Mitte, hinten) lange Zeit der einzige Türke.

Für die Rechte der Arbeiter geht Ali Başar immer wieder auf die Straße.

Ich will aber meine Augen nicht verschließen. Natürlich sind auch Dinge passiert, die nicht ganz in Ordnung waren. Einige Kollegen waren nicht sehr nett zu mir, ich musste manchmal mehr arbeiten als die anderen. Aber das ist alles nicht so wichtig. Meine Arbeitgeber haben mich immer sehr gut behandelt, mich für meine Arbeit geschätzt. Das ist denen ja das Wichtigste: dass die Leistung stimmt. Manchmal hat ein Chef mich sogar in Schutz genommen, wenn Kollegen mich respektlos behandelt haben. **«**

Immer ein bisschen schneller sein als die Kollegen, damit niemand sagen kann, er sei ein schlechter Arbeiter – das hatte Ali Başar sich fest vorgenommen. Und meistens gelingt ihm das. Von seinen deutschen Kollegen bekommt er zu hören, er solle nicht so schnell arbeiten, lieber Pausen machen, so wie sie auch. Aber das führt selten zu ernsthaften Konflikten, weil Ali Başar immer wieder auch ihre Arbeiten erledigt. Dass sich seine Lage von der seiner deutschen Kollegen unterscheidet, weil sein Aufenthalt und damit sein Glück an die Arbeitsstelle geknüpft sind, stört ihn nicht. Schwierigkeiten bereiten ihm eher die eigenen Landsleute, von denen im Laufe der Jahre immer mehr nach Deutschland kommen, auch an seinen Arbeitsplatz.

» Im Bergbau fing es irgendwann an, dass türkische Kollegen mich fragten, warum ich denn nicht bete, nicht faste. Das fanden sie nicht gut. ›Wenn ich faste, kann ich aber nicht arbeiten‹, habe ich gesagt. ›Wenn ich nicht arbeite, verdiene ich kein Geld. Wenn ich kein Geld verdiene, bleiben meine Kinder hungrig. Meiner Familie soll es gut gehen, das ist das Einzige, worum es mir geht.‹ Alles andere wäre in meinen Augen fanatisch. Ich weiß nicht, warum ich mein Fleisch nur von jemandem kaufen soll, der jeden Tag betet. Mir ist doch egal, wie der Mensch lebt, der das Fleisch für mich schneidet und mir verkauft. Aber der Konflikt ist bis heute geblieben: Einige, die wir seit den ersten Jahren kennen, grüßen uns nicht mehr, weil wir nicht in die Moschee oder ins Gebetshaus gehen. Das ist doch traurig.

Wir sind Kurden, Aleviten. Das ist natürlich auch wichtig für uns, aber vor allem sind wir Menschen. Welchen Glauben jemand hat, ist mir gleich; es kommt auf den Menschen an, ob er gut ist oder nicht. Nicht alle unsere Freunde sind Aleviten. Bei Begräbnissen oder ähnlichen Anlässen treffen wir natürlich die Menschen aus unserer Gemeinde, aber ansonsten sind wir mit sehr unterschiedlichen Menschen befreundet. Leider haben wir immer weniger Deutsche in unserer Nachbarschaft, sie sind alle längst aus Marxloh weggezogen. Sie haben uns allein gelassen! Ich finde das wirklich sehr schade.

Dass ich Kurde bin, wussten meine türkischen Kollegen, aber das war kein Thema. Wir haben die Konflikte aus der Türkei nicht hierher übertragen. Es gibt natürlich Fanatiker, Rassisten. Aber das sind Ausnahmen, von denen möchte ich eigentlich gar nicht reden, sie sollen uns nur in Ruhe lassen. In der Türkei gibt es keine Demokratie. Aber in meinem Alltag hier, bei der Arbeit beispielsweise, hat das zum Glück keine Rolle gespielt. «

Als kleiner Junge erlebt Ali Başar, wie das türkische Militär neben vielen anderen kurdischen Siedlungen auch sein Heimatdorf räumt, brutal gegen vermeintliche Aufständische vorgeht. Die Familie flieht – und verliert so den schmalen Besitz, den sie ohnehin nur hatte. Die Lage in der Region Tunceli bleibt angespannt. Armut, Hunger, Willkür und Gewalt prägen das Leben der Menschen. Ali Başar wird als ältester Sohn der Familie im Alter von 13 Jahren zu Verwandten nach Elazığ geschickt, um Lebensmittel zu besorgen. Seine angeheiratete Tante will ihn als Viehhüter beschäftigen, sein Onkel schickt ihn zur Schule, was zu Spannungen im Hause des Onkels führt. Ali Başar möchte nicht der Grund für weitere Streitereien sein. Auf dem Weg zur Schule kommt er am Bahnhof vorbei, lässt seine Tasche dort stehen, steigt ohne Fahrkarte in den Zug – und landet in Malatya, rund 100 km südwestlich von Elazığ. Er schreibt seinem Onkel und seiner Tante einen Brief: Sie sollen sich keine Sorgen machen.

Als er nach etwa zwei Jahren in der Küche eines Hotels in Malatya 40 Lira verdient hat, steigt er wieder in den Zug, dieses Mal mit einem festen Ziel vor Augen: Istanbul. Zum ersten Mal in seinem Leben sieht er das Meer. Die Menschen in Istanbul sehen für ihn anders aus als dort, wo er aufgewachsen ist. Vor der Neuen Moschee am Großen Basar trifft er einen Mann mit einem Bart, der aussieht wie die Männer in seinem Dorf. »Hey, du siehst aus wie ich!«, ruft der junge Ali Başar dem Mann zu. »Ich bin aus Tunceli, ich kenne hier niemanden!« Er bekommt von dem Mann einen Sesamkringel und schließlich auch einen großen Korb in die Hand gedrückt, den man auf dem Rücken trägt: Er soll den Frauen, die auf dem Markt einkaufen, die Taschen mit Obst und Gemüse nach Hause tragen. An manchen Tagen schleppt er die schweren Lasten viele Kilometer weit durch die Stadt, von Eminönü nach Beyoğlu und weiter. Nachts schläft er auf Parkbänken. Die Notunterkünfte stinken ihm zu sehr und sind dreckig. Im Winter dient ihm sein Korb als Schutz vor der Kälte. Er verkriecht sich bis zur Hälfte darin, um seinen Körper vor dem Erfrieren zu retten. An einem Tag verdient er manchmal nur 10 Kuruş, dafür kann er sich ein halbes Brot kaufen, ansonsten ist er auf Almosen angewiesen. Zehn Jahre verbringt er in Istanbul. Eine Perspektive für sein Leben wittert er erst, als er nach Deutschland geht. Der Traum, dort zu bleiben, wäre allerdings beinahe schon früh geplatzt.

» Einmal, als ich dabei war, Kies zu schaufeln, kam ein Mann auf mich zu, schick gekleidet, nahm mir die Schaufel aus der Hand und zeigte mir, wie ich das machen sollte: ›Die Schaufel ganz tief unter den Haufen schieben, voll machen und schnell abladen.‹ Er gab mir mein Werkzeug zurück und ging. Ich staunte einen Moment, dann lief ich empört hinter ihm her, meine Schaufel in der Luft wedelnd, und rief: ›Ey, wer bist du eigentlich, dass du mir meinen Job erklärst?!‹ Leider stellte sich heraus, dass der Mann unser Chef war.

In der Nacht darauf tat ich kein Auge zu: Ich war sicher, sie würden mich in die Türkei zurückschicken, alle dachten das. Was würde mich daheim erwarten? Arbeitslosigkeit, Armut, Ärger, Spott. Ich war verzweifelt. Als ich am nächsten Morgen zur Arbeit kam, sah ich meinen Chef schon von Weitem. Er lächelte mir zu! Ach, mir fiel ein Stein vom Herzen! Er würde mich nicht in die Türkei schicken. Offenbar konnte er über die Sache lachen. Da wurde mir auf einmal klar: Das ist also das Europa, von dem alle immer sprechen. Verständnisvoll und tolerant. So was hätte es in meiner Heimat nicht gegeben. «

Ali Başar ist 29, als er die Türkei verlässt; die Erinnerungen an die traumatischen Erlebnisse seiner Vergangenheit verlassen ihn in Deutschland nicht. Wohl deshalb erscheinen ihm rassistische Bemerkungen, denen er in Deutschland gelegentlich begegnet, erträglich; auch Ungerechtigkeiten, die er am Arbeitsplatz erfährt. Durch sein hart erarbeitetes Geld fühlt er sich reich beschenkt. Eine Selbstverständlichkeit wird der bescheidene Wohlstand, den er im Laufe der Jahre erwirbt, für ihn nie.

» Mit 29 habe ich mir meinen ersten Anzug gekauft, ein Hemd, Schuhe und Krawatte. Zu Hause habe ich die Sachen angezogen – und mich eine halbe Stunde lang im Spiegel betrachtet. Wie schön ich aussah! Irgendwann konnte ich mir auch ein Auto kaufen, einen Opel Kapitän. 10 000 Mark hat das gekostet! Zweimal sind wir mit diesem Auto in die Türkei gefahren.

Unvergessen: Ali Başars erstes Auto war ein Opel Kapitän.

Meine Mutter hatte noch nie in einem Auto gesessen. Sie konnte es gar nicht fassen, als sie uns sah, und lief aufgeregt hin und her. Zögernd stieg sie zu uns ein, hielt aber während der kurzen Fahrt die Griffe so fest umklammert, als hätte sie Angst rauszufallen. Die Hupe liebte sie allerdings sofort sehr! Alle im Dorf waren sehr beeindruckt. Sie sagten ›Ali Bey‹ (Herr Ali) zu mir, anstatt mich einfach beim Vornamen zu nennen. Das hat mir aber nicht gefallen. Ich habe zu ihnen gesagt: ›Nennt mich nicht Bey. Ich bin Arbeiter! So wie ihr!‹ Manche waren wohl neidisch, andere fühlten sich klein, jedenfalls war ich nicht mehr einfach einer von ihnen. Deshalb bin ich danach nie wieder mit dem Auto in mein Dorf gefahren. Beim nächsten Mal parkte ich mein Auto in

Elazığ und fuhr mit dem Bus in mein Dorf. Alle fragten mich: ›Aber Ali, wo ist denn das Auto?‹ – Und ich sagte: ›Kein Auto. ICH bin gekommen – Ali.‹ Bei diesem Besuch war dann alles wieder normal.

In Deutschland lebten wir allerdings viele Jahre mit einem schlechten Gewissen, weil es uns hier so gut ging, wir ein friedliches Leben führen konnten. Wir konnten unseren Verwandten zwar Geld und andere Dinge schicken, aber was ist das schon, wenn dort Bomben gelegt werden?

Die Armut, die ich in der Türkei erlebt habe, hat mich zur Dankbarkeit erzogen. Mit den Peitschenstriemen der Armut kam ich hierher nach Deutschland, das Gefühl habe ich nie verloren. In Deutschland habe ich meinen Beruf erlernt, Geld verdient, ein Auto gekauft, eine Familie gegründet. Das ist für mich ein großes Geschenk. Die Wohnung, in der ich heute lebe, ist für mich ein Paradies. Wenn etwas zu essen auf dem Tisch steht, ist das für mich immer noch wunderbar, jeden Tag. Wir sind Deutschland in einer Art Dankbarkeit verbunden, und ich verstehe nicht, wie das jemand anders sehen kann. Wir hätten in der Türkei wahrscheinlich nicht überlebt. Deutschland hat mir das Leben gerettet, so würde ich das sagen, und es ist eine Heimat für uns geworden.

Unsere ganze Familie hat inzwischen die deutsche Staatsangehörigkeit, aber erst seit Anfang der 90er-Jahre. Als wir mit unseren deutschen Pässen in die Türkei fuhren, fragte uns einmal ein Grenzbeamter: ›In der Türkei hat es euch wohl nicht gefallen!?‹ Nun ja. Das würde ich so nie sagen. Als ich den deutschen Pass in den Händen hielt, war ich froh und traurig zugleich. Traurig, weil wir in all den Jahren nicht die Möglichkeit hatten, in die Türkei zurückzugehen. Und froh, dass wir im Türkischen Konsulat nicht mehr Schlange stehen mussten. Ich lebe nun seit fünfzig Jahren in diesem Land, viel länger, als ich in der Türkei gelebt habe. Unsere drei Kinder sind hier zur Welt gekommen, inzwischen haben wir vier Enkelkinder. Wir sind eine multikulturelle Familie – mit einer spanischen Schwiegertochter, einem deutschen und einem irischen Schwiegersohn.

Manchmal sage ich auch: Das Leben hat mir meine Bildung verpasst. In der Türkei habe ich die Schule des Lebens in Armut absolviert. Mein Arbeitsleben in Deutschland glich einem Studium. Ich habe gelernt, dass man für alles, was man bekommt, dankbar sein muss und anderen Menschen mit Respekt begegnet. Ich habe gelernt, dass man sich für seine Rechte einsetzen kann. Jetzt bin ich Rentner und schreibe, wenn man so will, an meiner Doktorarbeit – und erzähle anderen von meinen Erfahrungen. **«**

Dorte Huneke

»Die meisten meiner Freunde waren Deutsche«

Ein linker Aktivist zurück am Bosporus: Mesut Ergün

In den 70er-Jahren eskalieren die politischen Unruhen in der Türkei, das Militär putscht gegen die Regierung, viele Widerstandskämpfer werden hingerichtet. Mesut Ergün, damals als Jugendlicher in der politischen Linken aktiv, beschließt, nach Deutschland zu gehen. Er will studieren. In der Frankfurter »Sponti«-Szene findet er eine neue Heimat, fühlt sich bestens integriert. Später wird er Taxiunternehmer und eröffnet eine Autowerkstatt. 2007 geht er nach 37 Jahren wieder in die Türkei zurück, wo er gemeinsam mit seiner Frau Ingrid ein Gästehaus am Bosporus eröffnet hat.

Mesut Ergün wird 1949 als zweites von drei Kindern in Özkonak in der zentralanatolischen Provinz Nevşehir geboren. Seine Schilderung der eigenen Lebensgeschichte verankert er an den einschneidenden politischen Ereignissen der Zeit: Im Mai 1950, zehn Monate nach Mesuts Geburt, endet mit den Parlamentswahlen die fast 30 Jahre währende Einparteienherrschaft der Republikanischen Volkspartei CHP in der Türkei. Die Demokratische Partei übernimmt die Macht. Mesut Ergün ist, wenn man so will, ein Kind der Revolution, des gesellschaftlichen Wandels durch die Stimme des Volkes.

Als er elf Jahre alt ist, im Mai 1960, kommt es zu einem Putsch des türkischen Militärs gegen die Regierung. Der türkische Ministerpräsident Adnan Menderes wird hingerichtet. Das Land ist in Aufruhr. Doch 1961 wird eine Verfassung verabschiedet, die vielen bis heute als das demokratischste Gesetzeswerk der Türkei gilt, weil darin unter anderem die Gewaltenteilung eingeführt wurde. Dennoch waren die 60er-Jahre in der Türkei von Armut und Perspektivlosigkeit geprägt:

Mesut Ergün Mitte der 70er-Jahre während einer Motorradtour durch die Türkei.

» Die Türkei war ein sehr armes Land. Die Menschen in meinem Dorf hatten keine Arbeit, sie mussten sich selbst versorgen, mit dem, was sie anbauen konnten. Es gab kaum Geld. Nahrungsmittel von den Feldern wurden gegen andere Waren getauscht. Ich weiß noch, wie ich mit meiner Mutter und meinen beiden Brüdern Gemüse auf einem Feld anbaute, um über den Winter zu kommen. An meinen Vater erinnere ich mich nicht. Er war Lehrer, er starb, als ich eineinhalb Jahre alt war. Mein älterer Bruder zog schließlich nach Istanbul, zu einem Onkel, um dort an der Universität zu studieren.

In meinem Dorf hätte es für uns keine schulischen oder beruflichen Perspektiven gegeben. Deshalb gingen etwas später auch meine Mutter, mein jüngerer Bruder und ich nach Istanbul. Ich war damals 17 Jahre alt. Ich sollte auf die höhere Schule gehen und, wie mein Bruder, studieren. Aber das konnten wir uns dann doch nicht leisten. Ich wurde zum Dreher und Schlosser ausgebildet – und träumte weiter davon, eines Tages zu studieren. Vor allem deshalb bewarb ich mich 1969 für Deutschland.« «

Mesut Ergün lebt damals, in den 60er-Jahren, mit seiner Familie in Tarlabaşı, einem Viertel im Zentrum von Istanbul, in dem überwiegend griechische und armenische Minderheiten wohnen, vor allem viele Migranten aus den ländlichen Regionen Anatoliens. Während der Schulzeit kommt er mit linken Gruppierungen in Kontakt und sympathisiert mit der damals größten linken Vereinigung in der Türkei: der Revolutionären Linken (Devrimci Sol, kurz Dev-Sol). Am 16. Februar 1969, der als »Blutiger Sonntag« in die Geschichte der Türkei eingeht, ist Mesut Ergün unter den rund 30 000 Menschen – überwiegend junge Anhänger linker Gruppierungen –, die morgens vom Istanbuler Beyazıt-Platz über die Galata-Brücke in Richtung Taksim-Platz marschieren, um gegen westlichen Imperialismus aus den USA und Ausbeutung zu protestieren. Auf dem Taksim-Platz treffen sie auf rechte Gruppierungen, die zum »Kampf gegen den Aufmarsch der Kommunisten« aufgerufen hatten. Die Polizei versucht, die Menge aufzulösen, die zum Teil mit Steinen, Schlagstöcken und Messern bewaffnet ist. Zwei Demonstranten der linken Szene werden erstochen, mehr als 200 Jugendliche verletzt.

Mesut Ergün geht noch im gleichen Jahr nach Deutschland. Den Militärputsch von 1971 erlebt er also aus der Ferne, ebenso im Mai 1972 die Hinrichtung von Deniz Gezmiş, Mitbegründer der linken Volksbefreiungsarmee der Türkei (THKO) und Idol der türkischen Achtundsechziger-Bewegung. Auch andere Linke wie Hüseyin İnan und Yusuf Aslan werden zum Tode verurteilt. Der Vorname »Deniz« wird in den folgenden Jahren in politisch linken Kreisen zu einem der beliebtesten Vornamen für neugeborene Mädchen und Jungen – in der Türkei, und auch bei den türkeistämmigen Migranten in Deutschland.

Die politischen Ereignisse sind ein Grund für Mesut Ergün, sein Land zu verlassen. Was ihn allerdings noch stärker fortgetrieben habe, das sei die desolate wirtschaftliche Lage gewesen. Mit dem Ziel, eines Tages zu studieren, bewirbt er sich bei der Deutschen Verbindungsstelle in Tophane, in der Nähe des Istanbuler Hafenviertels Karaköy. Weil er eine Ausbildung vorweisen kann, gilt er als »qualifizierter Arbeiter« und erhält innerhalb von drei Monaten die Zusage für einen Arbeitsvertrag und eine daran gekoppelte Aufenthaltserlaubnis.

>> Als wir am Bahnhof in Ludwigshafen-Oggersheim ankamen, stieg ich mit vier oder fünf anderen aus unserer Gruppe aus dem Zug. Wir waren aufgeregt und sahen uns neugierig um, betrachteten die Menschen, die an uns vorbeigingen. Es war um die Mittagszeit und ziemlich kalt. Uns beachtete niemand. Die Deutschen schauten, während sie liefen, einfach nur geradeaus.

Wir sollten abgeholt werden, aber es kam niemand. Also warteten wir. Nach einer Weile kramte ich die wenigen Brocken Deutsch zusammen, die ich mir angeeignet hatte, und fragte einen der Vorbeilaufenden, wie wir zu unserer Fabrik kämen. Er war sehr freundlich und brachte uns gleich hin. Als wir dort ankamen, führte man uns zu den Baracken, in denen wir wohnen würden. Zu viert teilten wir uns ein kleines Zimmer. Ich erinnere mich noch, dass wir dort zusammen saßen und darüber gesprochen haben, was uns wohl erwarten würde. Wir waren aufgeregt und haben viel gelacht.

Dann wurden wir aufgeteilt. Je nach der Qualifikation, die wir mitbrachten, bekamen wir bestimmte Aufgaben in verschiedenen Bereichen der Fabrik. Da wir kein Deutsch sprachen und von den anderen niemand Türkisch verstand, hatten wir große Probleme mit der Verständigung. Später gab es aber auch Dolmetscher.

Unsere Arbeit war nicht allzu schwer zu bewältigen. Mit einer Sache konnte ich mich allerdings bis zuletzt nicht anfreunden: das Stempeln beim Betreten und Verlassen des Arbeitsplatzes. Das kam mir seltsam vor. Einmal fragte ich den Dolmetscher, ob ich auch stempeln müsse, wenn ich auf die Toilette ging. Das fand er aber nicht lustig. <<

Die kulturellen und politischen Gegensätze in der Türkei finden sich auch in der Holzbaracke in Ludwigshafen-Oggersheim wieder; die meisten Männer schließen sich in entsprechenden Gruppierungen zusammen. Deshalb, aber vor allem auch aufgrund der schlechten Lebensumstände, kommt es immer wieder zu Konflikten. Eine Baracke hat mehrere Zimmer, in denen jeweils vier oder acht Männer schlafen. In den Mehrbettzimmern ist an Schlaf kaum zu denken. Wenn der eine aufsteht, kommt der andere gerade von der Arbeit. Was dem jungen

Klassenkämpfer aber mehr zu schaffen macht, sind die Umgangsformen in den Fabriken:

» Da wir kein Deutsch verstanden, sprach man nicht mit uns, oder nur in sehr kurzen Sätzen – man erteilte uns schlicht Befehle. Wir kamen uns vor wie Soldaten. Die Vorarbeiter sagten uns in lautem, militärischem Ton, was wir zu tun hatten. Als ehemaliger Dev-Sol-Aktivist konnte ich das natürlich schwer ertragen, das ging mir schwer gegen den Strich. Ich habe also rebelliert: Wenn sie ›Steh auf!‹ sagten, blieb ich einfach sitzen.

Einmal sollte ich von der Dreher- in die Farben-Abteilung versetzt werden. Eine Erklärung gaben sie mir dafür nicht. Ich kannte die Arbeit dort nicht, wurde auch nicht eingewiesen – und beschwerte mich deshalb. Geändert hat sich dadurch allerdings nichts.

Die Leute, mit denen ich gekommen war, hatten alle eine berufliche Qualifikation vorzuweisen. Trotzdem ließ man uns in den ersten Tagen nur schwere Eisenteile schleppen. Viele Kollegen sagten sich deshalb: ›In der Türkei geht es uns besser. Lasst uns zurückkehren!‹ Einige gingen tatsächlich. Ich blieb. Ich wollte durchhalten. Ich war schon als Kind sehr hartnäckig. Jedenfalls habe ich immer verkündet: Ich werde nicht in die Türkei zurückkehren! «

Mesut Ergün beim Deutschkurs in seiner Wohnbaracke in Ludwigshafen.

Zwei türkische Kollegen, die schon länger in Deutschland sind, wo sie auch ihr Studium absolviert hatten, geben den jungen Arbeitern in der Baracke Deutschunterricht. Daran nimmt auch Mesut Ergün teil. Doch auch nach mehreren Wochen ist er nicht in der Lage, sich problemlos auszudrücken. Als er bei den Abteilungsleitern die schweren Arbeitsbedingungen in der Fabrik beanstanden will, nimmt er sich einen Dolmetscher zur Hilfe. Mesut Ergün ist in seiner Gruppe der Einzige, der gelegentlich gegen die Zustände am Arbeitsplatz und das Verhalten der Höhergestellten aufbegehrt. Seinem Arbeitgeber ist er dadurch offensichtlich zu unbequem. Er wird noch vor Ablauf seines zwölfmonatigen Arbeitsvertrags entlassen.

Den damals 20-Jährigen entmutigt das nicht – er habe ohnehin andere Pläne gehabt, erzählt er. In die großen Städte zieht es ihn, nach Frankfurt am Main oder Westberlin. Dort sei viel los, auch politisch, hatte man ihm berichtet. Mit einer einzigen Tasche, in die all seine Habseligkeiten passen, macht sich der junge Mesut auf den Weg. Er besitzt 500 D-Mark. Die folgende Nacht, die er in Frankfurt verbringt, erinnert er als die schlimmste seit seiner Ankunft in Deutschland:

>> Ich kannte niemanden, als ich in Frankfurt ankam. Aber am Bahnhof trafen sich immer die Türken. Das hatte ich gehört. Ich lief also durch den Bahnhof, um einen Landsmann zu finden, der mir möglicherweise helfen könnte. Ich wusste nicht, wo ich schlafen sollte; für ein Hotel wollte ich mein knappes Geld nicht ausgeben.

Aber ich hatte kein Glück. Die erste Nacht verbrachte ich zusammengekauert in einem Einkaufswagen, den ich in einer Ecke im Bahnhof gefunden hatte. Auf dem Boden wollte ich nicht schlafen. Den Einkaufswagen hatte ich mit Zeitungspapier ausgelegt.

Am nächsten Tag traf ich einen Mann – er kam wie ich aus Nevşehir! Er nahm mich mit zu der Firma, in der er arbeitete. Vielleicht würde man dort ja noch jemanden brauchen, sagte er. Nach einem kurzen Gespräch wurde ich sofort eingestellt. Sieben Tage später sollte ich anfangen zu arbeiten. Sieben Tage! Ich hatte ja, solange ich nicht arbeitete, keine Unterkunft. Zum Glück konnte mein hilfsbereiter Landsmann mich aber in sein Wohnheim neben der Fabrik einschleusen. Eine Woche lang musste ich mich dort verstecken. Dann bekam ich ein eigenes Bett zugewiesen. <<

In dieser Zeit denkt Mesut Ergün nie daran, in die Türkei zurückzukehren. Drei Jahre habe er sich Zeit gegeben, um sich an das neue Umfeld zu gewöhnen, seinen Weg darin zu finden, erklärt er. In Frankfurt meldet er sich bei der Volkshochschule erneut für einen Deutschkurs an, den er abends nach der Arbeit besucht. Schließlich war er ja gekommen, um zu studieren. Aber es will ihm nicht gelingen, ausreichend Deutschkenntnisse zu sammeln, um seinen Traum zu verwirklichen. Seine intellektuelle Heimat findet er auch in Deutschland in der linken Szene.

» Das Wohnheim, in dem ich von meinem Frankfurter Arbeitgeber untergebracht worden war, verließ ich, wenn ich mich recht erinnere, noch im selben Jahr. Ich wohnte erst zur Untermiete bei einem älteren deutschen Ehepaar im Zentrum der Stadt, dann bei einem jungen, alleinstehenden türkischen Mann. Auf diese Weise habe ich mir nach und nach ein soziales Umfeld aufgebaut.

Zunächst bin ich türkischen Gruppierungen beigetreten: den Maoisten, den Marxisten-Leninisten und einigen anderen. Manchmal war ich dort nur sehr kurz Mitglied, wechselte zu anderen Gruppierungen, die meine Neugier weckten. Weil ich so häufig die Gruppen wechselte, wurde ich von einigen ›der Spion‹ genannt. Am Ende entschied ich mich für eine Mitgliedschaft bei den Maoisten. Die Maoisten verstanden sich allerdings nicht mit den Trotzkisten. Und dann gab es noch die kurdischen Gruppierungen; mit denen kam kaum jemand aus. «

Mitte der 70er-Jahre – Mesut lebt inzwischen in einer eigenen Wohnung in der Nähe der Frankfurter Universität – kommt er mit der linksgerichteten Sponti-Szene in Berührung. Zu ihren Aktivisten, die in der Tradition der Achtundsechziger-Bewegung standen und mit kreativen, spontanen Aktionen die Gesellschaft revolutionieren wollten, gehörten auch Joschka Fischer und Daniel Cohn-Bendit: Der spätere deutsche Außenminister und der deutsch-französische Grünen-Politiker stachen damals bereits als Vordenker und Sprecher der internationalen linken Szene hervor. In dieser Zeit, sagt Mesut Ergün, sei er »in der deutschen Gesellschaft angekommen«.

In jenen Jahren besucht er auch zum ersten Mal wieder die Türkei. Seinen Job in Frankfurt hat er gekündigt. Mit drei deutschen Freunden begibt er sich in einem Kleinbus auf die Reise – Ägäis, Mittelmeer, Schwarzes Meer. In eineinhalb Monaten legen sie 12 000 Kilometer zurück. Die vier jungen Männer besuchen auch Mesuts Heimatdorf, das Haus, in dem er aufgewachsen ist, seine Mutter. Doch für die Bewohner seines Dorfes ist er ein Fremder geworden: »Hippie« nennen sie ihn.

Nach fast zwei Monaten kehrt Mesut Ergün nach Deutschland zurück, findet sofort wieder Arbeit in einer Fabrik – und wechselt in den darauffolgenden zehn Jahren noch sehr häufig den Arbeitsplatz. Meist arbeitet er ein knappes Jahr in einem Handwerksbetrieb, um im Sommer mit Freunden in die Türkei zu reisen. Bis er dreißig ist, führt er dieses »freie« Leben:

wohnt in besetzten Häusern in Frankfurt, diskutiert mit Freunden bis spät in die Nacht über politische Themen, feiert Feste, plant Veranstaltungen, geht zu Kundgebungen. Er fühlt sich wohl bei den Spontis. Mit Joschka Fischer, Tom Koenigs und Daniel Cohn-Bendit, die er vom Hochschulsport an der Frankfurter Uni kennt, schaut er sich in Frankfurter Kneipen die Spiele der deutschen Nationalelf bei der Fußballweltmeisterschaft 1978 an. Dass seine Kumpane einmal in Deutschland politische Karriere machen würden, hätte er sich damals nicht vorstellen können. Sein türkischer Freundeskreis wird währenddessen immer kleiner.

Den obligatorischen Militärdienst in der Türkei kann Mesut Ergün immer wieder hinauszögern. Dann erlässt die türkische Regierung 1980 eine Regelung, wonach türkische Staatsbürger sich vom Militärdienst freikaufen können. Für Mesut Ergün ist dies eine willkommene Gelegenheit, und er trifft noch eine weitere Entscheidung.

» Bevor ich mich freikaufen konnte, musste ich in der Türkei eine Art kurzen Militärdienst leisten. Ich war allerdings unsicher, ob ich wirklich problemlos wieder aus der Türkei würde ausreisen können. Deshalb beschlossen meine damalige Freundin und ich, noch vor meiner Reise in die Türkei zu heiraten. Wir waren damals bereits seit fünf Jahren ein Paar. Geheiratet hätten wir ohne diesen Hintergrund aber niemals. Wir lebten eine eher freie Beziehung und waren im Grunde beide gegen die bürgerliche Institution Ehe. «

Kurz bevor sich Mesut Ergün mit umgerechnet 11 000 D-Mark vom Militärdienst freikauft, erlebt die Türkei am 12. September 1980 erneut einen Putsch, der das Land nachhaltig prägen wird. Während der folgenden, drei Jahre dauernden Militärregierung unter Generalstabschef Kenan Evren und den Befehlshabern der Streitkräfte kommt es zu Hunderten Verhaftungen, 50 Hinrichtungen und Folterungen, durch die 171 Menschen zu Tode kommen.

Mesut Ergün verfolgt die Ereignisse mit großer Gespanntheit – und dem beruhigenden Gefühl, in Deutschland sein zu können. Er arbeitet jetzt nicht mehr in Fabriken und Handwerksbetrieben. Wie seine Frau verdient er sich sein Geld als Taxifahrer. Den Traum vom Studium hat er hinter sich gelassen. Als »verlorene Zeit«, sagt er, wäre es ihm damals vorgekommen, zur Uni zu gehen. Sieben Jahre fährt er Taxi, kauft schließlich mit drei befreundeten Kollegen einen eigenen Wagen und macht sich selbstständig. Zur gleichen Zeit eröffnet er zusammen mit seiner Frau auch noch eine Autowerkstatt, die sie gemeinsam bis 2001 führen. Danach leitet Mesut die Werkstatt und den Taxibetrieb mit mittlerweile drei Wagen allein weiter.

Mesut Ergün in seiner Autowerkstatt in Frankfurt.

Als Kleinunternehmer, der deutschen Sprache mächtig, mit einer deutschen Frau verheiratet, habe er angefangen, sich immer mehr als Deutscher – oder besser gesagt als Frankfurt-Bornheimer – zu fühlen. Aber was bedeutet das eigentlich, »sich deutsch fühlen«?

》 Wenn ich sage, dass ich mich deutsch fühle, meine ich damit, dass ich die Deutschen kennen und verstehen gelernt habe; ich verstand ihre Sprache und war ihnen wohl auch kulturell nähergekommen. Jedenfalls erschien mir der Umgang der Deutschen untereinander nicht mehr fremd. Wenn mich jemand gefragt hätte, ob ich mich deutsch oder türkisch fühle, hätte ich zwar immer noch gesagt: ›Ich fühle mich türkisch.‹ Aber ich würde auch sagen, ich war gut in die Gesellschaft integriert: Ich hatte deutsche Freunde, deutsche Kundinnen und Kunden, ich kannte mich in Frankfurt sehr gut aus, die Gesetze, Regeln und die Bürokratie waren mir vertraut.

Was mich störte, war das negative Bild, das die Deutschen von den Türken hatten. Es kam mir oft so vor, als würden sie in uns kulturlose Wesen sehen, die aus der Wildnis in die Zivilisation gekommen waren. Viele Deutsche empfand ich uns gegenüber als arrogant und überheblich. Es störte mich auch, dass in der Wahrnehmung, die sie von mir hatten, meine Nationalität immer eine Rolle spielte. Selbst die Linken hatten Vorurteile gegenüber Türken. Wenn meine damalige Frau und ich zum Beispiel eine Meinungsverschiedenheit hatten, sagten manche Freunde: ›Das liegt daran, dass du Türke bist.‹ Als gäbe es unter deutschen Männern und Frauen keinen Streit! Auf diese Vorstellung bin ich immer wieder gestoßen: dass die Nationalität etwas Verbindendes ist beziehungsweise umgekehrt unterschiedliche Nationalitäten etwas Trennendes darstellen. Meine Frau hatte diese Vorurteile mir gegenüber zum Glück nicht. Sie hat mich immer verteidigt.

Die meisten meiner Freunde waren Deutsche. Meine türkischen Freunde, die in der Regel keinen oder wenig Kontakt zu Deutschen fanden, fragten mich oft, wie ich es geschafft habe, ein Teil der deutschen Gesellschaft zu werden, ein deutsches Umfeld zu haben. Ich konnte ihnen das aber nicht erklären. Einige Male habe ich versucht, meine türkischen und meine deutschen Freunde zusammenzubringen. Aber das hat in den wenigsten Fällen funktioniert, es passte einfach nicht. Von beiden Seiten gab es zu viele Vorbehalte, Misstrauen, Missverständnisse, vielleicht auch Neid. Die Türken kommen mit der Lebensweise der Deutschen nicht klar und die Deutschen nicht mit der Lebensweise der Türken.

Die Türken, die ich kannte, haben meist sofort nach ihrer Ankunft in Deutschland geheiratet, meistens Türkinnen. Ihr großes Ziel lag darin, Geld zu verdienen und eines Tages in die Türkei zurückzukehren. Bei mir war das anders. Ich führte kein klassisches, zurückgezogenes ›türkisches Leben‹. Ich dachte mir: Wenn ich schon nach Deutschland gehe, dann möchte ich das Land und die Menschen dort auch kennenlernen. Ich war neugierig.

Meine Mutter schrieb mir anfangs regelmäßig Briefe, in denen sie mir mitteilte, dass sie in unserem Dorf eine passende Ehefrau für mich gefunden hätte. Immer wieder schien sie geeignete Kandidatinnen zu finden. Eines Tages sagte ich zu ihr: ›Dann heirate sie doch selbst, wenn sie dir so gut gefallen!‹ Ihr ging es überhaupt nicht darum, für mich eine Partnerin zu finden, sondern für sich selbst eine angemessene Schwiegertochter zu haben. **«**

Die Liebe führt Mesut Ergün schließlich zurück in die Türkei. Bei einem Besuch in Istanbul Anfang der 90er-Jahre entdeckt er ein altes Holzhaus im Stadtteil Büyükdere am Bosporus, das ihm, auch als er schon längst wieder zurück in Deutschland ist, nicht mehr aus dem Sinn geht. Als wenige Jahre später eines Tages Ingrid Osswald in seine Werkstatt kommt, um ihr Auto reparieren zu lassen, beginnt ein neues Kapitel in seinem Leben. Was er selbst allerdings erst Jahre später begreifen wird. Von seiner ersten Frau ist er zu der Zeit bereits seit Langem geschieden; als Freund – und bis zu seiner Abreise in die Türkei auch als Geschäftspartner – bleibt er ihr jedoch verbunden.

» Den Plan, in der Türkei ein Haus zu kaufen, hatte ich schon länger gefasst. Mein Bruder wohnte in Büyükdere, so entdeckte ich das Haus dort. Das Gebäude war alt und verfallen, aber ich habe mich sofort in das Haus verliebt und es dann auch gekauft. Von da an verbrachte ich jeden Sommer mit Renovierungsarbeiten am Haus. Nach acht Jahren war es so weit fertig, dass man darin wohnen konnte.

In der Zwischenzeit hatte ich Ingrid kennengelernt. Sie kam eines Tages einfach in meine Werkstatt, um ihr Auto reparieren zu lassen. Wir haben uns von Anfang an gemocht, aber erst viel später haben wir uns ineinander verliebt. Um mein fertig renoviertes Haus einzuweihen, lud ich im Mai 2003 Ingrid und ein paar andere Freunde aus Deutschland nach Istanbul ein. Von meinem Traum, hier vielleicht ein Gästehaus zu eröffnen, war Ingrid sehr begeistert, und sie hat mich motiviert, an diese Idee zu glauben. «

Ingrid Osswald, die die Erzählungen ihres Mannes bis dahin nur beiläufig verfolgt hat, setzt sich, als das Gespräch auf sie kommt, neben ihn an den Tisch auf der Terrasse. Sie ist vier Jahre jünger als ihr Mann und war mit der türkischen Kultur schon etwas vertraut, als sich die beiden kennenlernten. Als Sozialpädagogin in einer Beratungsstelle in Frankfurt am Main hat sie häufig mit Familien aus der Türkei zusammengearbeitet. Sie erzählt auf Deutsch von diesen ersten Begegnungen und einer wesentlichen Erkenntnis:

»Die Türken wurden in meinen Augen damals in Deutschland schlecht behandelt. Sie waren in vielerlei Hinsicht benachteiligt. Dagegen wollte ich etwas unternehmen. Im Grunde ist es aber ein Vorurteil, sie deshalb alle als schwach und hilflos zu sehen. Und ganz sicher ist es falsch, sich diesen vermeintlich Schwächeren überlegen zu fühlen. Als ich das begriffen hatte, änderte sich auch mein Blick auf die Menschen aus der Türkei, die in unserem Land lebten. Anstatt ›die Türken‹ und ›die Deutschen‹ mit bestimmten Eigenschaften zu kategorisieren, begann ich damit, die Menschen so zu sehen, wie sie sind, unabhängig vom Ort ihrer Geburt oder ihrer kulturellen Herkunft. Jeder Mensch ist anders, und das hat nur bedingt mit der Nationalität zu tun.«

Auch für Ingrid Osswald war es eine Herzensentscheidung, nach Istanbul zu ziehen. In die Stadt am Bosporus hatte sie sich schon verliebt, bevor Mesut und sie ein Paar wurden. Als sie Mesut bestärkte, eine Pension zu eröffnen, sei sie selbst in diesen Träumen noch gar nicht vorgekommen, sagt sie. Das ändert sich, als sie zusammen sind, später auch heiraten. Und es ist Ingrid, die dafür sorgt, dass der Gästehaus-Traum kurz darauf auch umgesetzt wird. »Wann, wenn nicht jetzt?«, habe sie ihren Mann gefragt. Als sie beschließen, alles hinter sich zu lassen, nochmal von vorn anzufangen, ist Ingrid Osswald Mitte fünfzig – und zuversichtlich: »Ich glaubte fest daran, dass es funktionieren würde.« Wenn es nach Mesut Ergün gegangen wäre, hätten sie noch ein paar Jahre in Deutschland verbracht – um alles noch besser vorzubereiten.

» Ich bin da anders als Ingrid, ich wollte finanziell kein Risiko eingehen und war der Meinung, dass wir noch drei Jahre in Deutschland bleiben sollten, um Geld zu sparen. Ingrid aber meinte, das sei zu lang. So habe ich schließlich meine Werkstatt aufgegeben, Ingrid und ich heirateten, und 2007 sind wir nach Istanbul gezogen. Wenn ich jetzt so überlege, dann war Deutschland in den 37 Jahren für mich meine Heimat geworden und die Türkei für mich damals ein fremdes Land. Ich musste mich erst wieder an das Leben hier gewöhnen. «

Ingrid Osswald räumt ein, dass auch sie nicht ganz ohne Bedenken die Koffer gepackt – und Deutschland nicht ganz unvorbereitet den Rücken gekehrt habe: »Für mich war immer klar, dass ich nie von einem Mann finanziell abhängig sein wollte. Doch nun war ich in einer solchen Situation. Das Haus gehörte ja Mesut. Ich nahm deshalb zunächst zwei Jahre unbezahlten Urlaub, kündigte meinen Job also nicht sofort, sondern hielt mir die Option offen, nach zwei Jahren wieder zurückzukehren. Mittlerweile habe ich meinen Job gekündigt. Es läuft alles sehr gut, ich liebe Mesut, ich liebe Istanbul, und mir gefällt die Arbeit, die wir hier tun, sehr. Aber sollten Mesut und ich uns eines Tages trennen, würde ich wahrscheinlich wieder nach Deutschland zurückkehren. Trotz allem.«

Im Frühjahr 2011 sitzen Mesut Ergün und seine Frau auf der Terrasse ihrer Pension »1001 Istanbul« und fragen sich, was an ihnen wohl »türkisch« und was »eher deutsch« ist. Ingrid Osswald sagt: »Ich mag dieses bunte Durcheinander, ich mag die Vielfalt, selbst den Fahrstil der Menschen, über den sich sonst alle aufregen. Mesut dagegen gefällt das überhaupt nicht. Wir ziehen uns damit gegenseitig auf. Ich sage zu ihm: ›Du bist total deutsch.‹ Und er sagt zu mir: ›Du bist total türkisch.‹ Denn Mesut ist sehr diszipliniert, ich dagegen bin eher etwas chaotisch. Ich würde sagen, hier haben wir eine höhere Lebensqualität, weil wir nicht so viel arbeiten und deswegen weniger Stress haben. In Deutschland war unsere Zeit verplant; es stand fest, wann wir was machten. In Istanbul hingegen gehört der Tag uns. Wir können meist selbst bestimmen, was wir wann machen wollen.«

Seit 2007 zurück am Bosporus: Mesut Ergün und seine Frau Ingrid.

Rückblickend auf seine Entscheidung, die Heimat zu verlassen, in einem anderen Land Arbeit zu suchen, dort viele Jahre zu bleiben, sagt Mesut Ergün:

» Nach Deutschland zu gehen, war eine der besten Entscheidungen, die ich in meinem Leben getroffen habe. Als ich ging, war die Türkei ein sehr armes und instabiles Land; politische Unruhen waren an der Tagesordnung. Wenn ich zum Urlaub herkam, merkte ich immer, wie froh ich war, nach Deutschland gegangen zu sein und dort zu leben. Mittlerweile hat sich aber auch die Türkei sehr verändert und weiterentwickelt. Den Menschen geht es besser. Im Moment bin ich froh, hier zu sein. Mir ist die Lebensart wieder vertrauter geworden, und wir haben hier Freunde gefunden. «

Semra Pelek

Aus dem Türkischen übertragen von Manuela Volz und Dorte Huneke.

»In der Türkei sind wir die Griechen«

Vertrieben aus Istanbul: Eva und Sokrates Saroglu

Jeden Freitagnachmittag um fünf betreten Eva und Sokrates Saroglu ein 50 Quadratmeter großes Stück Griechenland: Nur wenige Meter vom ehemaligen Mauerstreifen in Berlin entfernt treffen sie sich mit ihren griechischen Freunden in einem Raum im Erdgeschoss der Kreuzberger Arbeiterwohlfahrt. Heute ist es vergleichsweise ruhig; nur zehn ehemalige Gastarbeiter sind gekommen, an anderen Tagen sind sie mehr als doppelt so viele. Und dennoch gelingt es ihnen, dem nüchtern eingerichteten Raum in beinahe surrealer Intensität etwas von der Atmosphäre der griechischen Inseln einzuhauchen: Bei Sirtaki-Klängen serviert Spiros, ein Koch, der aus der Nähe der griechischen Hafenstadt Igoumenitsa stammt, Souvlaki, Tzatziki und Pommes frites. Es gibt Retsina, den typischen geharzten griechischen Weißwein. Und, natürlich, Ouzo. Der ist, lernt man hier, selbst in beachtlichen Mengen genossen, eine Wohltat für jeden Magen. Der türkische Rakı hingegen – der für die meisten Außenstehenden sehr ähnlich schmeckt – steht dagegen bei den Anwesenden in keinem guten Ruf. »Untrinkbar!«, ereifert sich Sokrates. Alle nicken zustimmend. Sokrates' Ehefrau Eva, dem türkischen Nationalgetränk gegenüber ein bisschen toleranter eingestellt, legt ihrem Mann die Hand auf den Arm: »Nun lass! So schlecht ist er nicht!« In jedem Fall sind beide sichtlich in ihrem Element. »Das hier«, sagt Eva irgendwann seufzend, »ist wie unsere zweite Heimat.« Und wo ist die erste? »Ich weiß es nicht«, sagt sie da, »wir haben keine. In der Türkei sind wir die Griechen. In Deutschland sind wir Türken. Aber Deutsche sind wir auch nicht!«

Dabei war Eva, als sie noch ein Kind war, sicher, dass sie eine Heimat hatte: Die engen Istanbuler Gassen, durch die sie morgens zur Schule rannte, die kleinen griechischen Geschäfte in der Straße, das Läuten der

Eva und Sokrates Saroglu mit ihrer Tochter in ihrer ersten Berliner Wohnung.

Kirchenglocken am Sonntag – all das gab dem Mädchen das Gefühl, genau hierhin zu gehören. Drei Generationen zuvor war Evas Urgroßvater aus der nordgriechischen Kleinstadt Ioannina nach Istanbul gekommen; schon ihr Vater und ihr Opa wurden, wie sie, in Kurtuluş geboren, gar nicht weit von dem riesigen Taksim-Platz, der auch Touristen und Neuistanbulern in der 16-Millionen-Metropole zu ein bisschen Orientierung verhilft. Evas Mutter lebte als junges Mädchen auf den Prinzeninseln, jenen berühmten Eilanden vor der Großstadt, die in der Sommerhitze ein wenig Luft spenden. Auf der zweitgrößten dieser Inseln, Heybeli, liegt auch das Seminar von Halki, einst Theologische Hochschule des Ökumenischen Patriarchats von Konstantinopel, die 1971 auf Anweisung der türkischen Regierung ihren Betrieb einstellen musste. Als Evas Mutter mit 25 Jahren auf das Festland zog, machte sie sich in Kurtuluş schnell einen Namen – als eine der besten Schneiderinnen des Viertels. So brachte sie, nach dem Tod ihres Mannes früh alleinstehend, Eva und deren Schwester durch.

Griechischer Alltag in der Türkei

Die kleine Eva liebte das Leben in Kurtuluş. Schnell fand sie auch einen Ort, der sie besonders anzog: den Spielplatz an der nächsten Straßenecke. Gerade einmal sechs Jahre war sie alt, als Eva auf diesem Spielplatz Sokrates kennenlernte – der war da, mit seinen 18 Jahren, schon auf dem Weg, ein Mann zu werden. Ein stolzer Istanbuler, mit Schnurrbart und Krawatte. Das, und auch dass er das kleine Mädchen jedes Mal so freundlich grüßte, wenn er des Weges kam, hat ihr mächtig imponiert. Später besuchte sie ganz selbstverständlich ein griechisches Gymnasium. Vier Stunden am Tag hatte sie dort Unterricht in griechischer, zwei in türkischer Sprache. Wenn die Schule aus war, ging sie ihre Freunde besuchen: Fast alle lebten in guten Verhältnissen, waren Sprösslinge griechischer Handwerker und Händler. »Es war eine herrliche Zeit«, schwärmt Eva noch heute, »wir fühlten uns wie die Türken heute in Kreuzberg. Wir lebten in einer griechischen Welt – inmitten der Türkei. Wir kannten Türken, viele von ihnen mochten wir auch. Aber zu tun hatten wir doch vor allem mit Griechen.«

Als Eva 18 und Sokrates schon beinahe 30 Jahre alt war, kam er auf sie zu: »Willst du mich heiraten?« Sie sagte Ja, spontaner, als sie sich das vorher hätte vorstellen können. Nach der Heirat war die junge Frau bald schwanger. Ihre erste Tochter kam zur Welt, Eva kümmerte sich um Haushalt und Kind, Sokrates mühte sich mit den Einnahmen aus seinem Friseurgeschäft die junge Familie zu ernähren – was allerdings Anfang der 60er-Jahre immer schwieriger wurde. Das erklärt ein Blick in die Geschichte.

Mehr als zwei Jahrtausende war Istanbul immer auch eine Stadt der Griechen gewesen. Sie waren es, die 660 v. Chr. die erste Koloniestadt Byzantion gründeten, die Keimzelle des byzantinischen Reichs, aus der später Konstantinopel wurde, über Jahrhunderte die Kapitale des Oströmischen Reichs. Als das Weströmische Reich längst im Untergang begriffen war, stand Byzanz in voller Blüte und verteidigte sich immer wieder erfolgreich gegen Angriffe vor allem der Araber und Perser. Erst den Osmanen gelang 1453 seine Unterwerfung. Aus Konstantinopel wurde Istanbul. Die Griechen aber blieben. Nicht immer verlief ihr Leben völlig unbehindert, immer wieder hatten sie mit Restriktionen, etwa dem Verbot, bestimmte Berufe auszuüben, zu kämpfen. Aber vom Grundsatz her fühlte sich die Mehrheit von ihnen als Istanbuler – und sicher. Zumal ein 10-jähriges Mädchen, viel zu klein, um Stimmungswechsel wahrzunehmen und politische Entwicklungen zu verstehen.

»Es war der 6. September 1955 ...«

Und dann kam dieser Abend, dieser eine Abend, der sich nicht nur in das Gedächtnis des kleinen Mädchens, sondern auch in das kollektive Gedächtnis von Griechen wie Türken so tief eingebrannt hat. »Es war der 6. September 1955«, sagt Eva, aber als sie anfangen will zu erzählen, unterbricht Sokrates sie noch einmal: »Willst du wirklich die ganze Wahrheit sagen?«, fragt er. »Das wird hart. Für manche wird es hart werden, das zu lesen!« Aber auch für Eva und Sokrates Saroglu war es hart: Wie immer verbrachten sie – sie war damals 10, er 22 Jahre alt – den Abend mit der Familie zu Hause. Plötzlich hörten sie auf der Straße Getrappel, dessen Klang auf dem Pflaster ebenso wenig Gutes verhieß wie das Gebrüll, das es begleitete. In marodierenden Kleingruppen zogen türkische Nationalisten durch die Straßen von Kurtuluş. Sie marschierten in Wohnungen, plünderten Mobiliar und Wertgegenstände oder warfen einfach alles aus dem Fenster. »Es war schrecklich«, erinnert sich Eva Saroglu, »und es wurde immer schlimmer. Sie haben griechische Geschäfte abgebrannt, unsere Frauen vergewaltigt und die Gräber auf unseren Friedhöfen geplündert. Es war wie im Bürgerkrieg.«

Wenn Sokrates an den Abend zurückdenkt, ist er sich sicher, dass auch mancher ihrer Nachbarn auf der Seite des Mobs stand. Nicht nur hätten einige vor ihren Häusern die türkische Landesflagge gehisst – und so demonstriert, dass sie verschont gehörten. Sokrates Saroglu sagt, er habe auch beobachtet, dass mancher griechische Nachbar der Verfolgung geradezu preisgegeben war, wenn ein Haus mit der Aufschrift »Kein Türke«

markiert worden war. Angstvoll saßen er und Eva mit ihren Familien an diesem Abend zu Hause. Und erstmals, so berichten sie übereinstimmend, fragten sie sich: »Was wird aus unserer Stadt? Und was ist hier eigentlich los?«

Was da »los war«, ist auch in der offiziellen Geschichtsschreibung bis heute nicht ganz geklärt. Fest steht: Nie war das Miteinander von Griechen und Türken in Istanbul völlig ohne Reibungen gewesen; nach Ansicht vieler auch deswegen nicht, weil die türkische Regierung das Schüren antigriechischer Stimmungen immer wieder einmal als politisches Mittel zur Stabilisierung der eigenen Macht einsetzte. Und dann, am Morgen des 6. September, vermeldeten die staatlichen Radiosender der Türkei einen Anschlag auf das Geburtshaus des Republikgründers Mustafa Kemal Atatürk in Griechenland, in Thessaloniki. Wer den Anschlag verübte, ist bis heute nicht endgültig geklärt. Die türkische Regierung machte politisch unliebsame Gruppierungen dafür verantwortlich. Viel spricht aber auch dafür, dass sie selbst die Finger im Spiel hatte – mit dem Ziel, in der türkischen Bevölkerung Ressentiments zu schüren. Denn die ging natürlich zunächst davon aus, dass es Griechen gewesen waren, die in Thessaloniki den Nationalhelden der Türken geschmäht hatten. Und Eva und Sokrates, denen nichts davon an diesem Abend bekannt war, beschlich erstmals das Gefühl, dass die Tage ihres friedvollen Lebens in Istanbul gezählt sein könnten.

Ausweisung der Griechen aus Istanbul

So war es dann auch. 1964, das Paar hatte gerade geheiratet, begann die türkische Regierung mit der Ausweisung griechischer Staatsbürger aus Istanbul. Bis 1966 mussten nahezu alle Griechen die Stadt verlassen. »Sie wollten uns vernichten«, erklärt Sokrates, »erst gaben sie den Menschen noch zwei Wochen bis zur Ausreise, später nur noch 24 Stunden. Aber was kannst du in einem Tag erledigen? Nichts! Nicht dein Haus verkaufen, und nicht dein Geschäft! Hals über Kopf reise eine Familie nach der anderen aus, nach Griechenland, in ein Land, das kaum einer von ihnen kannte. Ohne Geld und ohne Zukunft.«

Den Konflikt hinter der Ausweisung zu beschreiben, würde ein eigenes Buch füllen. Kurz umreißen lässt sich die Geschichte wie folgt: Der Griechisch-Türkische Krieg (1919–22), der den Versuch der Griechen, ihre einstige Metropole Smyrna zurückzuerobern, mit einer Niederlage beendete, mündete in den 1923 geschlossenen Friedensvertrag von Lausanne. Teil des Vertrags war die im Januar 1923 erwirkte Konvention zum Bevölkerungsaustausch zwischen Griechenland und der Türkei, eine Umsiedlungsmaßnahme immensen Ausmaßes, die auf beiden Seiten unermessliches Leid nach sich zog: Zu Hunderttausenden mussten Griechen aus der Türkei nach Griechenland, Türken aus Griechenland in die Türkei umziehen. Ausgenommen waren lediglich die Türken im griechischen Westthrakien und die griechische Bevölkerung Istanbuls. Zu ihr gehörten Griechen mit türkischen Pässen wie Eva und Sokrates – und solche, die in Istanbul zwar heimisch, aber vom Pass her »Ausländer«, nämlich Griechen, waren. Acht Jahre nach den Pogromen in der Nacht vom 6. auf den 7. September gerieten die »Pass-Griechen« auch seitens der offiziellen türkischen Politik immer stärker unter Druck. Im Juni 1964 gab ein Sprecher der türkischen Regierung in Ankara bekannt, dass seit März des Jahres 1 100 Griechen die Stadt hätten verlassen müssen. Für den Fall, dass Griechenland seine Zypern-Politik nicht ändere, drohte er auch den übrigen mit Ausweisung. Bis Ende 1964 war Istanbul eine Stadt, in der kaum jemand mehr lebte, der einen griechischen Pass besaß.

Eva und Sokrates Saroglu konnten sich durch ihre türkische Staatsangehörigkeit in diesen stürmischen Zeiten noch vergleichsweise sicher wähnen. Aber in dem Friseursalon des stolzen Istanbulers blieb die Kundschaft aus. »Ich habe sie gezählt«, sinniert Sokrates, »in sechs Monaten hatte ich 168 Kunden verloren. Ich war ein griechischer Friseur – und so kamen zu mir auch fast nur Griechen. Und die gingen nun, einer nach dem anderen.« Auch manchem ihrer Familienangehörigen war die Atmosphäre in der Stadt längst zu vergiftet, um zu bleiben: Unter Tränen, aber fest entschlossen, noch einmal woanders Fuß zu fassen, hatte Evas Schwester sich nach Thessaloniki aufgemacht. Sollten sie ihr folgen? So wären sie wenigstens wieder vereint. Hin und her wälzten Eva und Sokrates diese Frage, dann entschieden sie: »In Griechenland gibt es auch keine Arbeit – aber in Deutschland! Wir werden Gastarbeiter – und in ein paar Jahren, wenn die Lage sich hier beruhigt hat, kehren wir zurück.« Mehr als fünf Jahre, da waren sich die beiden sicher, würde die Krise nicht andauern.

»Wir werden Gastarbeiter«

Dass Ehepartner gemeinsam als Gastarbeiter nach Deutschland kamen, war nicht ungewöhnlich – es wurde zeitweise sogar von der Deutschen Verbindungsstelle in Istanbul unterstützt. So bekamen Eva und Sokrates auch gemeinsam einen Termin und – nachdem sie, in getrennten Räumen, auf Herz und Nieren überprüft worden waren – schließlich die Zusage, gemeinsam ausreisen zu dürfen. An dem Tag, an dem ihr Zug den Bahnhof

Istanbul-Sirkeci verlassen sollte, dann die bittere Enttäuschung: Für Sokrates gab es kein Ticket. Ob einfach nur Korruption im Spiel war, denn auch die gab es natürlich im Kampf um die begehrten Stellen in Deutschland, oder ob, was Sokrates glaubt, man seinen Namen gezielt gegen den eines Türken ausgetauscht hatte – man wird es nie erfahren. Fest steht hingegen: Nur Eva Saroglu durfte ausreisen.

Eva Saroglu (rechts stehend) bei einer Feier mit Kolleginnen im Wohnheim.

Also ließ Eva nicht nur ihren geliebten Mann, sondern auch ihre dreijährige Tochter zurück in Istanbul. Am 17. Juni 1967 kam sie in Berlin an – dem Tag der deutschen Einheit, damals ein Feiertag, von dem sie natürlich noch nie etwas gehört hatte: Warum ist heute frei?, fragte sie sich. Dass sie harte Zeiten hinter sich hatte, war ihr am ganzen Leibe anzusehen: Ganze 45 Kilo wog sie damals. Am nächsten Tag trat sie ihren Job bei Telefunken an – einem von zahlreichen Berliner Elektronikunternehmen, die nach dem Bau der Mauer, als die billigen Arbeitskräfte aus der DDR ausblieben, vor allem Frauen anwarben. Der Grund dafür war ein ganz simpler: Mit ihren feingliedrigen Fingern stellten sie sich bei den filigranen Arbeiten in der Elektro- und Feinmechanik ungleich geschickter an als ihre männlichen Kollegen. Untergebracht wurde Eva Saroglu, nach der in ihrem Pass ausgewiesenen Staatsangehörigkeit, in einem Wohnheim für türkische Frauen. Dort allerdings hielt sie es nicht lange aus. »Sie haben mich beschimpft«, erinnert sie sich, »und ich war ganz alleine. Kein Kurtuluş um mich herum, kein Sokrates, der mir helfen konnte. Ich hatte Angst.« Sie ging zu ihrem Chef, bat um Verlegung, und zog in ein Wohnheim für Griechinnen.

»Wir müssen Deutsch lernen!«

Nach einem langen Jahr der Trennung von ihrer Familie durfte sie ihren Mann doch noch in Berlin begrüßen. Als auch er endlich den Gastarbeiter-Status zugesprochen bekommen hatte, holte ihn Eva sogar in der Türkei ab – und kehrte mit ihm und der kleinen Tochter Katerina nach Deutschland zurück. Sokrates Saroglu hatte eine Anstellung bei Sarotti gefunden, einer Schokoladenfabrik, in der er künftig 80 Kilo schwere Säcke voller Haselnüsse, die ausgerechnet aus der Türkei stammten, abladen und lagern würde.

Statt im Blaumann präsentierte sich Sokrates seinen neuen Kollegen allerdings erst einmal so, wie er es von zu Hause gewohnt war: Im Anzug und mit Krawatte marschierte er in seinen neuen Betrieb. Was für ihn eine völlige Selbstverständlichkeit war, löste im Betrieb Heiterkeit, aber auch Respekt aus. Im ganzen Haus führte ihn ein ebenfalls aus Istanbul stammender Kollege herum: »Seht her«, rief er jedem zu, »so sieht ein Mann aus Istanbul aus!« Dann sagte er, in Anspielung auf das gewählte Türkisch, das Sokrates sprach: »Und so hören sich Istanbuler an!« – auch wenn natürlich kein Deutscher den Unterschied zwischen dem Türkisch eines Sokrates Saroglu und dem der anderen türkischen Kollegen zu hören vermochte. Aber Sokrates hörte den Unterschied. »Türkisch ist keine schlechte Sprache«, sagt er, »aber man muss sie beherrschen. Dort, wo ich hingekommen war, sprach sie aber kaum jemand richtig. Sie kamen von irgendwelchen Dörfern. Die meisten von ihnen hatten kaum je eine Schule besucht.«

Umso schmerzlicher war es für ihn, festzustellen, dass die Sprache, die er so gut beherrschte, ihm nichts mehr nützte. In Deutschland stand Sokrates genauso sprachlos da wie all die anderen Gastarbeiter. Gleich an seinem ersten Arbeitstag, erinnert er sich, hatten die Kollegen vergessen, ihn zum Mittagessen abzuholen; ganz alleine stand er den ganzen Tag in einem Lagerraum und stapelte Sack über Sack. Jedes Mal, wenn ein Kollege zur Tür hereinkam, hatte er sagen wollen: »Ich habe Hunger! Gebt mir etwas zu essen!« Aber wie sollte er das tun – mit dem Zeigefinger auf seinen offen stehenden Mund zeigen? Undenkbar! Er hungerte lieber.

Sokrates Saroglu (l.) vor seiner ersten Wohnung in Berlin.

Wenige Wochen später stand Sokrates in einer Metzgerei in Berlin-Neu-kölln und erspähte eine Lammkeule. Das Wasser lief ihm im Mund zusammen. Doch die Verkäuferin verstand ihn nicht. Sie wollte ihm ein Stück Schweinelende einpacken; sicher, ob es das war, was er wollte, war sie sich aber wohl auch nicht. Also tat sie etwas, was der stolze Istanbuler nicht für möglich gehalten hätte: Sie grunzte und zeigte fragend auf das Stück Fleisch in ihren Händen. Und als der wortlose Dialog schon so weit gediehen war, fasste sich auch Sokrates ein Herz – und man kann sich den Brust-ton der Verzweiflung in etwa vorstellen, als er, die Stimme eines Schafes imitierend, »Määääh!« erwiderte. Glücklich mit seiner Lammkeule, aber zutiefst unglücklich mit seinem Leben, zog er gesenkten Hauptes zu sei-ner Eva: »Wir sind wie Tiere«, stammelte er, »wir müssen Deutsch ler-nen!« Fortan setzten die beiden sich in jeder freien Minute mit einer klei-nen Deutschfibel auf eine Parkbank. Wenig später, erinnert sich Sokrates, brachte er seine ersten deutschen Sätze heraus: »Ich brauche Zigaretten. Und Streichhölzer.« In zwei Monaten, sagt er heute, hätten sie so viel gelernt wie andere in zwei Jahren. Und dennoch stellten sie immer wieder fest: Ihre Kinder – nach Katerina wurde 1972 ihr Sohn Dimitris geboren – waren ihnen schon bei der Einschulung um Jahre voraus.

Viel Zeit, sich in der deutschen Gesellschaft zurechtzufinden, blieb Eva und Sokrates indes auch nicht. Mit dem Wechsel in die Arbeitskleidung fand ihr Leben im Akkord statt. Während Sokrates die Schokoladenproduktion in Westberlin ankurbeln half, brachte seine Frau einen Fernseher nach dem anderen auf den Weg in die deutschen Wohnzimmer. Eine feuerfeste Brille vor den Augen, Schweißerhandschuhe an den Händen saß sie tagein, tagaus vor einer Maschine und lötete Bildröhren in Fernsehgeräte. Der einzige Ausweg, das Tempo, das die Maschine ihr vorgab, zu unterbrechen, war die Sabotage – und manchmal nutzte die sonst so eifrige Eva diese Möglichkeit: Ging eine Bildröhre kaputt – was man gut selbst herbeiführen konnte –, wurde die Maschine gestoppt, der Chef kam, das Glas wurde aufgekehrt. So gab es hin und wieder ein paar Minuten Pause. In den 70er- und 80er-Jahren wechselte Eva Saroglu mehrmals den Job, arbeitete später nicht mehr in der Elektronik-, sondern in der Telekommunikationsbranche: Akkord und Monotonie blieben. Und dennoch hat sie sich später häufig gewünscht, genau das zurückzubekommen – als sie keine Arbeit mehr hatte. »Die Arbeit war hart«, erzählt sie, »aber die Zeit ohne war viel schlimmer. Nie hatte ich mich so nutzlos gefühlt. Wenn ich mir irgendetwas gewünscht hätte in Deutschland, wäre es gewesen, bis 65 arbeiten zu dürfen!«

Es gibt keine Arbeit mehr

Nach 1989 ereilte Eva Saroglu ein Schicksal, das sie mit vielen Gastarbeiterinnen und Gastarbeitern in der heutigen Hauptstadt teilt: Sie wurde nach dem Konkurs ihres Arbeitgebers 1988 arbeitslos, und blieb es. Dass sie im Jahr vor dem Mauerfall ihren Job verlor, hatte sie zunächst nicht über Gebühr schockiert, sie war eine gute Arbeiterin, das wusste sie. Schon mehrmals hatte sie etwas Neues gefunden. Nun aber gab es – für Eva Saroglu wie für zehntausende andere Gastarbeiterinnen und Gastarbeiter in Berlin – keine Arbeit mehr. Über Jahrzehnte hatte die Bundesregierung westdeutsche Unternehmen, die in die Mauerstadt investierten, mit Subventionen unterstützt. So hatte ein Unternehmen nach dem anderen Westberlin als »verlängerte Werkbank« genutzt – als Produktionsstätte, an der einfache Arbeiter für wenig Geld einfachen Tätigkeiten nachgingen. Mit dem Zusammenbruch des Sozialismus und der Aussicht auf eine vereinigte Hauptstadt, die nicht länger künstlich am Leben erhalten werden musste, fielen die Subventionen weg – und ein Unternehmen nach dem anderen schloss seine Werkbank in Berlin.

Eva, die beim Fall der Mauer erst 45 Jahre alt war, erlebte desillusionierende Jahre. Nichts ließ sie unversucht, um sich wieder fit für den enger und moderner gewordenen Arbeitsmarkt zu machen. Sie absolvierte eine Qualifizierung zur Schlossergehilfin und einen Computerkurs; beides brachte sie nicht weiter. Schließlich tat sie, was sie nie tun wollte: Sie ging zum Sozialamt. »Ein schreckliches Gefühl«, sagt sie, »ständig fühlte ich mich schuldig. Alle drei Monate musste ich zum Amt und Rechenschaft ablegen: dass ich Bewerbungen geschrieben hatte, wie wir wohnen, welche Ausgaben wir haben.« Erst im Frühjahr 2011 folgte sie ihrem zwölf Jahre älteren Ehemann in das Rentnerdasein, höchst erleichtert, nicht länger irgendwelchen Behörden Rechenschaft ablegen zu müssen. Große Sprünge können die beiden von ihren schmalen Renten allerdings nicht machen; weil das so ist, sind sie auch in eine kleinere Wohnung umgezogen. Jetzt wohnen sie in einer dieser typischen, von außen nicht gerade ansehnlichen 70er-Jahre-Mietskasernen in Kreuzberg – aber mit Blick ins Grüne.

»Wir sind doch hier nicht mehr zu Gast«

Dass sie in Berlin bleiben werden, steht für die beiden fest. Nach Istanbul zieht das Ehepaar, dessen Tochter als Künstlerin am Chiemsee lebt und dessen Sohn sich als Rapper in Berlin durchschlägt, bis heute nichts zurück. Bald 20 Jahre ist es her, dass sie das erste Mal seit ihrer Ausreise in der Türkei waren. Und schon dieser erste und einzige Besuch in der »Heimat« versicherte ihnen, dass es ihre Heimat nicht mehr gibt. Die Straßen, die Häuser – sie haben sie kaum wiedererkannt. In Evas Augen hatte sich das Istanbul von einst außerdem in einen Ort verwandelt, der viel von seinem Großstadtflair verloren hatte: »So viele verschiedene Menschen haben dort einmal zusammengelebt: Türken, Griechen, Armenier, Juden, alle in einer Stadt. Als ich 1992 zurückkehrte, dachte ich: Hier sieht es aus wie in einem anatolischen Dorf! Wo sind all die anderen Menschen mit all den anderen Kulturen hin? Heute hören Eva und Sokrates viel darüber, dass auch die Griechen in Istanbul langsam wieder Fuß fassen. »Aber unsere Stadt«, sagt Sokrates, »ist es nicht mehr. Es ist zu viel passiert. Und wir sind zu lange weg.«

»Ihr« Land ist allerdings noch immer die Türkei – zumindest auf dem Papier. Beide besitzen noch die türkische Staatsbürgerschaft –, doch weder aus Nostalgie noch weil es aus irgendeinem Grund so für sie praktischer wäre. Längst wollten sie sich einbürgern lassen – aber dann hieß es auf dem Amt: Sokrates kann Deutscher werden, Eva nicht. »Warten Sie, bis Sie in Rente sind«, sagte man Eva, »solange Sie arbeitslos sind, wird das schwer.« Allein aber wollte Sokrates die deutsche Staatsbürgerschaft nicht: »Ich lebe hier mit meiner Frau«, erklärte er, »ich will mit ihr zusammen Deutscher werden!« Kurz darauf scheiterte auch ihr Sohn Dimitris – ein gebürtiger Berliner –, auch er damals ohne Arbeit, bei dem Versuch, sich einbürgern zu lassen. Tatsächlich haben Zuwanderer seit der Reform des Staatsangehörigkeitsrechts im Jahr 2000 erstmals einen Anspruch darauf, nach einer bestimmten Zeit in Deutschland die Staatsangehörigkeit zu bekommen – allerdings nur dann, wenn sie ohne staatliche Unterstützung für ihr Auskommen sorgen können.

Das kann die Familie Saroglu heute: Der Sohn hat Arbeit, die Eltern haben ihre Rente in mehreren Jahrzehnten Arbeit selbst erwirtschaftet. Nur noch eine letzte Hürde müssen sie nehmen: den Betrag für drei Einbürgerungen aufbringen – jede kostet rund 250 Euro. Aber sollen sie sparen für ihre Einbürgerung? Als Menschen, die mehr als 40 Jahre hier leben und, solange es eben ging, hier gearbeitet haben? Und ihr längst erwachsener Sohn, in Deutschland geboren und aufgewachsen, der andere Länder nur von Urlaubsreisen kennt? Sokrates Saroglu zögert, bevor er es ausspricht. Und dann sagt er es doch: »Ich finde das entwürdigend. Wir sind doch hier nicht mehr zu Gast.«

Jeannette Goddar

»Wir sind nicht mehr stumm!«

Von der Arbeiterin zur Abgeordneten:
Sevim Celebi-Gottschlich

Nur wenige Fabrikarbeiterinnen schaffen es in ein deutsches Parlament, darunter besonders wenige, die aus der Türkei stammen. Als 1987 eine ehemalige Gastarbeiterin als erste Migrantin überhaupt in das Berliner Abgeordnetenhaus einzieht, ist das deshalb eine kleine Sensation. Dass sie etwas Besseres will, hatte Sevim Celebi dabei schon als Kind beschlossen. Ihre Mutter putzt in Ankara bei reichen Leuten; die Tochter arbeitet sich auf das Handelsgymnasium vor. Mit gerade einmal 17 Jahren eröffnet Sevim Celebi 1970 ihrer Familie: Ich gehe nach Deutschland! Die hält ihr eine ordentliche Standpauke. Ihr Onkel zerreißt sogar Sevims Pass. Doch so schnell lässt sich die junge Frau nicht beirren: Sie besorgt sich einen neuen Pass; als ihr Bruder wenig später in Istanbul seine Verlobung feiert, redet sie sich heraus. Statt zum Familienfest begibt sie sich zur Deutschen Verbindungsstelle. Dann geht alles rasend schnell: Eine Woche später bezieht sie ein Vierbettzimmer in einem Wohnheim für Gastarbeiterinnen am Stadtrand von Berlin.

Heute teilt sich Sevim, die inzwischen Celebi-Gottschlich heißt, mit einer Freundin eine Wohnung am Landwehrkanal in Kreuzberg. Seit 1978, als es ihr nach acht Umzügen endlich gelang, eine dauerhafte Bleibe zu finden, lebt sie hier. An einem Montag im Frühjahr 2011 legt sie ihr Fotoalbum auf den großen Tisch in ihrer Wohnküche. Sie erzählt von der Plackerei in der Fabrik, stürmischen Zeiten als Hausbesetzerin, von Machtkämpfen, Erfolgen und Niederlagen in der Politik. Bei einem Foto, das sie mit Kolleginnen aus der Fabrik zeigt, hält sie inne: vier Frauen in der Pause beim Kaffeetrinken. Das sei eigentlich ein untypischer Moment, sagt sie, viel Zeit für Päuschen habe es im Drei-Schicht-Betrieb nicht gegeben.

Sevim Celebi-Gottschlich.

» Das bin ich in der Fabrik. Bei Siemens in Spandau, in meinem ersten Monat. Weil ich vom Gymnasium kam, musste ich nicht an so ein richtiges Arbeiterfließband. Ich kam in eine Abteilung, in der die elektrischen Teile aus der Produktion ankamen. Die haben wir kontrolliert. Der Job war ein bisschen qualifizierter als die meisten Gastarbeiterjobs; wir haben auch mit Ingenieuren zusammengearbeitet. Das hier ist Jörg, ein Kollege. Wir haben uns auf der Arbeit immer gut unterhalten, so gut wie es mit unserem Englisch eben ging. Seine Frau und er haben mich in meinem ersten Jahr Weihnachten und Silvester zu sich nach Hause eingeladen. Sie war katholisch, vielleicht hatte das auch etwas mit Nächstenliebe zu tun. Sie waren sehr nett – und ich war glücklich, Anschluss zu haben. Du kannst dir nicht vorstellen, wie einsam ich war! Wochenlang habe ich geheult. Das graue Wetter, das Vierer-Zimmer, die Arbeit in drei Schichten! Ich wollte Deutsch lernen und studieren. Ich dachte: Wo bist du gelandet? Berlin besteht nur aus Arbeit! Siemens bot uns nicht mal einen Deutschkurs an, der uns geholfen hätte, in unserem Alltag klarzukommen. Wenn ich Bus gefahren bin, habe ich dem Fahrer das Portemonnaie hingehalten. Ich wusste nicht einmal, was ein Ticket kostet. Aus dem Wohnheim bin ich nach zwei Monaten ausgezogen. Meine Mutter kam; und ich durfte sie nicht mit auf mein Zimmer bringen, nicht einmal zu Besuch. Mit drei Frauen haben wir etwas Neues gesucht: Eine Scheune in Spandau, am Rand der Stadt, die haben wir dann notdürftig möbliert. Aus der Fabrik wäre ich da auch schon gern weg. Aber ich hatte einen Vertrag über zwei Jahre unterzeichnet. Als die um waren, habe ich sofort gekündigt. «

1972. Das letzte Jahr vor dem Anwerbestopp; das erste, in dem Türkinnen und Türken die größte Gruppe der Ausländer stellen: Rund eine halbe Million sind inzwischen im ganzen Land gemeldet; die allermeisten als Gastarbeiter. Später als die Bundesrepublik hatte Westberlin mit der Anwerbung begonnen; nämlich erst, als der Bau der Mauer das Einpendeln billiger Arbeitskräfte aus der DDR unmöglich machte. Weil Mauerbau und Anwerbeabkommen mit der Türkei ins gleiche Jahr fielen, zog die von der DDR umgebene Inselstadt besonders viele Türkinnen und Türken an. 70000 leben 1972 in der Stadt; zehn Jahre zuvor hatten die Statistiker noch 225 gezählt. Die Stadt verändert sich. Mehr noch als an den Gastarbeitern liegt das allerdings an den Studenten. Seit bei einer Demonstration gegen den Besuch des Schahs von Persien am 2. Juni 1967 der Student Benno Ohnesorg erschossen wurde, hat sich die einst so verschlafene Mauerstadt zum Hort des Protests entwickelt. Fast täglich wird demonstriert: gegen Fahrpreis-Erhöhungen und den Springer-Verlag, vor allem aber gegen den Krieg, den die USA im fernen Vietnam gegen den kommunistisch regierten Norden führen. Vor den Toren der Fabriken versuchen die Studenten, auch die Gastarbeiterinnen und Gastarbeiter zu mobilisieren. Auch Sevim Celebi lernt einen Studenten kennen: In der U-Bahn spricht er die junge Türkin an und lädt sie zum Kaffee ein. Fortan geht die Gastarbeiterin in seiner Wohngemeinschaft ein und aus. Die Tagesabläufe einzutakten ist allerdings nicht ganz einfach. Wenn Sevim von der Frühschicht kommt, sitzen die Studenten beim Frühstück; wenn sie in die Kneipe gehen, muss sie ins Bett. All das soll nach ihrer Kündigung anders werden. Einen anderen Job zu finden ist aber nicht so einfach.

Seltener Moment der Ruhe: Sevim Celebi-Gottschlich (r.) mit Kolleginnen während der Kaffeepause.

» Mein Deutsch war immer noch nicht gut – mit drei Schichten im Wechsel kannst du nicht zur Schule gehen; das geht nicht. Und die Kollegen in der Fabrik sprachen nur gebrochenes Deutsch mit uns, dabei lernt man auch wenig. Also war ich beim Lesen der Anzeigen auf Hilfe von Deutschen angewiesen – und die waren entweder nicht besonders schlau oder haben mich mit Absicht in unmögliche Situationen gebracht. Zweimal bin ich in einem Puff gelandet. ›Reisebegleitung‹ stand in der Anzeige. Plötzlich bekam ich 300 Mark angeboten – pro Nacht. Schließlich habe ich einen Job als Handnäherin in der Fabrik gefunden. Später habe ich als Kassiererin und schließlich als Geschenke-Verkäuferin in dem neuen Wertheim am Ku'damm gearbeitet; das war ein richtiger Aufstieg! Das Studium musste ich weiter verschieben; fünf Jahre musste ich arbeiten, um Anspruch auf BAföG zu haben. Außerdem haben die deutschen

Behörden meine türkische Ausbildung dem Hauptschulabschluss gleichgesetzt. Jeden Abend bin ich nach Kassenschluss in die Schule; erst auf die Realschule, dann auf das Abendgymnasium! Der Horror! Aber zu Hause hatte ich gesehen, wie es ist, wenn man nichts hat. Meine Mutter hat mich mitgenommen zu den reichen Leuten, bei denen sie geputzt hat – das hat mich früh bewogen, mit meinem Leben etwas anderes zu machen. 1978 hielt ich mein deutsches Abitur in der Hand. Im selben Jahr bin ich nach Kreuzberg gezogen. In genau diese Wohnung – eine Bruchbude, total verkommen, keiner wollte sie haben, für achteinhalbtausend Mark Abstand. Trotzdem war ich total happy – nach acht Umzügen in acht Jahren war ich endlich angekommen. Ich war Untermieterin gewesen bei Leuten, die mit mir schlafen wollten, und bei Alkoholikern! Fast gleichzeitig habe ich angefangen zu studieren: Erst Politikwissenschaft, dann Sozialarbeit. Nebenbei habe ich Alphabetisierungs- und Mädchengruppen geleitet. Viele Frauen aus der Türkei kamen ja mit wenig Bildung nach Deutschland. Damals haben Immigranten auch die ersten Projekte und Vereine gegründet. **«**

1978. Das ganze Land ist im Gründungsfieber. Die Zeit großer Demonstrationen und theoretischer Konzepte ist fürs Erste vorbei. Nicht zuletzt der nahtlose Wechsel einiger Studentinnen und Studenten von der Straße in terroristische Gruppierungen hat den Rückzug in kleinere Räume gefördert. Wer etwas verändern will, versucht es häufig lieber im überschaubaren Rahmen: In der Wohngemeinschaft, der Bürgerinitiative oder dem Aktionskomitee zum Beispiel. 1978 starten führende Linke wie der Schriftsteller Erich Fried, der Philosoph Michel Foucault und der heutige Europa-Parlamentarier der Grünen Daniel Cohn-Bendit einen Versuch, die Szene wieder zu vereinen. Und das gelingt besser, als sie erwartet hatten: Mehr als 10 000 Menschen – unter ihnen auch Sevim Celebi – folgen dem Aufruf, beim sogenannten Tunix-Kongress in der TU Berlin doch noch einmal eine gemeinsame Vision einer besseren Welt zu entwerfen. In der Folge von Tunix passiert, anders als der etwas skurrile Titel vermuten lässt, eine ganze Menge. Es entstehen Kulturzentren und Wohnprojekte, Stadtmagazine und Dritte-Welt-Läden. Auch die Tageszeitung taz und die Alternative Liste für Demokratie und Umweltschutz, die späteren Grünen, werden gegründet. Sevim Celebi wird im Ausländerkomitee aktiv. Über ihre politische Arbeit lernt sie auch einen Deutschen kennen, den sie später heiraten wird.

» Schon vor Tunix wurde das Ausländerkomitee gegründet. Wir waren Leute aus 20 verschiedenen Ländern – Flüchtlinge, Gastarbeiter, Akademiker, eine bunt gemischte Truppe. Es war das erste Mal, dass Ausländer sich – außerhalb der Gewerkschaften, da waren sie schon in den 70er-Jahren sehr aktiv – politisch organisiert haben. Eines Tages bekamen wir Besuch von einem taz-Journalisten. Nach dem Militärputsch 1980 wollte er in den Südosten der Türkei und über den Kampf der gerade gegründeten PKK berichten. Er hat mich gefragt, ob ich mitkomme und für ihn übersetze – so sind wir dann zusammengekommen. Im Jahr darauf sind wir noch einmal in die Region gereist. Dieses Mal sollte es auch über die Grenze in die kurdischen Gebiete im Nordirak gehen – in der umkämpften Lage ein Wahnsinn! Tatsächlich wurden wir im militärischen Sperrgebiet festgenommen, weil man uns für Terroristen gehalten hat. Drei Wochen saßen wir in Hakkari auf dem Polizeirevier fest. Ich war froh, da heil raus und zurück nach Deutschland zu kommen. Auch meine politische Arbeit fand ja hier und nicht in der Türkei statt. Das Ausländerkomitee engagierte sich mit seiner Arbeit für ein kommunales Wahlrecht und gegen eine Zuzugssperre zum Beispiel. **«**

Die sogenannte Zuzugssperre, von der Sevim Celebi-Gottschlich spricht, sollte nicht etwa Ausländer abhalten, nach Deutschland zu kommen. Wer keine Familie in Deutschland hat und kein politisches Asyl geltend machen kann, hat ohnehin seit dem Anwerbestopp so gut wie keine Chance auf eine Einreise. Zusätzlich versuchen mehrere Kommunen zu verhindern, dass die Gastarbeiter mit ihren Familien Stadtviertel dominieren. Für Berlin wird eine Obergrenze von zwölf Prozent Ausländeranteil pro Bezirk festgelegt – wo bereits mehr wohnen, soll niemand ohne deutschen Pass mehr zuziehen dürfen. Kreuzberg ist einer von drei Bezirken, in dem von 1975 bis 1989 eine Zuzugssperre gilt.

Dass so viele Ausländerinnen und Ausländer dort leben, ist kein Zufall. In dem von drei Seiten eingeschlossenen Postzustellbezirk 36 – der später als SO 36 bekannt werden wird – gibt es nicht nur reichlich unsanierten und deshalb billigen Wohnraum. Die Gastarbeiter wurden dort hingeschickt, weil sie bald wieder weg sein sollten. Hunderte Häuser in Kreuzberg sind für den Abriss vorgesehen – und was abgerissen werden soll, muss leer sein. Platz machen sollen die Altbauten grotesk anmutenden Projekten: Der Oranienplatz, auf dem sich heute, sobald die ersten Sonnenstrahlen sich zeigen, türkische Rentner auf ein Pfeifchen treffen, soll einem Autobahnkreuz weichen. Massenhaft sind gesichtslose Neubausiedlungen geplant. Das anschaulichste Beispiel dafür, wie Stadtentwickler sich das neue Berlin vorstellen, überragt bis heute das Kottbusser Tor: Das Neue Kreuzberger Zentrum, ein Anschlag auf jedes ästhetische Empfinden, und genau das, was man heute einen sozialen Brennpunkt nennt. Massenhaft ruft der drohende Abriss der leer stehenden Häuser Protest hervor. In Worten, aber auch in Taten. Hunderte Menschen versuchen mit ihrem illegalen Einzug den Abriss zu verhindern. Unter ihnen auch Türken – die Kreuzberg längst auch als ihren Kiez begreifen, bereit, dafür zu kämpfen, dass das auch so bleibt.

》 Mit zwölf türkischen Frauen haben wir ein Haus in der Nähe vom Kottbusser Tor besetzt. Ach nein, wir waren elf türkische Frauen – und eine Deutsche: Sie war zufällig dabei und wollte mitmachen. Obwohl sie dunkle Haare hatte und durchaus als Türkin durchgegangen wäre, hat sie sich ein Kopftuch aufgesetzt; wohl, um authentischer zu wirken. Wir waren die erste ausländische Gruppe, die ein Haus besetzt hat – erfolgreich übrigens, ein paar Stunden später hielten wir die Schlüssel in der Hand. Aber die Bauarbeiter in dem Haus hättest du hören sollen: ›Euch sollte man alle vergasen, euch haben sie vergessen.‹ Schlimm war das. Aus der Nachbarschaft und aus der Besetzerszene kamen dafür immer mehr, die uns unterstützen wollten. Es wurden sogar Schnuller auf unseren Balkon geworfen, wir hatten ja auch Kinder dabei. Ein Jahr lang haben wir gemauert und verputzt. Nur die deutsche Frau ging schnell wieder. Bis ein Redakteur vom Spiegel bei uns einzog. Da war sie plötzlich wieder da und gab Interviews. Der Spiegel-Typ war übrigens genau wie sie: Als er uns fotografiert hat, wollte er unbedingt, dass ich ein Kopftuch aufsetze! Ich habe das doch tatsächlich gemacht! Unglaublich, dieses Klischee; aber ich habe das damals überhaupt noch nicht gecheckt. Erst später wurde mir klar, wie sehr wir auch in der linken Szene instrumentalisiert wurden – je nachdem, wofür man uns gerade brauchte. In dem besetzten Haus gab es dann lange Debatten darüber, ob über Verträge verhandelt werden sollte. Die ausländischen Familien wollten das natürlich; schließlich hätten sie wegen der Besetzung auch ausgewiesen werden können. Die Deutschen und auch ich haben uns dann zurückgezogen. Am Ende ist die türkische Gemeinschaft dann aber an der Kurdenfrage zerbrochen. Durch eine der Bewohnerinnen kam auch die PKK ins Haus. 《

Das Haus, in dem Sevim Celebi lebt, ist nicht das einzige, in dem der türkisch-kurdische Konflikt zum Thema wird. Auch unter deutschen Linken solidarisieren sich zu jener Zeit viele mit dem Kampf der kurdischen Bevölkerung gegen die Unterdrückung durch die türkische Regierung. Nicht immer hört die Solidarität auf, wo die Gewalt anfängt. Auch die kurdische Arbeiterpartei PKK, seit Beginn der 80er-Jahre in einem bewaffneten Konflikt mit dem türkischen Militär, findet in der Hausbesetzer-Szene, unter politisch aktiven Studenten und insbesondere unter den selbst ernannten »Autonomen« Sympathisanten. Zur PKK werden die Verbindungen der linken Szene in den kommenden Jahrzehnten besonders eng werden: Immer wieder nehmen deutsche Linksradikale im Kampf für ihre kurdischen Brüder und Schwestern in den Bergen Anatoliens die Waffe zur Hand. Allein in den 90er-Jahren – so zählt jedenfalls am Ende des Jahrzehnts der Verfassungsschutz – ziehen 30 Deutsche in den Krieg gegen die Türkei. Manche werden verhaftet, andere sterben oder kehren zurück. Bei einigen ist bis heute unklar, ob sie getötet wurden oder die unübersichtliche Lage wegen anderer krimineller Delikte zum Untertauchen nutzten.

Sevim Celebi lebt nach dem Auszug aus dem besetzten Haus wieder in ihrer Kreuzberger Wohnung. Und sie heiratet ihren deutschen Freund, mit dem sie inzwischen mehrmals in die Türkei gereist ist, und heißt fortan Celebi-Gottschlich. Zu Weihnachten 1981 lernt sie ihre Schwiegereltern kennen. Freundlich empfangen sie das neue Familienmitglied. Irgendwelche Irritationen über die Tatsache, dass ihr Sohn mit einer jungen Türkin vor der Tür steht, scheinen sie nicht zu haben. Als Sevim 1982 in Berlin ihre Tochter Ayla zur Welt bringt, ist die deutsch-türkische Familie zu dritt. Eine typische Mutter will Sevim Celebi-Gottschlich allerdings auch nach der Geburt ihrer Tochter nicht sein: Weiter engagiert sie sich in Kreuzberg, denkt nach, diskutiert, wie all jenen, die nicht in so einer privilegierten Position sind wie sie selber, das Leben in Deutschland einfacher gemacht werden kann. Im Jahr nach Aylas Geburt entsteht ein Projekt mit Pioniercharakter.

» 1983 haben wir das erste Bildungs- und Sozialprojekt von Immigrantinnen für Immigrantinnen auf die Beine gestellt: Akarsu, das heißt fließendes Wasser. Drei Jahre mussten wir kämpfen, bis das Landesarbeitsamt uns finanziell unterstützte. Als wir endlich loslegen konnten, haben wir Vieles angeboten, was es vorher nicht gab: Selbstverteidigungskurse und Berufsvorbereitung für Mädchen, aber auch Yoga-, Ernährungs- und Gesundheitskurse für Migrantinnen. Wir haben über Umweltgifte aufgeklärt: Seminare über Energiesparen und Müllvermeidung organisiert und aus Protest gegen den Autowahn und die schlechte Luft in Kreuzberg den Verkehr rund um das Kottbusser Tor zum Erliegen gebracht. Ich war Mitglied bei Greenpeace; von denen habe ich viel gelernt. Wenn heute so viel von Bio und Öko die Rede ist, vergisst man schnell, dass das alles damals seinen Anfang nahm! Natürlich haben wir auch Frauen beraten, die misshandelt und unterdrückt wurden. Später habe ich einen Verein für ›ökotechnische Bildung‹ mitgegründet. Wir haben Mädchen motiviert, sich für Holz-, Metall- oder Berufe rund um die erneuerbaren Energien zu begeistern; alles immer unter ökologischen Gesichtspunkten. Nach zwei Jahren hat ausgerechnet die Berliner Senatsverwaltung für Frauen und Arbeit die Gelder gestrichen – dort konnte man sich überhaupt nicht vorstellen, dass Migrantinnen in solchen Berufen auf dem ersten Arbeitsmarkt überhaupt eine Chance haben könnten. Wer keine Chance hat, den muss man ja auch nicht ausbilden. «

Im Jahr 1987 verschafft Sevim Celebi-Gottschlich der Politik einen historischen Moment. Mehr als 30 Jahre nach dem ersten Anwerbeabkommen zieht sie als erste Vertreterin von inzwischen mehr als 4,5 Millionen Ausländern in Deutschland in das Berliner Abgeordnetenhaus ein. In den Wochen zuvor geben sich türkische wie deutsche Journalisten bei ihr die Klinke in die Hand. »Unsere Parlamentarierin!«, schwärmt die nie um patriotische Töne verlegene türkische Tageszeitung Hürriyet. Immer wieder erklärt die 36-Jährige, wofür sie kämpfen wird: für die unbeschränkte Möglichkeit der Familienzusammenführung, für einen gleichberechtigten Zugang zum Arbeitsmarkt für Ausländer, für ein eigenständiges Aufenthaltsrecht für verheiratete ausländische Frauen. Bevor die erste Migrantin ihren Sitz im Parlament einnehmen kann, gibt es jedoch heftigen Streit.

Sevim Celebi-Gottschlich bei einer ihrer Reden vor dem Berliner Abgeordnetenhaus.

Gegen die Vereinbarung – bei den Grünen war es damals noch üblich, alle zwei Jahre ein Amt oder ein Mandat neu zu besetzen, damit sich niemand zu sehr an die Macht gewöhnt – weigert sich die Abgeordnete, der Sevim Celebi-Gottschlich folgen soll, ihren Platz im Parlament zu räumen. In einer Zeit, in der jeden Monat tausende Flüchtlinge Schutz suchen und die Stimmung gegen das Asylrecht zu kippen droht, sichert sie sich die Unterstützung von Berliner Flüchtlingsgruppen und will ihr Mandat behalten. Sevim Celebi-Gottschlich ist zunächst schockiert, dann setzt sie sich durch. Im Juni 1987 hält sie ihre erste Rede vor dem Berliner Abgeordnetenhaus. Nach einigen Sätzen in türkischer Sprache, prompt gekontert durch eine Rüge des Präsidenten, fährt sie auf Deutsch fort:

>> Sehr geehrte Damen und Herren dieses Parlaments, sehr geehrte Gäste! Es ist bemerkenswert: Obwohl ich seit fünf Monaten in diesem Parlament bin, habe ich nun zum ersten Mal die Ehre, von diesem Platz eine unserer Hauptforderungen einzubringen. Dass dies erst jetzt möglich ist, zeigt, wie wenig wichtig für die Regierenden die Immigranten-Politik ist. Sie haben Arbeiter gerufen, und Menschen sind gekommen! Viele von uns sind schon vor mehr als 30 Jahren nach mehrfacher körperlicher Untersuchung nach Deutschland geholt worden (...). Wie wir uns im Alltag zurechtfinden, wie wir mit den Maschinen in den Fabriken umgehen sollten, wie wir mit der Sprache zurechtkommen sollten, darüber hat sich keiner Gedanken gemacht. Hauptsache, wir waren gesund und stumm. (...) Wir wurden nie gefragt, was wir politisch und gesellschaftlich wollen. Obwohl wir seit Jahren konkrete politische Forderungen gestellt und eine Vorstellung davon haben, wie wir ohne Ausgrenzung in dieser multikulturellen Gesellschaft zusammenleben wollen. Eine dieser Forderungen ist das allgemeine beziehungsweise das kommunale Wahlrecht. Von Damen und Herren der CDU und FDP wird behauptet, das verstoße gegen die Verfassung. Obwohl es in ihren eigenen Reihen Experten gibt, die das Gegenteil behaupten. Außerdem habe ich gehört, dass die Verfassung hier schon 35-mal geändert wurde. Je nach der politischen Lage wurden und werden die Argumente zurechtgelegt. (...) Man kann nicht jeden dritten arbeitenden Menschen in dieser Stadt ausgrenzen und ihm demokratische Rechte verweigern! Sie müssen endlich respektieren, akzeptieren und vor allem verstehen, dass wir uns nicht mehr bevormunden lassen wollen. Wir sind nicht mehr stumm! <<

Bevormundet fühlt sich die Abgeordnete Celebi-Gottschlich allerdings auch von manchen ihrer Parteigenossen. Immer wieder soll sie zu zentralen Fragen, vor allem in der Flüchtlingspolitik, nicht sprechen. Immer wieder, wenn ihr gleichsam das Rederecht verweigert wird, spürt sie, wie ihr subtiler Rassismus entgegenschlägt: Man hat sie als Türkin angesprochen, angeworben und gewählt – aber als Türkin ernst nehmen kann man sie ganz offenbar nicht. Mit dem Ende der Legislaturperiode 1989 geht auch ihre Zeit als Abgeordnete zu Ende. Fast zehn Jahre später, 1998, tritt sie in Kreuzberg als unabhängige Kandidatin an. 2000 Menschen haben für sie unterschrieben. Und damit für das Ziel, das ihr Leben nach wie vor bestimmt: Sich für die Rechte von Migrantinnen und Migranten stark zu machen, für ein demokratisches Miteinander in einem Land der Vielfalt. Doch eines Tages beschließt sie, dass mit ihrer politischen Überzeugungsarbeit Schluss sein soll. Es ist der Tag, an dem Ayla mit ihrem Bewerbungsfilm für die Filmhochschule nach Hause kommt. Es ist ein Film über ihre deutschen Großeltern – zu denen Mutter und Tochter immer Kontakt gehalten haben. Auch nach der Trennung von Aylas Vater Anfang der 90er-Jahre verging kaum eine Woche, in der Sevim Celebi-Gottschlich nicht mit ihrer Schwiegermutter telefonierte. Auch Ayla verbrachte als Kind immer wieder einmal ein paar Tage bei ihren Großeltern. Nur manchmal, wenn sie von dort nach Berlin zurückkehrte, beschlich ihre Mutter das Gefühl, dass das Mädchen sich dort nicht wohl fühlt. Gesagt hat sie nie etwas – bis sie ihre Großeltern zu Hauptdarstellern in ihrem ersten Film macht. Der Film, der später auch in Berliner Kinos gezeigt und mit einem Preis ausgezeichnet wird, trägt den Titel: »Ein Kuckuck nimmt auch keine Dohle als Mann.«

Die Kamera zeigt ein Rentner-Ehepaar auf einer Bank in einem sommerlichen Garten. Die Großmutter der jungen Filmemacherin lässt ihren Gedanken freien Lauf. Den eigenen Sohn mit einer Türkin zu sehen sei für sie »wie ein Schlag mit der Wichsbürste« gewesen. Die ganze Nacht habe sie geheult. Vorhaltungen habe sie ihm gemacht, als seine Freundin schwanger war – mit der Enkelin, die ihr gegenübersitzt: »Hoffentlich macht das eigene Kind dir nicht einmal Vorwürfe, dass es zwei verschiedene Eltern hat: einen Deutschen und einen anderen.« Warum? »Du brauchst dir nur die Tiere angucken. Die bleiben auch unter sich. Ein Kuckuck nimmt ja auch keine Dohle als Mann.« Als Ayla Gottschlich anmerkt, ihre türkischen Großeltern hätten dieses Problem nicht gehabt, erwidert die Großmutter: »Die sind ja froh, wenn ihre Töchter auch einen anderen kriegen können. Die Sevim ist mit der Hochzeit ein Stück die Treppe raufgekommen. Das ist wie bei den Negern: Die sind stolz, wenn sie einen anderen heiraten können, wenn sie damit ein Stückchen höherkommen.«

» Ich wollte so viel erreichen in diesem Land, politisch, kulturell, demokratisch; ich habe geredet, geschrieben, diskutiert und aufgeklärt, 30 Jahre lang. Und dann zeigt sich: Nicht einmal in meiner eigenen Familie, nach 13 Jahren Ehe, mit einem gemeinsamen Kind, bin ich auch nur einen Schritt weitergekommen! Als ich gehört habe, dass meine eigenen Schwiegereltern ihrer Enkelin sagen, dass Türken eine Stufe tiefer stehen, war es aus mit meiner Überzeugungsarbeit gegen Rassismus. Heute bin ich der festen Überzeugung: Erstens wird es Rassismus immer geben; zweitens: Warum sollte es ausgerechnet die Aufgabe von Migrantinnen und Migranten sein, ihn zu bekämpfen? Wie tief die Ressentiments sitzen, zeigt sich ja immer wieder. Selbst die dritte Generation, in Deutschland aufgewachsen, gebildet und gut ausgebildet, muss mehr um Stellen kämpfen als ihre urdeutschen Altersgenossen. Ist es ein Wunder, dass so viele in die Türkei abwandern? Warum sollen sie sich das antun? In meinem Beruf, in der Sozialarbeit, hat die Diskriminierung vollends absurde Züge angenommen: Wenn Leute gesucht werden, die mit der türkischen Community arbeiten, dann stellt man lieber einen Deutschen ein, der Türkisch gelernt hat, als jemanden mit einem türkischen Namen. **«**

Jeannette Goddar

»Schließlich sind wir hier alle EU-Bürger«

Nach einem halben Leben in Augsburg wieder im assyrischen Heimatdorf: Yahko Demir

Yahko Demir, heute 74, ist syrisch-orthodoxer Christ, seine Muttersprache ist Aramäisch. Nach seinem Dienst beim türkischen Militär zog es ihn ins Ausland. In tief verschneiten deutschen Wäldern war er Ende der 60er-Jahre als Holzfäller eingesetzt, später am Hochofen, im Straßenbau, und er engagierte sich in einem Verein für assyrische Kultur. Seine sieben Kinder und 26 Enkelkinder leben in Augsburg; er selbst kehrte mit seiner Frau Menira 2003 in den Südosten der Türkei zurück.

Das Dorf Kafro liegt wie eine weiße Festung inmitten der kargen, verödeten Landschaft – im Landkreis Midyat in der Provinz Mardin im Südosten der Türkei. Eine akkurate Siedlung aus soliden Kalksteinbauten in einer Art Niemandsland. Die Weinberge, Felder und Obstgärten, die das Dorf einstmals umgaben, wurden in den 90er-Jahren von der türkischen Armee niedergebrannt, um sicherzugehen, dass die militante kurdische Arbeiterpartei Kurdistans, PKK, die unter anderem in dieser Region ihren Guerillakampf führte, dort keine Deckung finden würde. Von den Verwüstungen hat sich die Land- und Viehwirtschaft nicht wieder erholt. Nur vereinzelt lugen Felder aus der mit wildem Gras überwucherten Hochebene.

Bis zur syrischen Grenze sind es nur 20 Kilometer. In direkter Nachbarschaft hat Botaş, das staatliche Unternehmen, das das türkische Öl- und Gasleitungsnetz betreibt, ein Lager; und die Jandarma ist hier vertreten, ein für den Grenzschutz und in dieser Region teilweise auch für Polizeiarbeit abkommandierter Teil des Militärs. In der Sommerhitze leuchtet die Landschaft warm in Gelb- und Brauntönen.

Kafro ist ein Musterdorf. Schnurgerade verläuft die Dorfstraße, an der entlang in genau gleichen Abständen aufgereiht 20 Neubau-Villen mit

Yahko Demir in seinem Heimatdorf Kafro im Südosten der Türkei.

gepflegten Vorgärten stehen. Die zwei- und dreistöckigen Häuser sind mit Zinnen, Türmchen, hohen Bogenfenstern und halbrunden Balkonen ausgestattet. Eines dieser Häuser gehört Yahko und Menira Demir. Besonders stolz sind sie auf ihren Obst- und Gemüsegarten hinter dem Haus. Nach fünf Jahren Arbeit und Pflege wachsen dort Melonen, Tomaten und Salatgurken. Die Feigen- und Granatapfelbäumchen tragen die ersten Früchte. Das Ehepaar hat sich nach über 30 Jahren in Deutschland einen Traum erfüllt. Zusammen mit Verwandten und ihren Nachbarn aus früheren Zeiten haben sie ihr altes Heimatdorf Kafro wieder aufgebaut.

Nach Deutschland hat es Yahko Demir Ende der 60er-Jahre verschlagen. Da war der damals knapp 30-Jährige bereits Vater von sechs Kindern. Seine Entscheidung, als Gastarbeiter nach Deutschland zu gehen, hängt eng mit der Geschichte seines Volkes zusammen. Die Demirs sind »Süryani«, syrisch-orthodoxe Christen, und gehören zur Volksgruppe der Assyrer, die heute vor allem im Irak, Iran, in Syrien, der Türkei und dem Libanon sowie in westlichen Ländern und in Übersee leben. Der Wunsch in ein anderes, christliches Land zu gehen, reifte in Yahko Demir nach seinen Erlebnissen während des Militärdienstes in der Türkei Ende der 50er-Jahre.

» Ich war 1957 bei den Panzergrenadieren, erst in Izmir und dann in Istanbul. Da ging es sowieso rau zu. Aber auf mich hatten es die Offiziere und Unteroffiziere besonders abgesehen. Ich wurde von allen nur ›gavur‹, der Ungläubige, gerufen. Immer wieder suchten sie Gründe, um mich zu schlagen. ›Warum bist du nicht zum Islam konvertiert? Warum bist du nicht beschnitten?‹ Dazu gab es Ohrfeigen und Tritte. Einmal kontrollierten sie unseren Schlafsaal. Wir mussten alles pieksauber halten, den Raum und auch uns selbst. Der Unteroffizier behauptete: ›Der Ungläubige hat seine Füße nicht gewaschen, sie stinken.‹ Ich widersprach ein einziges Mal und nie wieder. Sie haben mich verprügelt, und ich musste die Latrinen mit einem kleinen Schwamm sauber machen. «

Die Assyrer sind seit etwa 2000 Jahren im Südosten der Türkei ansässig. Sie sind die Nachfahren jener Christen im Vorderen Orient, die von den Aposteln – der christlichen Lehre nach die Gesandten Jesu – für die neue Lehre gewonnen wurden. Der Apostel Thaddäus (aramäisch: Mar Addai) soll zwischen 37 und 65 n. Chr. in Mesopotamien gepredigt haben. Die assyrische Kirche des Ostens gehört damit zu den apostolischen und – nach den Patriarchaten in Jerusalem und Antiochia – ältesten Kirchen der Welt. Seit dem 3. Jahrhundert gründeten ihre Anhänger, in Abgrenzung zur byzantinischen Reichskirche, selbstständige Kirchen und gebrauchten nicht das Griechische, sondern das Aramäische als Liturgie- und Theologiesprache. Ihre Herkunft führen sie auf die altorientalischen Assyrer und Babylonier zurück, die seit der zweiten Hälfte des 3. Jahrtausends v. Chr. in Syrien und Mesopotamien ansässig wurden. Das Aramäische ist den syrisch-orthodoxen Christen heilig, weil es die Sprache Jesu Christi, seiner Mutter Maria und der Apostel war. Die Vermittlung der aramäischen Sprache ist deshalb zentral für die Vermittlung des syrisch-orthodoxen Glaubens und der Geschichte der assyrischen Christen.

Als junger Mann hütete Yahko in seinem Dorf die Schafe, Ziegen und Rinder seiner Familie. Wirtschaftlich ging es ihnen damals nicht schlecht. Seine beiden Brüder bestellten mit dem Vater die Felder, die drei Schwestern halfen der Mutter im Haushalt. Die Region ist heute noch berühmt für ihren Käse aus Schafs- und Ziegenmilch, für ihre aus selbstangebautem Obst hergestellten Trockenfrüchte und die Fruchtmelasse, das zu den christlichen Feiertagen hergestellte, mit orientalischen Gewürzen verfeinerte Gebäck sowie den schweren, aromatischen Rotwein.

Das Heimatdorf der Demirs, Kafro, liegt 15 Kilometer von der Kreisstadt Midyat entfernt. Kafro ist das aramäische Wort für »Dorf«. Zur Schule gingen Yahko Demir und seine Geschwister nicht – es gab damals keine. Und die Klöster der Region, ursprünglich für die Schulbildung der assyrischen Kinder zuständig, waren verwaist. Die meisten verfielen im Laufe der vergangenen 100 Jahre. Es gab keine Lobby, die sich für die Assyrer als Volksgruppe eingesetzt hätte. Das ist eine der tragischen Seiten der Geschichte der Assyrer in der Türkei.

In der Zeit des Osmanischen Reiches, nach den Massakern an der christlichen Bevölkerung in den Jahren 1894/95, 1909 und insbesondere 1915, war ein großer Teil der assyrischen Mönche gezwungen zu fliehen. An der Seite der Deutschen trat das Osmanische Reich 1915 in den Ersten Weltkrieg ein. Mit einem aufkeimenden türkischen Nationalismus verschlimmerte sich die Lage der Christen armenischer, griechischer und assyrischer Abstammung schlagartig. Die Anhänger der »jungtürkischen Bewegung«, ein Bündnis aus radikalen Intellektuellen, zivilen Bürokraten und Offizieren, beschuldigten die christliche Bevölkerung, ihre Kriegsgegner – also England, Frankreich, Russland – zu unterstützen. Aus minderwertigen »Dhimmis« (nicht-muslimische Bürger des Osmanischen Reiches) waren so über Nacht Staatsfeinde geworden.

Zwischen 1915 und 1918 verübten türkische Soldaten und kurdische Stämme Massaker, denen nach Angaben internationaler Wissenschaftler rund 1,5 Millionen armenische und 750 000 assyrische Christen zum Opfer fielen. Zwei Drittel der Assyrer wurden enthauptet, weshalb sie diese Gräuel als »Seyfo«, Schwert, bezeichnen. Die Truppen des Deutschen Reiches, die damals in Anatolien stationiert waren, drückten beide Augen zu. Obwohl einzelne Diplomaten, Feld-Geistliche und Offiziere schockiert von Massenverbrennungen in Kirchen und verstümmelten Frauen- und Kinderleichen berichtet hatten, schwieg die Regierung der Weimarer Republik in Berlin zu den Vorfällen. Um eine offizielle Anerkennung dieser an ihrer Zivilbevölkerung begangenen Verbrechen als Völkermord bemühen sich vor allem die Armenier und Assyrer bis heute.

Seit der Republikgründung durch Atatürk im Herbst 1923 galten alle Einwohner der Türkei als türkische Staatsbürger. Die auf dem Territorium des neu gegründeten Staates lebenden nicht-muslimischen Bevölkerungsgruppen, wie die griechischen, armenischen und jüdischen Gemeinden, bekamen als Minderheiten bestimmte Rechte zugestanden, darunter das Recht auf muttersprachlichen Unterricht. Die kurdische, mehrheitlich alevitische Bevölkerung war davon ausgenommen. Der Gebrauch der kurdischen Sprache in der Öffentlichkeit war bis 1991 verboten; die Existenz eines kurdischen Volkes wurde jahrzehntelang vom türkischen Staat geleugnet.

Yahko Demir lernte, wie viele Kurden, aber auch Türken aus ärmeren Verhältnissen, das Lesen und Schreiben ironischerweise erst während des ihm verhassten Militärdienstes. Als 15-Jähriger war er von seinen Eltern mit der gleichaltrigen Menira verheiratet worden, die aus seinem Dorf stammte. Beide waren entfernt verwandt. Alle im Dorf sind irgendwie entfernt verwandt, erzählen die Demirs, weil die Assyrer traditionell untereinander heiraten. – Ein Jahr später kam ihr ältester Sohn Isaak zur Welt, 1959 Tochter Attya, 1962 Sohn Sait. Seine Erlebnisse beim türkischen Militär hat der junge Familienvater nie vergessen. Er wollte vor allem verhindern, dass seinen Kindern später ähnliche Demütigungen widerfahren würden. Von den politischen Zusammenhängen und den Lasten der Vergangenheit erfuhr er in diesem Ausmaß erst viel später in Deutschland.

» Ich wusste nichts von der assyrischen Geschichte damals. Ich hütete Schafe, hatte eine Frau und kleine Kinder. Dabei waren wir selbst noch sehr jung. Als sie anfingen, das Kloster Mor Gabriel wieder aufzubauen, war ich erst beim Militär und dann damit beschäftigt, als Gastarbeiter nach Deutschland zu kommen. Ich wollte nicht, dass meine Kinder ebenfalls als Menschen zweiter Klasse in der Türkei aufwachsen. «

Das im 4. Jahrhundert gegründete syrisch-orthodoxe Kloster Mor Gabriel, etwa 20 Kilometer südöstlich der Stadt Midyat gelegen, ist eines der ältesten der Welt und für die Assyrer in der Türkei, aber auch in der Diaspora von zentraler symbolischer Bedeutung. Es ist heute ein berühmter Wallfahrtsort und seit 1985 Sitz des Metropoliten der Diözese Tur Abdin. Das

Grundstück, auf dem es liegt, ist seit Jahren Gegenstand eines Gerichtsverfahrens, zu dem auch die Europäische Union Prozessbeobachter entsendet.

1964 fuhr Yahko Demir in die südostanatolische Provinzhauptstadt Diyarbakır, 110 Kilometer von Kafro entfernt, um sich beim örtlichen Arbeitsamt für eine Stelle als Gastarbeiter in Deutschland zu bewerben. Es sollten weitere fünf Jahre vergehen – zwischenzeitlich wurden 1965 Sohn Fikri und 1967 Tochter Jekkya geboren. Er hatte die Hoffnung schon aufgegeben, als 1969 der Bescheid kam, er könne nun die Reise antreten.

» Ich hatte kaum noch an Deutschland gedacht. Und als es dann losging, musste alles ganz schnell gehen. Ich kam in den Süden, nach Karlsruhe. Aber was sie dort Süden nennen, ist für uns tiefster Osten. Zumindest, was das Wetter betrifft. Die Wälder waren tief verschneit, und meine erste Arbeit bestand darin, im Wald Bäume zu fällen. Wir wurden in Drei-Mann-Teams aufgeteilt. Ich arbeitete mit zwei Freunden aus Midyat zusammen, einem Christen und einem muslimischen Kurden. Wir alle konnten kein Deutsch. Nur einzelne Brocken wie: ›Komm‹, ›Geh arbeiten‹, ›Marsch, marsch‹. «

Es war Winter, kurz vor Weihnachten, als Yahko Demir nach Deutschland kam. Mit seinen beiden Kollegen fällte er Tannenbäume für das wichtigste religiöse Familienfest in Deutschland. Doch der deutsche Märchenwald war bitterkalt, die Stämme vereist und die Arbeitszeit lang. Zehn Stunden Akkordarbeit war Yahko Demir auch als kräftiger junger Mann nicht gewöhnt. Zumal sein erster deutscher Arbeitgeber regelmäßig vergaß, die ausländischen Arbeitskräfte mit Essensmahlzeiten zu versorgen. Sie hatten noch kein Geld verdient, Butterbrotpakete und Thermosflaschen kannten sie nicht – in der Türkei war der Arbeitgeber für die Verpflegung der Arbeiter verantwortlich. Um sich zu wärmen, machten die drei Männer im Wald ein Feuer.

» Das brachte uns unglaublichen Ärger ein! Der Vorarbeiter kam und stellte uns zur Rede: Was uns denn einfiele; ein offenes Feuer im Wald sei in Deutschland verboten. Wir verstanden, was er uns sagen wollte, weil er immer wieder auf das Feuer zeigte, die Arme kreuzte und dazu ›Verboten, verboten!‹ schrie. Aber wir konnten ihm nicht antworten. Ich wollte ihm sagen, dass das Feuer im Winter nicht gefährlich ist, denn der Wald war ja verschneit und nass. Aber wir konnten uns nicht verständlich machen. «

Das erste Weihnachtsfest in der Fremde ohne seine Familie war für Yahko Demir hart. Er wohnte mit anderen Arbeitern in einem Wohnheim. Das fand er nicht weiter schlimm. Auch nicht, dass er sich ein Zimmer mit sechs Leuten teilte und in einem Etagenbett schlief. Er war nicht verwöhnt, aber ein Weihnachtsfest ohne Familie hatte er noch nie verbracht. Er fühlte sich einsam. Die Deutschen gingen alle davon aus, sie seien türkische Muslime, für die Weihnachten also keine Rolle spiele. So nahm er erneut, als assyrischer Christ aus der Türkei unter deutschen Christen, eine Außenseiterrolle ein. Mit seinen Freunden trank er zu Weihnachten Wein, sie feierten zurückgezogen. Ein Kurde, der auf ihrem Zimmer wohnte, feierte mit. Kurze Zeit später kam es jedoch zu Auseinandersetzungen zwischen den kulturell, religiös, aber auch sprachlich unterschiedlichen Gruppen aus der Türkei.

Yahko Demir (Mitte) mit Freunden in Augsburg.

» Mit unseren kurdischen Kollegen sprachen wir Kurdisch, weil wir das aus unserer Heimat kannten, da leben auch Kurden. Sie können kein Aramäisch, wir aber Kurdisch. Das hat die Türken im Wohnheim aufgeregt. Sie verboten uns, die ›Sprache der Ungläubigen‹ zu sprechen. «

Eines Abends kam es zu einer Prügelei, bei der einer der Männer, ein Christ, krankenhausreif geschlagen wurde. Yahko Demir beschloss daraufhin, den Ort zu wechseln. Er kam nach Augsburg in ein Eisenhüttenwerk. Im Sommer fuhr er für mehrere Wochen in die Heimat, um seine

Familie zu besuchen. Als er nach Augsburg zurückkam, hatte der Arbeitgeber in seiner Abwesenheit kurzerhand jemand anderen auf seinen Posten gesetzt. Für Yahko Demir war kein Platz mehr. Doch schnell fand er neue Arbeit: bei einer Straßenbau-Firma. Er hatte gelernt, sich in Deutschland zurechtzufinden. Aber als im Frühjahr 1970 seine Tochter Hasare, das sechste Kind, geboren wurde, hielt der inzwischen 33-jährige Familienvater es nicht mehr aus. Er stellte einen Antrag auf Familienzusammenführung.

Drei Jahre später konnte seine Frau Menira mit den Kindern nach Augsburg ziehen. Es begann eine neue Zeit für die junge Familie Demir. Das siebte Kind, das 1974 in Augsburg geboren wurde, war das erste, das nicht daheim, sondern in einem Krankenhaus zur Welt kam. Die Verwandtschaft reagierte darauf befremdet, aber das scherte Yahko und seine Frau nicht. Als Zeichen ihrer Verbundenheit mit der Kultur, in der sie nun lebten, nannten sie ihr Kind Elisabeth.

Weihnachten in Augsburg im Kreis der assyrischen Großfamilie.

Die Kinder der Demirs gehen in deutsche Schulen und lernen die deutsche Sprache um ein Vielfaches schneller als ihre Eltern, denen das Lesen und Schreiben des Deutschen bis heute schwerfällt. Schon bald lesen die älteren Kinder ihnen aus der Zeitung vor, begleiten sie bei Behördengängen und Arztbesuchen, unterstützen ihre jüngeren Geschwister in der Schule.

Und über ihre Kinder erfuhren Yahko und Menira Demir auch etwas über ihre eigene Vergangenheit:

» Unsere Kinder kamen mit Büchern nach Hause, die auf Deutsch waren, aber die Geschichte unseres Volkes erzählten. Ich wusste nicht, dass wir eine so lange Geschichte in Mesopotamien haben. Soweit ich wusste, waren wir immer eine Minderheit gewesen, hatten uns geduldet und nicht dazugehörig gefühlt. «

In der Türkei waren währenddessen nach dem zweiten Militärputsch vom 12. März 1971 politische Unruhen entbrannt. Die beiden Großmächte, die USA und die UdSSR, kämpften um die ideologische und militärische Vormachtstellung in der Welt. In der Türkei, aber auch in Griechenland und Italien kommt es in dieser Zeit zu erbitterten Kämpfen zwischen linken und ultrarechten Studenten, die Verbindungen zum Sicherheitsapparat haben. Waffen und Sprengsätze tauchen an den Universitäten auf. Die von außen stimulierte Radikalisierung der Jugend wird knapp zehn Jahre später, im September 1980, dem Militär in der Türkei einen Grund liefern, um erneut zu putschen. Eine Folge ist die bis heute wirkende, restriktive Verfassung der Türkei.

Die rasanten politischen Entwicklungen erreichen auch die in Deutschland lebenden Migranten. Unzählige Vereine werden gegründet, häufig als Äquivalente zu den politischen Strömungen in der Türkei. Yahko Demir und seine Familie verzichteten, wie viele andere in ihrer Gemeinde, viele Jahre darauf, in ihr politisch instabiles Heimatland zu reisen. Umso mehr beglückte es Yahko Demir, als sich in den 80er-Jahren in Deutschland die ersten assyrischen Vereine gründeten. Es entstand eine eigene Infrastruktur der assyrischen Gemeinden in Deutschland, die eng mit deutschen Kirchenverbänden und Hilfsorganisationen zusammenarbeiteten und auf diese Weise positiv auf die Integration der Assyrer in Deutschland einwirkten.

Doch mit seinen Aktivitäten im »Mesopotamien Verein Augsburg« erregte Yahko Demir auch Unmut und Widerspruch – und zwar nicht nur innerhalb der assyrischen Gemeinde, sondern vor allem auch bei den in der Heimat Verbliebenen. Mitte der 90er-Jahre wurde in Midyat anonym Anzeige gegen ihn erstattet. Er habe mit der prokurdischen PKK zusammengearbeitet. Ein Gerücht, sagt Demir, das wahrscheinlich aus den Kreisen der Assyrer stammte. Für deutsche Beobachter sind diese ineinander verwobenen Konfliktlinien nur schwer, wenn überhaupt zu begreifen.

Als der Konflikt zwischen der kurdischen PKK und dem türkischen Militär Ende der 80er-Jahre eskalierte, standen die Assyrer zwischen den Fronten. Das türkische Militär verlangte von ihnen die Unterlassung jeglicher Unterstützung der PKK; die kurdische Guerilla kam nachts bewaffnet in die Dörfer und verlangte Proviant. Um angeblich die Dörfer vor der PKK zu schützen, installierte das türkische Militär dort sogenannte Dorfwächter: Kurden, die vom türkischen Militär beauftragt, bezahlt und bewaffnet worden waren. Einer dieser Dorfwächter verprügelt Anfang der 90er-Jahre den Bruder von Menira Demir. Als ihr Neffe durch einen Sprengsatz im Dorf einen Fuß verliert, verlassen die letzten Bewohner Kafro. Kurz darauf erteilt das türkische Militär den Räumungsbefehl, die gesamte Umgebung wird niedergebrannt. Yahko Demir konnte damals aus der Ferne nur ahnen, was das bedeutete.

Er reiste in die Schweiz, wohin sie den Neffen seiner Frau gebracht hatten, um ihn medizinisch versorgen zu lassen. Seiner Frau hatte er versprochen, am Bett zu wachen, bis der Verwundete außer Lebensgefahr wäre. Meniras Neffe überlebte. Zurück blieb das Gerücht, es müsse eine Verbindung zwischen der PKK und dem Dorf Kafro oder der Familie Demir bestehen. Auch weil die Bewohner von Kafro ihr Dorf erst verlassen hatten, als die meisten Christen aus der Region längst fort waren, und somit der Verdacht entstand, sie genössen einen besonderen Schutz. Yahko Demir sagt, dass sie länger geblieben sind, habe Neid erregt und eine üble Nachrede geschürt.

Im neuen Jahrtausend verändert sich die offizielle Linie der türkischen Regierung gegenüber den christlichen Minderheiten: Assyrischen Christen, die aus dem Ausland zurückkehren, sollen keine Steine mehr in den Weg gelegt werden, heißt es 2001 in einem Runderlass, den der damalige türkische Ministerpräsident Bülent Ecevit an die Provinzbehörden richtete. Das könne der Türkei sonst von internationalen Kreisen als Menschenrechtsverletzung ausgelegt werden, heißt es inoffiziell. Betroffen von dieser Entscheidung waren mehrere tausend Menschen, die mittlerweile in verschiedenen Ländern lebten, erzählt Demir.

» In der Türkei gab es mal über 200000 Assyrer. Jetzt sind es vielleicht noch 15000. Und nur 2000 leben in Midyat, unserer eigentlichen Heimat. Der Rest lebt in Istanbul oder woanders, vor allem im Westen der Türkei. Auch aus Kafro waren am Ende alle geflohen. In Deutschland leben bis heute mehr Assyrer als in der Türkei. Ich glaube, es sind über 100000. Vor allem in Augsburg, Gütersloh, Paderborn und Essen. Wir haben unsere eigenen Kirchen in Deutschland gebaut. In Augsburg haben wir fünf Priester in unserer Gemeinde. «

In den Erlass von Ecevit setzten viele der damals in Europa verstreut lebenden Familien aus Kafro große Hoffnungen. Sie verkauften ihre Wohnungen in Deutschland und der Schweiz, gaben ein zweites Mal ihre Existenz auf und steckten all ihre Ersparnisse und Energie in die Rückkehr. Yahko Demir war zunächst skeptisch – das Geld, um sich in der alten Heimat etwas Neues aufzubauen, hatte er eigentlich auch nicht. Doch als er 2002 nach vielen Jahren zum ersten Mal seine Heimat wieder besuchte, erschütterte ihn das Ausmaß der Zerstörung seines alten Dorfes so sehr, dass er beschloss, sich am Wiederaufbau zu beteiligen.

Fast alle Häuser in Kafro waren verfallen. Auch die alte Kirche mit einer Kapelle aus dem 4. Jahrhundert: An der Stelle des Altars befand sich ein Geröllhaufen. – Kurdische Hirten hatten nach der Flucht der Dorfbevölkerung das Kirchenschiff als Viehstall genutzt, türkische Soldaten hinterließen ihre Initialen an den Wänden, überall waren Einschusslöcher zu sehen, aber auch Schmierereien auf Türkisch: »Bastarde« stand dort zu lesen. Das verbitterte Yahko Demir, und er fasste den Entschluss, sein Dorf nicht dem Verfall und dem Vandalismus zu überlassen. Wie viele andere Familien legten er und seine Kinder also alle Ersparnisse zusammen, und sie begannen 2003 mit dem Hausbau. Zwei Jahre später konnten sie schon den ersten Sommer in Kafro verbringen. Sein Elternhaus im alten Dorfteil stellte Yahko Demir, inzwischen Rentner, der Dorfjugend zur Verfügung. Die jungen Menschen bauten es wieder auf und richteten ein Internet-Café dort ein. Doch für die jungen Assyrer erweist sich Kafro als eine neue Welt, mit der sie nicht immer etwas anfangen können.

» Die Jugendlichen, die ja in Europa aufgewachsen sind, erhielten hier auch Aramäisch-Unterricht. Vor zwei Jahren, als meine Frau und ich beschlossen, nicht nur im Sommer, sondern ganz zurückzukehren, waren wir 60 Personen. Aber die Jungen bleiben nicht. Der Sohn eines Verwandten, der das Internet-Café geleitet hat, musste dieses Jahr in der Schweiz zum Militär. Wir haben doch alle europäische Staatsbürgerschaften! Die jungen Leute sehen ihre Zukunft nicht in der alten Heimat. «

Yahko Demir kann das der Jugend nicht verdenken, obwohl es ihn schmerzt. Was ihm außerdem zu schaffen macht, ist, dass der türkische Staat sich aus der Unterstützung der Rückkehrer zunehmend zurückzuziehen scheint; zu Beginn der Rückkehrwelle zeigte er sich sehr kooperativ – Dörfer und Ländereien der Assyrer, die von kurdischen Dorfschützern oder kurdischen Migranten aus anderen niedergebrannten Dörfern besetzt worden waren, wurden teilweise mithilfe der Jandarma geräumt und den Assyrern zur Verfügung gestellt. Oder es fanden sich andere Lösungen, wie Entschädigungen oder Umsiedlungen in andere brachliegende Dörfer. Als Vermittler trat oft Erzbischof Timotheos aus dem Kloster Mor Gabriel in Erscheinung. Yahko Demir nennt dessen Namen mit großem Respekt.

>> Ich habe den Eindruck, dem Staat tut es leid, dass er uns zurückgerufen hat. Immer öfter erklärt die Regierung unser Land zu Waldboden, auf dem man keine Häuser bauen darf. Es wird verstaatlicht oder den Kurden geschenkt. Und sie drohen, das Kloster in ein öffentliches Museum umzuwandeln. <<

Mit der Restaurierung des Klosters Mor Gabriel hatten die Assyrer schon Ende der 50er-Jahre begonnen, von den türkischen Behörden eher geduldet als gebilligt. Am Rande der eskalierenden politischen Konflikte in den 90er-Jahren begannen verschärfte Restriktionen auch gegen die assyrische Minderheit. 1997 verbot der Gouverneur der Provinz Mardin den Leitern des Klosters, ausländische Gäste zu beherbergen oder Sprach- und Religionsunterricht zu erteilen. Das Verbot wurde nach internationalen Protesten wieder aufgehoben. Der muttersprachliche Unterricht in Aramäisch ist offiziell weiterhin untersagt, wird aber toleriert.

Dennoch bereut Yahko Demir nicht, nach Kafro zurückgekehrt zu sein. Er sieht viele Anzeichen dafür, dass sich eine Veränderung vollzieht, Rückschläge eingeschlossen. Im Dorf gehe es ihnen gut. Es sei eine Enklave geworden und er vertraue darauf, dass auch die EU sie unterstützen werde. »Schließlich sind wir hier alle EU-Bürger«, sagt er mit ernster Stimme.

Wenn der alte Mann durch seinen Garten geht, liebevoll über die Sträucher streicht und plötzlich aufgeregt zum Stall eilt, um den Tieren Wasser zu geben, ist deutlich spürbar, wie er an all dem hängt. Er hat sich eine Geflügelzucht mit Truthähnen, Gänsen, Enten und Hühnern zugelegt. Das Zusammenleben mit den Tieren hatte er während der langen Jahre in Deutschland vermisst. Das Haus hat Menira Demir eher traditionell eingerichtet, mit Ausnahme der modernen Einbauküche. Auf dem Kaminsims stehen Andenken aus Deutschland, davor ein Foto der jüngsten Tochter Elisabeth. Sie ist eine ausgesprochen schöne Frau geworden. Ihr Name verbindet die Demirs, neben ihrer Staatsbürgerschaft, weiterhin eng mit Deutschland, ihrer zweiten Heimat – die längst die Zukunft ihrer Kinder geworden ist.

Sabine Küper-Büsch

»Das mit dem großen Streik war nicht meine Idee«

Als Betriebsrat bei Ford in Köln: Salih Güldiken

Salih Güldiken, heute 74, hat in Istanbul als Elektriker in einem kleinen Unternehmen gearbeitet, bevor er 1962 nach Köln kam. In Deutschland wollte er eigentlich nur so lange bleiben, bis er genug Geld verdient hatte, um dort ein Auto zu kaufen. Das konnte er für seine Arbeit in Istanbul gut gebrauchen. Knapp fünf Jahrzehnte später – mit Stationen am Fließband, als Dolmetscher und schließlich als Betriebs- und Aufsichtsrat bei Ford – ist Salih Güldiken immer noch in Köln. Den Ford-Werken ist er, bis er vor elf Jahren in Rente ging, treu geblieben, in guten wie in schlechten Zeiten.

Am Freitag, dem 24. August 1973, legen 10 000 Arbeiterinnen und Arbeiter im Betrieb der Ford-Werke AG in Köln-Niehl die Arbeit nieder; die meisten sind Gastarbeiter aus der Türkei. Als »Türken-Streik« wird die Aktion in die Geschichte der Arbeiterbewegung eingehen. Salih Güldiken, elf Jahre zuvor über das Anwerbeverfahren aus Istanbul zu Ford nach Köln gekommen, ist wenige Wochen vor dem Streik in den Betriebsrat gewählt worden.

» Zwei Nächte habe ich auf einem Stuhl in meinem Büro übernachtet, zusammen mit einem deutschen Kollegen. Von den anderen ist auch kaum einer mehr nach Hause gegangen. Ich habe zu den deutschen Kollegen gesagt: ›Ich bleibe bei meinen Leuten, ich kann sie nicht alleine lassen. Die Firma soll aber nicht meinen, dass ich dort mitmache! Ich kenne die Gesetze. Als Betriebsrat darf ich das nicht. Ich bleibe einige Tage mit den anderen hier, ich muss dabei sein, damit das nicht in eine falsche Richtung geht. Das soll aber niemand falsch verstehen! Ich helfe der Firma Ford – nicht mir selbst und nicht nur den Leuten.‹ Der Betriebsrat spielte also auch eine Rolle, aber nicht offiziell, das durfte er nicht. **«**

»Schauen Sie sich diese türkischen Casanovas an!« Salih Güldiken (r.) war in den ersten Jahren in Köln stets mit einem Fotoapparat unterwegs.

Auslöser für den Streik war die Ankündigung des damaligen Ford-Personalvorstands Horst Bergemann, 300 Arbeiter aus der Türkei fristlos zu entlassen, weil sie bereits zum wiederholten Mal verspätet und ohne ärztliche Krankschreibung aus den Werksferien an ihre Arbeitsplätze in den Ford-Hallen zurückgekehrt waren. Die Streikenden fordern, dass die Kollegen weiterbeschäftigt werden. Die angedrohte Entlassung ist jedoch nur der Tropfen, der ein Fass zum Überlaufen bringt.

Anfang der 70er-Jahre stammen 38 Prozent der Gesamtbelegschaft bei dem Kölner Automobilhersteller aus der Türkei; am Fließband sind es sogar neun von zehn. Die türkischen Arbeiter werden für die unbeliebteren, monotonen und schmutzigeren Tätigkeiten eingesetzt, die häufig weniger gut bezahlt sind und für die es keine Zulagen gibt. Zeitzeugen, deutsche wie türkische, berichten, dass die Arbeiter aus der Türkei sich über ihre Lage nie beschwert hätten. Im Gegenteil – die türkischen Kollegen stehen in dem Ruf, besonders fleißig, schnell und genügsam zu sein. Was damit zu tun haben mag, dass sie angesichts der strikten Aufenthaltsregelungen davon ausgehen müssen, durch Beschwerden oder Aufbegehren ihre Ausweisung zu riskieren. Auch deshalb kommt der Streik in den Ford-Werken für die deutsche Öffentlichkeit, aber wohl auch für viele türkische Arbeiter selbst überraschend. Erstmals wird ihr zuvor lange ungehörter Wunsch nach besseren Arbeitsbedingungen laut. Über die Betriebsräte, die IG Metall und deren Vertrauensleute hatten die türkischen Arbeiter bereits seit längerer Zeit die Gleichstellung mit deutschen Arbeitern, mehr Lohn und eine Reduzierung der Fließbandgeschwindigkeit gefordert – vergeblich. Den Unmut seiner türkischen Kollegen kann Güldiken nachvollziehen. Die Härten der Fließbandarbeit hat der gelernte Elektriker in den ersten Jahren bei Ford selbst erfahren.

» Die Arbeit am Band ist nicht kompliziert, aber anstrengend. Du darfst keine Pausen machen, das Band läuft einfach immer weiter. Es ist sehr schwer, so zu arbeiten. Man muss sich daran gewöhnen. Ich war der erste Mann am Band, ich musste die Kabel im Motorraum der Autos anbringen. Hätte ich einen Fehler gemacht, wäre es übel gewesen, es hätte mich erwischt. Das Band läuft weiter; ein Kollege macht den nächsten Schritt. Aber er kann nur arbeiten, wenn ich meine Sachen schon gemacht habe. Die deutschen Kollegen haben zu uns gesagt: ›Wenn ihr so weiterarbeitet, wird der Meister immer mehr Leute vom Band abziehen.‹ Weil wir so schnell gearbeitet haben. Wir hätten dann also weniger Leute gebraucht. Einmal kam einer der deutschen Kollegen mit einer Stoppuhr zu einem von uns, zeigte ihm, wie viel Zeit der eine und wie viel Zeit der andere brauchte. ›Ich verstehe das nicht‹, sagte der türkische Kollege zu mir, ›ich habe alles richtig gemacht, meine Arbeit ist fertig und sie beschweren sich.‹ «

In der Endmontagehalle Y, für die Güldiken in seiner Funktion als Vertrauensmann im Betriebsrat zuständig ist, arbeiten 5 000 Menschen, mehrheitlich Türken. Er ist einer von ihnen – und gleichzeitig der Firma verpflichtet, die ihm berufliche Perspektiven bietet. Als Mitglied des Betriebsrats steht er zwischen den Fronten. Dass die türkischen Arbeitnehmer – rechtlich und sozial ohnehin benachteiligt – sich durch den Streik mehr Rechte erkämpfen würden, kann er sich nicht vorstellen. Er selbst, so sagt er auch im Rückblick, wäre dieses Risiko lieber nicht eingegangen. Zumal sich die Stimmung im Land gegenüber den türkischen Gastarbeitern, verglichen mit den 60er-Jahren, deutlich gewandelt hatte. Ein zentraler Vorwurf gegen sie lautete, sie trügen mit ihren geringen Ansprüchen dazu bei, das Lohnniveau in Deutschland zu drücken.

Über eine Dekade nach der Ankunft der ersten Gastarbeiter in Deutschland findet jedoch nun auch bei den türkischen Arbeitskräften ein Bewusstseinswandel statt: Sie haben im Laufe der Jahre erkannt, dass sie für die deutschen Unternehmen wichtig, zum Teil unentbehrlich sind, was ihnen möglicherweise ein neues Selbstbewusstsein beschert. Gleichzeitig erkennen immer mehr von ihnen, dass sie wohl so bald nicht in die Türkei zurückkehren werden. Zum Teil haben sie ihre Frauen und Kinder bereits nachgeholt oder in Deutschland Familien gegründet. Auch deshalb wachsen ihre Ansprüche auf eine angemessene Entlohnung; aber auch weil sie in Deutschland und anderen europäischen Ländern miterlebt haben, dass Forderungen dieser Art in einer Demokratie Gehör finden.

In der deutschen Öffentlichkeit ist zu der Zeit zunehmend von den sozialen Problemen der aus der Türkei zugewanderten Menschen die Rede, von den Folgen ihrer »Ghettoisierung« in den Städten. Und erstmals stellt sich die Frage, was diese Entwicklung für die deutsche Gesellschaft bedeutet. Die offenen Arme, mit denen die türkischen Arbeitskräfte in den 60er-Jahren willkommen geheißen wurden, verschränken sich zunehmend. Misstrauen, zum Teil feindlich gesinnt, macht sich breit in einer Zeit, in der der Wirtschaftsaufschwung in der Bundesrepublik deutlich an Fahrt verloren hat.

Salih Güldiken ist damals der Meinung, dass die türkischen Arbeitnehmer der negativen Stimmung und der schlechteren wirtschaftlichen Lage mit Vorsicht und unvermindertem Arbeitseinsatz begegnen sollten. Dass seine Kollegen ihre Chancen – und ihren guten Ruf – in Deutschland aufs Spiel setzen könnten, bereitet ihm Sorge.

» Wenn etwas Schlimmes passiert wäre, hätten nachher alle gesagt: ›Das haben die Türken bei Ford gemacht.‹ Davor hatte ich große Angst. Ich habe zu meiner Frau gesagt: ›Ich komme nicht nach Hause, ich bleibe im Betrieb, bis es vorbei ist.‹ Für mich war es sehr schwer, ich war ja verantwortlich. Wenn etwas passiert wäre, wäre ich verantwortlich gewesen. Die türkischen Kollegen haben angefangen, das stimmt, aber es waren auch deutsche und italienische Kollegen dabei. **«**

Nach kurzer Zeit bekommt der Streik eine andere, politisch angefachte Dynamik. Längst sind nicht mehr nur Werkskollegen auf dem Gelände, sondern linke, prokommunistische Gruppierungen. Von anfangs 60 Kollegen steigt die Zahl im Laufe von nur einem Tag auf etwa 2000. Zu den Wortführern gehört der Deutsch sprechende Ford-Mitarbeiter Baha Targün.

Der Ford-Streik von 1973 ging als »Türken-Streik« in die Geschichte ein.

» Am zweiten Tag kam eine Gruppe von außen dazu. Sie hatten sich außerhalb von Ford organisiert und besetzten die Werktore. Man kam nur noch durch, wenn man seinen Ausweis zeigte. Das war ein Zustand! Die Türken hatten die Kontrolle übernommen, Anhänger türkischer kommunistischer Gruppierungen! Sie wollten Unruhe stiften gegen die Kapitalisten. Wir hatten richtig Angst. Wir hatten das nicht mehr im Griff.

Baha Targün hatte sich zum Anführer gemacht. Er lief ständig mit einem Megafon herum: ›Wir müssen aufpassen! Von draußen dürfen keine Leute reinkommen.‹ Er wollte die Kontrolle behalten. Es hätten ja noch ganz andere Gruppen hereinkommen können. Als einer der Chefs einmal kam, seinen Namen nannte und hineinwollte, ließen sie ihn nicht durch. ›Wir kennen Sie nicht‹, sagten die Männer zu ihm, ›zeigen Sie uns Ihren Ausweis!‹ Baha Targün – den Namen vergesse ich nicht. **«**

Den Betriebsrat Güldiken stört vor allem, dass die Arbeitsniederlegung als »wilder Streik« vollzogen wird, ohne Ankündigung und unabhängig von den Gewerkschaften. Zu wilden Streiks großen Ausmaßes kam es Ende der 60er- und Anfang der 70er-Jahre auch in anderen europäischen Ländern; nach deutscher Rechtsauffassung sind sie rechtswidrig. Die Alternative: ein Warnstreik im Einvernehmen mit der Betriebsleitung.

» Man kann ja streiken, manchmal muss man das sogar. Wir haben das häufiger gemacht. Aber vorher habe ich immer mit unserem Meister gesprochen. 20, 30 Minuten haben wir die Bänder angehalten, mit den Arbeitgebern für mehr Geld verhandelt oder bessere Arbeitsbedingungen gefordert. Manchmal haben wir die Bänder nur 10 Minuten angehalten. Was wäre sonst passiert? Die Autos wären ohne Dach in die Lackierung gefahren und hätten gebrannt, oder solche Dinge. Was das für einen Schaden verursacht hätte! Die ganze Firma wäre kaputtgegangen. Wir haben dem Meister immer gesagt: ›Halten Sie die Bänder an, 10 Minuten.‹ Anders geht das nicht. Das ist das System. Wenn man das nicht anmeldet, richtet man Schaden an; wenn jemand eine Woche oder zehn Tage länger in der Türkei bleibt, ohne der Firma Bescheid zu geben, laufen die Bänder nicht.

Das mit dem großen Streik war jedenfalls nicht meine Idee, und zum Glück haben wir so etwas nie wieder erlebt. Gott sei Dank ist nichts passiert. Vor den Werkstoren kamen sie am Ende nochmal zusammen. Dann war es vorbei. Der berühmte Streik von 1973... **«**

Als die Polizei den Ausstand sechs Tage später beendet, scheinen sich Güldikens schlimmste Befürchtungen zu bewahrheiten. Von den Medien wird die Auseinandersetzung weniger als Arbeitskampf betrachtet, sondern vielmehr als ein gesellschaftlicher oder kultureller Konflikt – mit ungleich starken Akteuren. Die Bild-Zeitung hetzt Ende August 1973: »Gastarbeiter, dieses Wort kommt von Gast. Ein Gast, der sich nicht so beträgt, gehört vor die Tür gesetzt!« Güldiken erinnert sich an eine Reihe ähnlicher Schlagzeilen, einige Artikel hat er aufbewahrt. Wörtlich zitieren möchte er sie lieber nicht mehr.

» In den Zeitungen haben sie alle über die Türken geschimpft, niemand hat über die Italiener geschimpft oder über die Deutschen, die haben ja auch mitgemacht. Die Leute von draußen haben die Arbeiter beeinflusst. Aber in den Augen der Öffentlichkeit war es ein ›Türken-Streik‹. «

Die Forderungen nach Gleichstellung und mehr Lohn bleiben unerfüllt, hunderte von Entlassungen folgen. Der Streik fällt zudem in eine Zeit, in der eine neue Phase der deutsch-türkischen Beziehungen beginnt. Kurz nach Beendigung des Streiks tritt – nach wochenlangen Vorbereitungen – am 23. November 1973 der Anwerbestopp in Kraft. Ein Ende 1973 in der Frankfurter Allgemeinen Zeitung veröffentlichter Kommentar bezeichnet dies als Endpunkt einer »ohnehin wünschenswerten Entwicklung«.

In den folgenden Jahren gehen viele Türken dahin zurück, wohin sie nach Meinung vieler Deutscher gehören – in ihr Herkunftsland die Türkei. Güldiken bleibt – und er wird sich immer wieder gegen ausländerfeindliche Aussagen und Übergriffe zur Wehr setzen. Seine einflussreiche Stellung als Betriebs- und Aufsichtsrat kommt ihm dabei zugute – und bringt ihm immer wieder Kritik aus den Reihen der türkischen Arbeiter ein. Er sitzt zwischen den Stühlen: als Vermittler zwischen der Macht, den Entscheidungsträgern, und der Basis. 1986 überreicht er Richard von Weizsäcker bei einem Empfang einen Brief, in dem er die Probleme seiner Landsleute konkret benennt. Zuvor hatte er den Brief an den Bundespräsidenten in Kopie an die anwesenden Medienvertreter verteilt, damit diese sein Anliegen kannten und publizieren konnten.

Auch richtet Güldiken zahllose Briefe an offizielle Vertreter der Stadt Köln, des Landes NRW, der Bundesregierung, der türkischen Regierung, an Sendeanstalten und auch Wohnungsbaugesellschaften. Wenn in den Medien falsch, nachteilig oder herabsetzend über in Deutschland lebende Türken berichtet wird, verfasst Güldiken Leserbriefe. Nach den gezielt türkenfeindlichen Anschlägen in Solingen, Mölln und anderen deutschen Städten in den 90er-Jahren, bei denen mehrere Angehörige türkischer Familien getötet werden, ruft Güldiken die Vertreter der Politik und der Gewerkschaften, aber auch die deutsche Öffentlichkeit dazu auf, sich an Aktionen gegen Ausländerfeindlichkeit zu beteiligen.

Die Familie von Salih Güldiken stammt aus Ortaköy, einem Istanbuler Viertel, in dem vor allem in der osmanischen Zeit viele Juden, Griechen und Armenier lebten. Bis heute stehen dort Kirchen, Synagogen und Moscheen nah beieinander. Von sieben Geschwistern ist er der Einzige, der sich für eine Arbeitsstelle in Deutschland bewarb. Seiner Mutter musste er versprechen, sie mindestens einmal im Jahr zu besuchen, was er fast immer geschafft hat, bis zu ihrem Tod in den 90er-Jahren. Als er 1962

Salih Güldiken   8. Januar 1986
Rotterdamer Str. 8
5000 Köln 60

Sehr geehrter Herr Bundespräsident!

Ich möchte mich hiermit nochmals herzlich für Ihre Einladung bedanken und Ihnen
bei dieser Gelegenheit einige Anliegen vortragen, die meine Landsleute hier sehr
bedrücken, und Sie bitten, uns bei der Lösung dieser Probleme zu helfen:

o   Die Einführung des Visumzwangs für türkische Staatsangehörige stellt uns
bis heute immer wieder vor große Schwierigkeiten. Abgesehen davon, daß
es uns schmerzt, in ein Land, mit dem unsere Bevölkerung seit Jahrhunderten eine traditionelle Freundschaft verbindet, nur noch mit einem Visum
einreisen zu dürfen, ist es schwierig, in der Türkei ein Visum für die Bundesrepublik Deutschland zu bekommen. Man muß lange Wartezeiten hin-
nehmen und die finanziellen Aufwendungen (Reisekosten, Hotel etc.) sind
auch nicht unerheblich.

Unsere Angehörigen können in Notfällen (z. B. Krankheit, Unfall, Tod etc.)
nicht sofort herkommen. Wie Sie wissen, sind die familiären Bindungen für
uns von größter Bedeutung und daher wäre eine Abschaffung des Visumzwangs oder wenigstens eine Vereinfachung des Verfahrens mit weniger
Wartezeiten für uns eine große Erleichterung, für die wir Ihnen für immer
dankbar wären.

o   Das gleiche gilt auch für türkische Arbeitnehmer, die inzwischen zu Renten-
empfängern wurden, mittlerweile in die Türkei zurückgekehrt sind und deren
Kinder hier weiterleben. Vielleicht könnte man ihnen im Reisepaß einen
Vermerk eintragen, daß sie deutsche Rente erhalten und ihnen damit ein
freizügiges Ein- und Ausreisen ermöglichen.

o   Ich möchte Sie auch bitten, uns bei der Familienzusammenführung für die
zweite Generation der türkischen Arbeitnehmer behilflich zu sein. Wenn zum
Beispiel ein in der Bundesrepublik lebender junger Türke in der Türkei heiratet, darf er seine Frau nicht in die Bundesrepublik mitnehmen. Es sind
Wartezeiten von 1 bis 3 Jahren hinzunehmen.

Wie wichtig gerade das Zusammenleben zu Beginn einer Ehe ist, brauche
ich sicherlich einem Familienvater nicht zu erläutern. Ich möchte Sie, sehr
geehrter Herr Bundespräsident, bitten, uns dabei behilflich zu sein, daß man
den jungen Familien die Möglichkeit gibt, ihre Ehepartner nach der Heirat
mit in die Bundesrepublik zu bringen.

Es gibt sicherlich noch viele Probleme, die einer Lösung bedürfen, ich möchte mich
jedoch heute mit diesen Punkten begnügen und Sie nochmals um Mithilfe bitten.

Hochachtungsvoll

Salih Güldiken

Herrn Oberbürgermeister

Dr. N. Burger   Köln,den 5. 12. 1980
Rathaus Köln
5000 K ö l n 1

Sehr geehrter Herr Oberbürgermeister,

als Anlage übersende ich Ihnen die Kopie eines Rundschreibens
der Fa. Pro-BauGmbH & co. KG welches an die türkischen
Mieter in Pulheim verschickt wurde.

In den Häusern wohnen Deutsche und Türken zusammen. Sicherlich
gibt es auch Mieter die sich nicht an die Hausordnung halten
oder auch Sachen beschädigen. Dafür kann man aber nicht pauschal
eine Nationalität beschuldigen.

Im Rundschreiben hätte es heißen müssen " an alle Mieter...... "

Bemerkenswert ist auch die Drohung im letzten Absatz des Rundschreibens. Wann ein Ausländer keine Aufenthaltsgenehmigung mehr
bekommt oder aus der BRD ausgewiesen wird, ist in § 9 und § 10
des Ausländergesetzes geregelt.

Wie kann die Pro-Bau so eine Drohung aussprechen, die jeglicher
gesetzlicher Grundlage entbehrt ?

Wir sehen darin eher wieder ein Aufflammende Ausländerfeindlichkeit.

Wir möchten Sie bitten zu veranlassen, daß dieses Schreiben zurückgezogen wird und die Probau sich beiden Mietern entschuldigt.

Mit gleichem Schreiben habe ich eine Kopie des Rundschreibens an
den DGB geschickt.

                              Hochachtungsvoll

                              Salih Güldiken
                              Mitglied des Ausländerbeirats
                              der Stadt Köln

seine Heimat verlässt, ist Salih Güldiken noch nicht verheiratet. Deshalb habe ihn auch nicht so großes Heimweh geplagt, wie viele andere seiner Kollegen.

» Wer zu Hause eine Familie hatte, Kinder, eine Frau, für den war es besonders schwer. Ich habe Leute gekannt, die Tag und Nacht geweint haben. So großes Heimweh hatten sie. Viele sind nach ein paar Wochen wieder nach Hause gefahren, sie haben es nicht ausgehalten. Sie waren ja zum ersten Mal in einem fremden Land, konnten kein Wort Deutsch. Sie konnten beim Einkaufen nicht erklären, was sie wollten. Das hatten sie sich vorher nicht vorgestellt. Sie haben also zwei, drei Wochen oder zwei, drei Monate gearbeitet, geweint und sind wieder in die Türkei gegangen. Ford hat diesen Kollegen die Heimreise bezahlt. Das war kein Problem. Vielleicht konnten sie die Männer verstehen. «

Salih Güldiken (vorne, 3. v. r.) mit seiner Familie in Istanbul-Ortaköy.

Der Zusammenhalt unter den türkischen Kollegen ist stark. An den Wochenenden verbringen die Männer ihre freie Zeit gemeinsam. Wenn sie am Rhein oder durch Köln spazieren gehen, tragen die jungen Unverheirateten schicke Anzüge. Ohne Krawatte wären sie nie losgegangen, erzählt Güldiken. Viele dieser Ausflüge hat er mit einer Zeiss Ikon festgehalten, die er sich von seinem ersten Geld gekauft hat. Ein deutscher Kollege hatte ihm den Apparat empfohlen. »Schauen Sie sich diese türkischen Casanovas an!«, sagt er beim Anblick der Fotos, die ihn zusammen mit damaligen Arbeitskollegen zeigen. Die meisten seiner Freunde stammten, wie er selbst, aus den großen Städten in der Türkei. Aber es waren auch Italiener, Spanier und Deutsche darunter, und einige aus den dörflichen Regionen in Anatolien.

》 Der Treffpunkt war immer der Hauptbahnhof. Wir haben einen Tag und eine Uhrzeit ausgemacht, wann wir uns wieder im Bahnhof treffen würden. Darum sagten die Leute: ›Die Türken gehen immer zum Bahnhof.‹ Der Bahnhof war die wichtigste Ecke für uns. Meistens waren wir nur eine kleine Gruppe, fünf oder sechs Leute. Aber jeder brachte auch mal andere mit, auch deutsche Kollegen, die neugierig waren, was wir da machten. Zu mir haben sie immer gesagt: ›Was, du bist Türke? Einen blonden Türken habe ich noch nie gesehen!‹ Mein Bruder und meine Schwester hatten auch helle Haare. 《

Der Kölner Hauptbahnhof ist ein idealer Treffpunkt, weil er zentral liegt und es im Winter dort warm ist, anders als in den Mehrbettzimmern der häufig heruntergekommenen Wohnheime, in denen die meisten Gastarbeiter, zumindest in den ersten Jahren, untergebracht sind.

》 Als wir mit dem Zug aus München in Köln ankamen, war es mitten in der Nacht. Das Deutsche Rote Kreuz war da, sie haben alles vorbereitet. Ein Mann hat unsere Namen von einer Liste abgelesen. Wir wurden in Gruppen aufgeteilt. Unsere Gruppe wurde in Häuser gebracht, die im Ersten Weltkrieg gebaut worden waren. Ford hatte sie für die Türken, die als Gastarbeiter kamen, gemietet.

Morgens mussten wir um vier Uhr aufstehen. Duschen, rasieren, anziehen. Der Bus wartete draußen. Um sechs Uhr ging die Arbeit los. Ich habe das nicht gut ertragen. Wir schliefen in Etagenbetten. Die anderen in meinem Zimmer haben oft in anderen Schichten gearbeitet. Sie kamen also nach Hause, wenn ich gerade schlief. Ich konnte überhaupt nicht mehr ruhig schlafen. Schlimm war auch, dass es im Winter schon wieder dunkel war, wenn wir von der Arbeit kamen. Ein Kollege von mir wohnte in einem neueren Heim in Köln-Deutz. Sie waren zu fünft in ihrem Zimmer, für einen war also noch Platz. Er sprach für mich mit dem Hausmeister, und ich konnte wenig später dort einziehen. Das war besser. Von dort zog ich nach Köln-Mauenheim. Dort hatte Ford neue Häuser gekauft, mit vier oder fünf Etagen. 《

Anfang der 70er-Jahre unterhält das Unternehmen Ford in der Region Köln 30 Wohnheime, in denen die Arbeiter aus der Türkei weitgehend unter sich bleiben. Die Heime liegen meist in Gegenden mit vielen sanierungsbedürftigen Bauten, aus denen die Einheimischen mehr und mehr wegziehen. Auch am Arbeitsplatz bleibt der Kontakt zu den deutschen Kollegen häufig wegen sprachlicher Probleme sehr begrenzt. In den Hallen von Ford arbeiten zeitweise rund 12 000 Türken.

» Wir konnten überall Türkisch reden. Mit dem Deutschen hatten deshalb viele auch nach Jahren noch Probleme. Wegen der Sprache konnten die deutschen und die türkischen Kollegen auch nicht wirklich miteinander befreundet sein. Aber ich wusste: ›Wenn ich nicht am Fließband bleiben will, wenn ich aufsteigen will, muss ich Deutsch können.‹ In meinem eigentlichen Beruf als Elektriker konnte ich bei Ford nicht arbeiten. Ich hatte zwar alle meine Unterlagen übersetzen lassen, aber sie haben gesagt: ›Hier gibt es keinen Beruf, das ist Fließbandarbeit. Einen Beruf können wir hier nicht gebrauchen.‹

Nach einer Woche in Deutschland habe ich mir also gesagt: ›Salih, du musst diese Sprache lernen, und zwar wie ein Deutscher sie beherrscht.‹ Die deutschen Kollegen haben zu mir gesagt: ›Du musst Nachrichten gucken, jeden Abend! Egal, ob du alles verstehst oder nicht. Dort sprechen sie das beste Deutsch.‹ Kölsch ist natürlich etwas anderes, da sagt man nicht ich, sondern isch und solche Dinge. Aber ich machte kaum Fortschritte. Da habe ich meinen Arbeitskollegen Hans gefragt, was ich machen soll. Er erzählte mir von der Volkshochschule am Neumarkt, dass dort Deutschkurse angeboten wurden. Drei Monate dauerten sie, dann kam die nächste Stufe. ›Dort gehst du hin und meldest dich an‹, sagte Hans. So habe ich das gemacht. Mit meiner Wechselschicht passte das zum Glück gut zusammen. Auch bei Ford in den Hallen habe ich viel Deutsch gesprochen. Bei der Arbeit fragte Hans mich immer: ›Was ist das?‹ – ›Eine Schraube.‹ – ›Richtig.‹ Wenn ich etwas Falsches sagte, musste ich weiterüberlegen; er hat mir nicht sofort das richtige Wort gesagt.

Der Meister hat mich dann immer gerufen: ›Salih, komm mal her! Der Kollege hier versteht nicht, was ich ihm gesagt habe!‹ Ich sagte zu ihm: ›Aber wer macht in der Zeit meine Arbeit?‹ Unser Meister sorgte also dafür, dass jemand anders für mich am Fließband stand, wenn ich gerufen wurde. So bin ich Dolmetscher geworden; ich bekam eine Zulage von 25 Pfennig in der Stunde und musste nicht mehr den ganzen Tag am Band stehen. «

Seinem Unternehmen leistet er damit eine wertvolle Hilfe. Da die meisten deutschen Betriebe sich keine professionellen Übersetzer leisten, werden überall Arbeiter von der Werkbank für alltägliche Vermittlungsarbeiten rekrutiert. Die »Gastarbeiter-Dolmetscher« sorgen für eine enorme Arbeitserleichterung und Zeitersparnis. Das Geld, das sie dafür zusätzlich bekommen, ist ein spärlicher Betrag. Die meisten fühlen sich aber offenbar ausreichend dadurch belohnt, dass sie auf diese Weise vom Fließband oder anderen monotonen Arbeiten wegkommen. Nebenbei verbessern sie ihre Sprachkenntnisse – und erfahren eine besondere Aufmerksamkeit bei den deutschen Kollegen und den Entscheidungsträgern in den Unternehmen.

Als Mitglied der IG Metall besuchte Salih Güldiken (3. v. r.) regelmäßig Tagungen und Fortbildungen.

» 1972 wurde ich zum ersten Mal zum Betriebsrat gewählt. Ein paar Jahre später, 1978, haben sie zu mir gesagt: ›Hier gibt es etwa 7 000 Türken. Wir haben vor, Kollege Güldiken, dich in den Aufsichtsrat zu bringen.‹ Sechs, sieben andere türkische Kollegen standen außerdem zur Wahl. Ich wurde dann das erste türkische Mitglied im Aufsichtsrat eines deutschen Unternehmens.

Es hat mir Spaß gemacht, mit Menschen zu arbeiten, zu helfen. Das war mein Hobby. Anfangs habe ich allerdings häufiger die Nerven verloren. Zehn Mann kamen manchmal gleichzeitig in mein Büro, alle wollten meine Hilfe. Da sagte Hans zu mir: ›Salih, wir holen einen zweiten Mann. Kennst du jemanden, der etwas Deutsch kann?‹ Ich nannte ihm jemanden, von da an ging es besser. – Viele Kollegen haben gesagt: ›Wenn ich krank bin, zahlt das die Krankenkasse, also melde ich mich krank.‹ Das ist aber falsch! Das habe ich ihnen auch gesagt. Wenn jeder macht, was er denkt und was er will, können wir keine Autos mehr bauen. Und wir verlieren alle unsere Arbeitsplätze. Das geht doch nicht. – Meine Aufgabe war es, das den Menschen zu erklären, ob sie nun Italiener, Türken oder Deutsche waren: Jeder soll seine Arbeit machen.

Wenn einer ein Problem hat, soll er mir das sagen, dann sprechen wir darüber, zusammen mit dem Meister. Aber das ist unsere Arbeit, hier verdienen wir unser Brot. Wenn unsere Autos sich gut verkaufen, bekommen wir auch gutes Geld dafür. Deshalb müssen wir aufpassen.

Anfangs hat jeder Meister seinen Arbeitern das Geld selbst gegeben – in einem Umschlag. ›Salih Güldiken! Mustafa...!‹ – so ging das. So wurde das Geld verteilt. Auf ein Konto überwiesen wurde das Geld erst später. In den ersten Jahren hatten wir alle kein Konto. Irgendwann mussten wir alle ein Konto eröffnen. Das muss so Ende der 60er-Jahre gewesen sein. Die türkischen und italienischen Arbeiter haben nicht immer das gleiche Geld verdient wie die deutschen Kollegen. Aber das geht auch nicht. Wenn wir aus der Türkei kommen, hier anfangen zu arbeiten, können wir nicht sofort das Gleiche verdienen wie ein deutscher Kollege, der schon seit zehn Jahren hier arbeitet. Das geht erst mit der Zeit. Die IG Metall hat dann jedes Jahr Verhandlungen mit den Arbeitgebern geführt. **«**

Mit der Zeit stellen sich die deutschen Unternehmen zunehmend auf die Arbeiter aus der Türkei ein. Dass die religiösen Bedürfnisse der muslimischen Arbeitnehmer eine Rolle spielen, müssen die deutschen Arbeitgeber von Leuten wie Güldiken vermittelt bekommen.

» Ich persönlich brauchte keinen Gebetsraum, aber für viele der Kollegen war das wichtig. Ich habe deshalb zu meinem Meister gesagt: ›Kommen Sie in der Mittagszeit mal runter in die Halle und schauen Sie selbst!‹ Dort saßen überall die türkischen Kollegen und beteten – zwischen den herumfahrenden Gabelstaplern. Ich erklärte unserem Meister: ›Ich weiß, dass das hier keine Moschee ist. Aber wie kann ich dulden, dass die Menschen sich in Gefahr bringen, wenn sie in der Halle beten müssen, weil sie keinen anderen Raum haben?‹ – Er hat das sofort verstanden: ›Gott sei Dank, Herr Güldiken, dass Sie das gesehen haben!‹ Und wir haben gleich etwas unternommen. Ich habe geholfen, in den Umkleideräumen einen Raum zum Beten freizumachen. Viele deutsche Kollegen fanden das nicht gut, vielleicht fühlten sie sich benachteiligt, aber ich habe zu ihnen gesagt: ›Ich habe das nicht gemacht, weil mir das Spaß macht. Ich möchte vermeiden, dass hier jemand zu Tode kommt.‹ **«**

Nach Vollendung seines 63. Lebensjahrs geht Salih Güldiken im Jahr 2000 in Rente. Von den Kollegen, mit denen er damals bei Ford angefangen hat, leben heute vielleicht noch zwei, drei in Köln. Die anderen seien entweder in die Türkei zurückgegangen oder gestorben. Auch seine Frau Resmiye, gebürtig aus Ruse in Bulgarien, die er 1970 in Köln heiratete und die als Näherin erst in Mönchengladbach und später bei Ford gearbeitet hat, ist bereits verstorben. Sie ist in Marmaris begraben. Ein Moscheeverein hat den Rücktransport in ihre Geburtsstadt organisiert.

Seinen 1972 geborenen Sohn Levent führte Güldiken schon zu dessen Schulzeiten bei Ford ein, später machte er dort eine Lehre. Er sollte lernen, wie in den Fabriken gearbeitet wird. Aber er sollte auch studieren, um eine höher qualifizierte Position zu erlangen. Die zwei Jahre später geborene Tochter Özlem schickte Salih Güldiken schon als junges Mädchen in die USA zur Verbesserung ihrer Englischkenntnisse. Beide Kinder haben auf diesen Wegen Erfolg gehabt: Özlem lebt seit nunmehr 25 Jahren mit ihrer eigenen Familie in den USA und arbeitet dort in einem internationalen Pharmaunternehmen. Levent setzt die Familientradition fort und arbeitet als Ingenieur für die Ford-Werke – zeitweise auch in Kocaeli bei Istanbul.

In den Bäumen vor Salih Güldikens Wohnzimmerfenster sitzen knallgrüne Vögel mit bunten Schnäbeln. Sein Nachbar, erzählt er, habe die Vögel gekauft, dem seien sie aber weggeflogen und kämen nicht mehr zu ihm zurück.

» Manchmal sind zwanzig, dreißig Vögel draußen zusammen. Das ist dann ganz laut. Aber wie ist das möglich? Die Vögel sind doch aus Afrika! Wie können sie hier überleben? Eigentlich kann das nicht sein – aber die Natur macht das irgendwie, sie haben schon den Winter überlebt. Sie bleiben hier, das ist nun ihre Heimat. «

So wie Salih Güldiken in Köln-Riehl, wo er seit über dreißig Jahren wohnt, eine Heimat gefunden hat.

Dorte Huneke

»Ich kannte doch nur mein Dorf«

Lesen lernen für Deutschland: Saliha Çukur

Miesbach, an einem Freitag im April. Es ist der letzte Werktag vor Beginn der Karwoche, des höchsten christlichen Festes. Überall hinter den Fassaden rund um den ganzjährig von einem weiß-blauen Maibaum überragten Marktplatz werkeln die Menschen. Backen, kochen, schrubben. Putzen ihre Instrumente. Planen ihre Aufstellung. In einer feierlichen Prozession ziehen die Menschen in der Kleinstadt am Voralpenrand am Palmsonntag durch die Stadt. Mit Weidenkätzchen in der Hand erinnern sie an die Palmzweige, die Jesus dereinst in Jerusalem begrüßten. Dazu tragen sie ihr bestes Gewand. Und das sind in Miesbach, der Wiege der oberbayerischen Tracht, natürlich keine Anzüge und langen Kleider. Sondern Lederhosen und Dirndl.

Aber noch ist ja erst Freitag, also jener Tag, an dem Muslime ihr Mittagsgebet gemeinsam verrichten. Auch in Miesbach. Im hintersten Winkel des Gewerbegebiets steht seit 2007 eine Moschee – und zwar eine, die, wenn man einmal von ihrem Standort absieht, alles andere als ein unscheinbares Gebetshaus ist. Ein repräsentatives Gebäude in osmanischem Stil, ohne Minarett zwar, aber mit einer beeindruckenden Kuppel. Der Bau wurde mithilfe von Spenden der rund 500 Muslime in der Stadt finanziert; der Imam wird von der Türkisch-Islamischen Union der Anstalt für Religion e. V. (DITIB) entsandt und bezahlt. Mahmut Pıçak heißt der freundliche Herr, der im April 2011 hier predigt. Prompt erscheint er, um den unerwarteten Gast zu begrüßen. Leider, entschuldigt er sich verlegen, spreche er kein Deutsch. Der Händler, der im Erdgeschoss der Moschee ein türkisches Lebensmittelgeschäft betreibt, fügt erklärend hinzu: »Er versucht, es zu lernen. Aber hier spricht er ja nur mit Türken.« Und tatsächlich: Die rund hundert Menschen, die kurz darauf zum Mittagsgebet eintrudeln, stammen

Moschee in Miesbach, 2007 eröffnet.

fast alle aus der Türkei. Und es sind fast ausschließlich Männer – obwohl die Frauen durchaus einen, wenn auch deutlich kleineren, Gebetsraum haben. Auch Saliha Çukur, von der diese Geschichte erzählen soll, ist nicht zum Freitagsgebet erschienen. Sie ist Mitglied der Gemeinde, sie hat geholfen, deren Aufbau zu finanzieren. Aber ihre Beine und ihr Rücken sind schwach, das Herz ist auch nicht mehr in Ordnung. Nur wenn eins ihrer Kinder sie fährt, kann sie kommen – und die müssen freitags arbeiten. Aber der Chef ihrer Tochter hatte sich freigenommen. »Kommen Sie mit in meine Bäckerei!«, hatte er gebrummt, als man ihn nach ehemaligen Gastarbeitern fragte, »vielleicht haben Sie Glück. Viele Türken kommen dorthin.« Gleich neben dem kleinen Bahnhof, an dem jede Stunde zweimal die Bayerische Oberlandbahn »Bob« hält und sonst nichts, steht das »Kevek«. Verkauft wird Deutsches wie Türkisches, die Cafétische sind gut gefüllt. Allerdings: Mit Deutschen, nicht mit Türken. Aber dann kommt, in Jeansrock und knallrotem T-Shirt, Fatma Yörüsün hinter der Kasse hervor. »Ja mei!«, ruft sie aus. »Meine Mama erzählt so gern aus ihrem Leben, die wird sich freuen!« Der Stolz, der da mitklingt, auf eine Mutter, die ganz alleine – »ganz aloa«, sagt Fatma, die Bayerin – vom Schwarzen Meer kam, rührt einen sofort an. Und auch, was die allein reisende Mama dereinst nach Deutschland verschlagen hatte, macht neugierig: »Im Spielcasino in Bad Wiessee hat sie gearbeitet!«

Und die Tochter, in deren Auto man wenig später über eine bayerische Landstraße in einen winzigen Weiler namens Müller am Baum – und damit zu ihrer Mutter – juckelt, hat recht: Saliha Çukur ist das blühende Leben, als sie noch einmal zu dem Punkt zurückgeht, an dem ihr Leben eine so dramatische Wendung nahm. Mit verschränkten Beinen sitzt sie auf dem Sofa in ihrer Küche; in einem Haushaltskleid, ein Tuch locker um den Kopf gebunden, sieht sie genauso aus, wie man sich eine türkische Großmutter vorstellt. Sie hat für den Besuch gekocht, wie Großmütter es tun – bürgerlich, und das heißt hier: mit Köfte und Reis, gut und viel zu viel! Als sie anfängt zu erzählen, purzeln die Worte dermaßen aus ihr heraus, dass Fatma und Muhsin, ihre beiden Kinder, mit dem Übersetzen kaum nachkommen. Und unweigerlich denkt man: Sie erinnert sich, als wäre es erst gestern gewesen. Dabei beginnt die Geschichte 1969. – Saliha Çukur lebt in einem kleinen Dorf in der Nähe der Stadt Ordu am Schwarzen Meer. Sie hat kurz, um nicht zu sagen, sehr kurz, die Schule besucht, geheiratet, zwei Kinder bekommen und auf dem kleinen Hof ihrer Familie mitgearbeitet. Das Leben der Familie ist von Armut geprägt. Salihas Mann arbeitet in Ankara in einem Bergwerk. Nach Deutschland hatte man ihn nicht gelassen. Und dann, eines Nachts, hat Saliha einen Traum: Sie, die noch nie woanders war als in ihrem Dorf, würde das Land verlassen. Ohne ihre Familie.

» Eigentlich wollte ja mein Mann gehen. Aber er ist an die Falschen geraten. Er hat Menschen getroffen, die ihm Dokumente besorgen sollten, die er für die Einweisung nach Deutschland brauchte. Und dass er schnell einen Termin kriegt in Istanbul. Da haben sie ihn reingelegt. Sein ganzes Geld war weg. Und Dokumente hatte er auch keine. Dann kam er nach Hause. Er war sehr niedergeschlagen. Uns stand das Wasser bis zum Hals. Er hatte Monate gearbeitet, um diese Vermittler zu bezahlen. Für nichts und wieder nichts. Und an dem Abend habe ich das wirklich geträumt: Ich würde alleine gehen, ganz weit weg, nach Deutschland. Viel geweint habe ich in dieser Nacht. Es war keine schöne Vorstellung. Aber dann habe ich entschieden: Ich gehe als Erste. Ich muss es tun, für die Kinder, für die Familie. Am nächsten Tag habe ich meinem Mann gesagt: ›Ich werde fahren, wenn du mich lässt.‹ Und er sagte: ›Gut. Aber du gehst nicht alleine.‹ Dann haben seine Schwester, zwei Freundinnen und ich uns zusammen beworben. Es hat lange gedauert. Jeder wollte nach Deutschland. Aber nach einigen Monaten kam ein Brief mit einem Termin in Istanbul. «

Die erste Prüfung ihrer Unterlagen durch die türkischen Arbeitsämter war überstanden. Schon die Bewerberinnen und Bewerber, die in die Räume der Deutschen Verbindungsstelle in Istanbul eingeladen werden, müssen eine Reihe von Kriterien erfüllen – auch wenn diese in der Praxis nicht immer so streng gehandhabt werden wie auf dem Papier. Frauen über 45 und Männer über 40 haben keine Chance, Unqualifizierte dürfen nicht älter als 30 Jahre alt sein. Auch ohne Schulabschluss ist eine Bewerbung, jedenfalls offiziell, zwecklos. Bevorzugt behandelt werden im Gegenzug Ehepartner, die gemeinsam nach Deutschland wollen, Opfer von Naturkatastrophen, Leute, die ihre Arbeit verloren haben. Wer ausreisen will, wird zudem aufgefordert, »Türkentum und Nationalgefühl« hochzuhalten.

Die Ausgewählten bekommen eine »Einladung zur Arbeitsvermittlung« der Istanbuler Außenstelle der Bundesanstalt für Arbeit, der heutigen Bundesagentur für Arbeit. Die listet eine ganze Reihe weiterer Ausschlussgründe auf. »Sollten Sie mehr als vier Kinder unter 18 Jahren haben, brauchen Sie nicht zu erscheinen«, steht da geschrieben; und zwar Männer ebenso wenig wie Frauen. Auch schwangere Frauen und Eltern von Kindern, die jünger als ein Jahr alt sind, werden sogleich wieder ausgeladen. Wer zu diesem Zeitpunkt noch nicht durchs Raster gefallen ist, muss einen Schwung Dokumente mitbringen: Personalausweis, Männer benötigen außerdem eine Bestätigung des Militärs über Musterung oder Reservistenstatus, Führungszeugnis der Staatsanwaltschaft, Schul- und Arbeitszeugnisse, Bestätigung des Einwohnermeldeamtes. Verheiratete Frauen müssen noch ein weiteres Schreiben vorlegen: eine notariell beglaubigte Bescheinigung ihres Ehemannes über die Erlaubnis zur Ausreise.

Saliha Çukur hatte in ihrem Leben nie einen Notar gesehen. Vielleicht war das aber auch nicht nötig: Ihr Ehemann ließ es sich nicht nehmen, mit ihr nach Istanbul zu reisen. Einen anderen Ausschlussgrund hatte die Familie aber ganz offensichtlich überlesen. »Sollten Sie des Lesens und Schreibens unkundig sein, brauchen Sie nicht zu erscheinen«, so stand es ebenfalls in dem Schreiben. Saliha Çukur kann nicht lesen. Aber sie wird es lernen. Einen sehr langen Monat lang.

>> Ich komme also in das Büro und soll etwas vorlesen. Das kann ich aber nicht. Sie sagen, nur wer schreiben und lesen kann, kann nach Deutschland. Ich sage: Ich lerne es! Dann geben sie mir 15 Tage später einen neuen Termin. Mein Mann und ich haben dann ein kleines Zimmer gemietet in Istanbul. Ein ganz billiges, wir hatten ja kein Geld. Es war schrecklich. Wir hatten Mäuse und Schnecken. Aber wir hatten Bekannte in Istanbul. Alle, alle wollten, dass ich nach Deutschland gehen kann. Immer wieder kamen sie und haben Zeitungen gebracht. Sie wollten mir beim Lesen lernen helfen und sind mit mir die einzelnen Artikel durchgegangen. Die meisten jedenfalls! Einmal hat sich auch einer einfach über mein Essen hergemacht, als ich mit seiner Zeitung lernte. Das kleine Abc hatte ich in der Schule noch gelernt, ein bisschen etwas konnte ich also. Nach und nach ging es besser mit dem Lesen. <<

Nach 15 Tagen war Saliha Çukur sich sicher: Jetzt schaffe ich es! Wieder geht sie mit ihrem Mann zur Deutschen Verbindungsstelle. Weil er keinen Termin hat, wartet er draußen. Wieder nimmt die Frau, die sehr selten einen Weg alleine tut, all ihren Mut zusammen und klopft an die Tür. Aufgeregt, aber zuversichtlich! »Herein«, heißt es. Und sie öffnet die Tür.

>> Beim ersten Mal hatten dort Frauen gesessen. Und nun stand ich drei Männern gegenüber! Ich war jung und schlank. Sie haben mich angestarrt. ›Komm her, lies vor!‹, haben sie gesagt. Ich habe mich so geschämt und war so aufgeregt, dass ich es wieder nicht geschafft habe. Sie haben mir noch mal 15 Tage gegeben. Dann hat es geklappt. Dann saßen zwei Frauen im Büro, die ich einfach gar nicht beachtet habe. Ich habe meine drei Zeilen vorgelesen, dann haben sie gesagt: ›Du kannst gehen. Du bekommst die Papiere. Warte draußen.‹ Ich konnte mein Glück nicht fassen. Nach Deutschland – ich! Herrje, ich war so jung! Und so unerfahren. Ich kannte doch nur mein Dorf. Mein Mann hat sich auch so gefreut. Er hat alle eingeladen auf ein Getränk. So hat er sich gefreut. <<

Dabei ist der Deutschland-Test noch nicht beendet. Am nächsten Tag wird Saliha Çukur wieder in die Verbindungsstelle bestellt: zum Medizin-Check. Der lässt in den Jahren der Anwerbung aus der Türkei erst jeden zehnten (1962), später gar jeden fünften Bewerber (1972) noch kurz vor dem Ziel scheitern. Der Check hat es in sich: Deutsche Ärzte nehmen, meist im Team mit türkischen Kollegen, Blut- und Urinproben, erstellen Röntgenbilder, überprüfen Augen, Ohren und Zähne. Jede Narbe, jede Fehlhaltung wird registriert. Bis auf die Unterhose müssen die Menschen sich ausziehen und sich an Stellen betrachten lassen, die außerhalb der Familie möglichst nie jemand zu sehen bekommen sollte. Viele Migrantinnen und Migranten erinnern diese ärztlichen Untersuchungen als das Entwürdigendste, was sie je erlebt haben. Für Saliha Çukur kommt es nicht mehr so recht darauf an – nach dem Horror der vergangenen Wochen übersteht sie die penible Begutachtung klaglos. Noch am selben Abend erhält sie das endgültige Okay zur Ausreise – in einer Woche soll ihr Zug nach Deutschland gehen. Sie schlägt ihrem Mann vor, noch einmal nach Hause zu fahren. Doch der sagt: »Wenn du die Kinder noch einmal siehst, dann wirst du nicht fahren.« Also wartet sie gemeinsam mit ihrem Gatten noch eine weitere Woche in Istanbul auf den Start in ihr neues Leben. Ihre Informationen darüber, was sie in der neuen Welt erwarten wird, sind dürftig: Sie wird in einer Küche arbeiten – das ist alles, was sie weiß, als sie auf dem Bahnhof in Istanbul in den Zug steigt.

> » Die Zugfahrt war endlos. Drei Tage und zwei Nächte waren wir unterwegs. An Schlaf war nicht zu denken. Es war viel zu eng. Und dann, mitten auf der Fahrt, bleiben wir plötzlich stehen. Die hinteren Waggons hatten irgendeinen Schaden. Dann kamen all die Männer, die dort saßen, auch noch zu uns. Wir sollten ja in getrennten Waggons reisen. So war das damals auch in der Türkei üblich. Aber dann wurden wir alle in einen Wagen gepfercht. Es war viel zu voll und auch viel zu stickig. Und auch, all die fremden Männer in unmittelbarer Nähe zu haben, war uns Frauen sehr unangenehm. Wir haben die Stunden gezählt, bis wir ankommen. Es waren sehr viele Stunden. «

In den 60er-Jahren schaffen die Sonderzüge die Reise von Istanbul-Sirkeci bis München-Hauptbahnhof in rund 50 Stunden, laut Fahrplan. Dass die Reise quer durch Griechenland, Jugoslawien und Österreich viel länger dauert, ist aber keine Seltenheit. Immer wieder stoppen die Züge außerplanmäßig oder bleiben liegen. Licht und Toiletten versagen oft ihren Dienst. In Deutschland gehen bei der Bundesanstalt für Arbeit immer wieder Berichte über diese unhaltbaren Zustände ein. Eine Tortur ist die Fahrt dabei schon deshalb, weil die Bundesbahn damals für die lange Reise Nahverkehrswaggons einsetzt, die weder über abgeschlossene Abteile noch über Kopfstützen verfügen. Bis zu Beginn der 70er-

Jahre setzt die Bundesbahn weder Liegewagen und auch nur selten Speise-
wagen ein.

Als Saliha Çukur und ihre Freundinnen endlich in München ankom-
men, verläuft auch das letzte Stück der Reise nicht nach Plan. Ihr neuer
Chef würde sie abholen, hatte es geheißen. Das tat er aber nicht. Es war
Feiertag in Deutschland. Und ihr Chef hatte sie schlicht vergessen.

» Nur die Schwester meines Mannes wurde abgeholt. Sie hatte einen anderen
Arbeitgeber. Meine Freundinnen und ich sind vor den Bahnhof gegangen und
wussten überhaupt nicht, wohin. Wir bekamen ein bisschen etwas zu essen –
das war es dann aber auch. Ich war so wütend und so traurig! Das Brot, das
ich noch von der Fahrt hatte und den Kanister Wasser habe ich auf den Boden
geschleudert. Dann habe ich geweint. Was sollten wir nur tun? Irgendwann
sprach uns dann zum Glück ein türkischer Student an. Ob er bei dem Bahnhof angestellt war, um uns zu helfen, weiß ich nicht. Vorher hatte uns jedenfalls eine ganze Weile niemand geholfen. Er guckte dann auf unsere Papiere
und brachte uns an das andere Ende des Bahnhofs. Dort setzte er uns wieder
in einen Zug. In Holzkirchen blieb der Zug stehen. Die Leute haben uns alle
angestarrt. ›Raus, raus‹, haben sie gesagt – aber das haben wir natürlich nicht
verstanden. Woher hätten wir wissen sollen, dass da Endstation ist? Sie mussten uns regelrecht aus dem Zug scheuchen. Und dann standen wir wieder auf
einem Bahnhof! Auch da hat uns dann wieder jemand geholfen und ein Taxi
gemietet. Das brachte uns dann endlich dahin, wo wir hinwollten: Nach Bad
Wiessee, in die Tiefgarage vom Casino. «

Nicht nur die mittelständischen Unternehmen florieren im Bayern der
60er-Jahre. Auch der Fremdenverkehr und die Gastronomie erleben ihren
ersten Boom in der Nachkriegsära. Und der Gesundheitstourismus, von
dem das schon in den Zwanzigerjahren dank einer Jodquelle zum Heil-
bad erhobene Wiessee besonders profitiert. Mit Blick auf den Tegernsee
erholen sich die Gäste von den Leiden, die das Wirtschaftswunderland so
mit sich bringt. Und wie in den meisten Bädern, rollt auch in Bad Wiessee
abends bei Roulette und Black Jack der Rubel. Wer nicht spielt, leistet sich
gern ein Dinner in dem großen Restaurant, das zu der Spielbank gehört.
Und weil so viele Leute kommen, dass man mit dem Essen gar nicht hin-
terherkommt, bestellt der Chef drei Gastarbeiterinnen für die Küche. Als
Saliha Çukur ihn zum ersten Mal sieht, erschrickt sie fast zu Tode. Der
Mann entschuldigt sich zwar wortreich dafür, sie in München einfach ste-
hengelassen zu haben. Er wirft sich sogar auf die Knie, damit die Frauen
das verstehen. Aber leider trägt er eine blutverschmierte Schürze – für
einen Küchenchef nichts Ungewöhnliches, aber für die völlig erschöpf-

ten Frauen dennoch ein Schock. Nach der Begrüßung bekommen die drei Frauen sogleich ihre Zimmer – ein Zweibett- und ein Einzelzimmer – zugewiesen. Sie sollen sich »ein bisschen« ausruhen. Was, wie sich herausstellen wird, wörtlich gemeint ist: Noch am selben Tag treten die Frauen ihre erste Schicht in der Küche an.

Die werden sie in den kommenden eineinhalb Jahren nur noch zum Schlafen verlassen. Saliha Çukurs Traum hat sie in einen Job geführt, der härter nicht sein könnte. Um ein Uhr mittags beginnt die Arbeit der Gastarbeiterinnen, nachts zwischen zwei und drei Uhr ist sie zu Ende. Erst wenn das letzte Glas poliert und die letzte Arbeitsfläche picobello gereinigt ist, machen sie sich auf den Heimweg: Zu Fuß, auch bei Schnee und Eis, in ihre zwei Kilometer entfernte Unterkunft. Sieben Tage in der Woche geht das so, für 300 D-Mark im Monat. Auf die Idee, dass sie ausgenutzt würde, sagt sie, wäre sie gar nicht gekommen. Mit wessen Lohn hätte sie ihren auch vergleichen sollen?, fragt sie. Mit dem der Deutschen? Das kam ihr nicht in den Sinn. Und zu Hause in der Türkei sind 300 D-Mark damals viel Geld. Zwei Kälber kann ihr Ehemann von jedem Monatslohn kaufen. Nach einer Weile gibt der Chef ihr 50 D-Mark mehr im Monat. Auch ihre Kinder schütteln heute den Kopf darüber, wie es damals zuging: »Dass sie so hart arbeiten musste«, sagt Salihas Tochter Fatma, »das wusste ich auch nicht.«

Nach eineinhalb Jahren in der Großküche wird das Leben für Saliha etwas einfacher. Beim zweiten Anlauf gelingt auch ihrem Ehemann die Einreise nach Deutschland. Anfangs bleiben ihre Kinder Fatma und Muhsin noch in der Türkei bei der Tante. Doch als auch die nach Deutschland geht, ist in der Türkei niemand mehr, der sich um die beiden kümmern kann. Als Salihas Ehemann seinem Arbeitgeber die Lage schildert, ist das der Anfang einer deutschen Familiengeschichte. Der Papierfabrikant setzt sich bei der Ausländerbehörde dafür ein, dass die Kinder einreisen dürfen. Und er gibt auch Saliha einen Job. So hat er gleich zwei neue Arbeitskräfte – und die können ihren Schichtdienst so einrichten, dass immer einer bei den Kindern ist. Er stellt der Familie eine Betriebswohnung auf dem Gelände der Fabrik zur Verfügung, die groß genug für alle ist. Es ist dieselbe Wohnung, in der Saliha Çukur noch heute lebt: In Müller am Baum, an der Straße von Miesbach nach Bad Tölz, einem winzigen Weiler aus ein paar Häusern – und einem Fabrikgelände dahinter.

Nicht nur die Mutter ist überglücklich, ihre Kinder wieder in die Arme schließen zu dürfen. Auch Fatma, inzwischen sechs Jahre alt, und ihr ein Jahr jüngerer Bruder Muhsin fühlen sich sofort in Deutschland zu Hause. Die Welt, in die sie kommen, ist übersichtlich: Müller am Baum, das ist nicht mehr als ein Gelände, auf dem einst eine Mühle stand. Der Name, das kann Muhsin Çukur sogar beweisen, er hat die Geschichte bei dem

Treffen mit seiner Mutter als Büchlein parat, beschreibt dabei nichts anderes als den tragischen Tod des Mühlenchefs: In Müller am Baum hat sich dereinst der Müller am Baum erhängt. Heute gibt es hier nicht nur keine Mühle mehr, sondern auch nur noch einige, wenig taufrisch aussehende Wohnhäuser. Aber als die Kinder in den 70er-Jahren zuziehen, ist das noch ein bisschen anders: Sie finden unten im Hof noch ein Wirtshaus vor.

Die Wirtsleute und ihre Kinder Toni und Fonsi schließen den Jungen sofort ins Herz. »Zwei Söhne hatten sie schon, ich war dann der dritte«, erzählt Muhsin. Beim Spielen mit den Jungs und beim Mittagessen mit der ganzen Familie lernte er nicht nur die bayerische Lebensweise kennen –, sondern auch die deutsche Sprache wie im Flug. Damit sie auch helfen können, wenn es in der Schule einmal hakt, sorgen sie dafür, dass Toni und Muhsin in die gleiche Klasse kommen. Statt einem helfen sie eben zwei Jungen bei den Hausaufgaben. Für Muhsins Schwester Fatma läuft es zuerst nicht ganz so gut: Ohne Vorschulklasse, ohne Deutschkurs, steckt man sie gleich nach der Ankunft in die Grundschule. Prompt bleibt sie gleich zu Beginn ihrer Schullaufbahn erst einmal sitzen. Aber sie holt schnell auf. »Schon in der dritten Klasse wollten meine Lehrer meine Aussprache gar nicht glauben«, strahlt sie. »Ich hatte in Deutsch auch immer eine Zwei – besser als viele Einheimische«, fügt Muhsin hinzu. Und wie aus einem Mund sagen beide: »Wir waren nur mit deutschen Kindern zusammen. Deswegen sind wir auch so deutsch.«

Und was für bayerische Gewächse die beiden sind! Fatma, die man mit ihren dunkelblonden Haaren und blauen Augen beim besten Willen nicht für eine Türkin halten würde. Die nicht nur kräftig genug ausschaut, als könne sie ebenso gut in einem bayerischen Wirtshaus arbeiten. Das hat sie auch schon getan, im Dirndl, mit bis zu acht Maßkrügen gleichzeitig in ihren muskulösen Armen. Da haben sie aber gestaunt, die bayerischen Herren, wenn einer das fröhliche Mädchen mit dem flotten Mundwerk nach ihrem Namen fragte: Fatma?! Und Muhsin, der charmante Mittvierziger in Jeans und Kapuzenpulli, Ring im Ohr, den seine Kumpel nur »Speedy« nennen. Der, wie sein Vater, als Papiermacher arbeitet, am Wochenende Bergsteigen geht und in seinem Leben noch kein türkisches Café betreten hat. »Ich kann mit der Mentalität der Männer da nichts anfangen«, sagt er, »ich will auch nicht in die Moschee. Wenn's nach der Mama ginge, wäre ich schon zweimal in Mekka gewesen. War ich aber nicht.« Und als die Mutter anfangen will zu schimpfen, legt die Tochter ihr beruhigend die Hand auf den Arm: »Ja, ja, Mama, schon gut, wir wissen ja: Es gibt ja immer Streit deswegen.«

So schlimm kann der allerdings nicht sein. Würde Fatma sonst jeden Tag einmal bei ihrer Mama vorbeischauen? Muhsin kommt zwar auch mal einen oder sogar zwei Tage nicht – was prompt kommentiert wird und in einem aufgeregten Wortschwall in türkischer Sprache endet. Aber in jedem Sommer fährt er seine Mutter an die Schwarzmeerküste in ihre alte Heimat. »Ich weiß immer gar nicht, wie ich das machen soll«, sagt der Sohn, »sie mag keine lange Strecken im Auto. Fliegen mag sie noch weniger. Aber dass sie die Türkei nicht sieht, geht auch nicht. Die Fatma und ich, wir sind hier zu Hause. Aber die Heimat der Mama wird doch immer die Türkei bleiben.«

Und ein Zuhause im Wortsinne hat Saliha dort schließlich auch noch. Ein Haus mit drei Stockwerken hat ihr Mann von dem Geld, das die beiden in der Papierfabrik verdienten, gebaut. Dass seine Frau und er, notfalls ohne die Kinder, dort ihren Lebensabend verbringen würden, stand für die Familie immer fest. Auch eine Haselnussplantage, mit der sie ihre Rente etwas aufbessern wollten, hatte er dort gekauft. Doch dann wurde er krank, so krank, dass er nur einen Monat nach Beginn seiner Rentenzeit starb. Außer seinen Kindern hinterließ er eine tieftraurige Ehefrau, die ihr Leben neu ausrichten musste: auf einen Altersruhesitz in Deutschland. »Alleine kann ich in dem Haus doch nicht sein«, klagt Saliha, »ich habe Angst. Und ich bin krank. Meine Kinder sind in Deutschland, meine Enkel sind in Deutschland. Was sollte ich dort tun?«

Dass sie heute so offen plaudern in der Familie, kann aber über eines nicht hinwegtäuschen: Es wurde auch gekämpft im Hause Çukur, vor allem um die Einhaltung der Traditionen, die, dem Vater vielleicht noch mehr als der Mutter, wichtig waren. Mal gewann die eine, mal die andere Seite – wobei die Chancen, sich durchzusetzen, für den Sohn Muhsin immer besser standen als für die Tochter Fatma. Gegen den Koran-Unterricht des Hodschas, der mit dem Vater in der Papierfabrik arbeitete, wehrten sich die beiden Geschwister ebenso erfolgreich wie gegen den Türkisch-Unterricht an ihrer Schule. »Uns hat das nicht so interessiert«, sagt Muhsin, »wir waren froh, dass wir so gut Deutsch konnten. Wozu hätten wir denn auch Türkisch lernen sollen?« Fatmas Weg allerdings wurde ihr nach der Schule vom eigenen Vater verbaut. »Das kann ich dir sagen, warum ich keine Ausbildung gemacht habe«, sagt sie, und für einen Moment verlässt die für sie so typische Fröhlichkeit ihre Stimme: »Ich durfte nicht. Ich habe eine Lehrstelle gefunden als Verkäuferin, in Miesbach. Aber das Geschäft machte zwei Stunden Pause über Mittag. Dass ich allein auf der Straße herumlief, wollte mein Vater aber nicht. ›Raus aus dem Beruf!‹, hat er gesagt. So war das!« Bei seinem Sohn hat ihn das nie gestört, wenn der alleine auf der Straße unterwegs war. »Sogar wenn ich abends mal spät nach Hause kam, war das nicht so schlimm«, erinnert sich Muhsin, »natürlich ist das ungerecht. Aber so war das damals.«

Der Hintergrund war ein ganz simpler: Das türkische Mädchen sollte sich nicht mit deutschen Männern einlassen. »So einfach ist das«, sagt Fatma, »dabei wäre ich nicht einmal auf die Idee gekommen. Wirklich nicht. So etwas hätte es bei uns einfach nicht gegeben.« Muhsin hingegen hielt es immer für sein gutes Recht, mit deutschen Mädchen auszugehen. Auch heute hat er eine deutsche Freundin – anders als Fatma, die mit einem Miesbacher Türken verheiratet ist.

Ihr Sohn mit einer Deutschen, das ist das Allerschlimmste für Saliha Çukur. Dreimal sagt sie das an diesem Nachmittag – und beantwortet auch jede Frage danach, ob sie denn nach all den Jahren froh sei über die nach ihrem schweren Traum getroffene Entscheidung, mit dem Verweis auf die potenzielle Schwiegertochter mit der falschen Herkunft. Und was genau ist das Problem? »Deutsche sind einfach anders«, sagt sie da, »sie denken zu viel an ihre Freiheit, zu wenig an die Familie. Erst heiraten sie, dann lassen sie sich scheiden. Wo bleibt da die Zukunft?«

Jeannette Goddar

»Atatürk, Ludwig, Goethe und ich – wir gehören zusammen!«

Der bunte Hund des Münchner Bahnhofsviertels: Mahir Zeytinoğlu

Er ist der Bürgermeister der Goethestraße, der Chef von Klein-Istanbul. Der Mann, der es vom Gemüsehändler zum Hotelbesitzer gebracht hat. Die Münchner Presse liebt Mahir Zeytinoğlu, genau wie die Münchner Politik. Und der liebt es mitzumischen. Stellt Straßenfeste auf die Beine, trommelt Unternehmer zusammen, mischt mit seinem Stadtteilverein die Debatte auf. Er ist Träger der Medaille »München leuchtet« für besondere Verdienste um die bayerische Landeshauptstadt. Den Gästen seines Hotels, des »Hotels Goethe« in der Goethestraße, bleibt sein Engagement nicht verborgen. Eine Bildergalerie im Frühstücksraum – ein Traum in Biedermeier! – präsentiert seinen Besitzer neben dem damaligen bayerischen Innenminister Günther Beckstein ebenso wie mit dem Münchner Oberbürgermeister Christian Ude. Und als multikulturell Jubelnden bei einem deutsch-türkischen Fußballfest!

Wenn Mahir Zeytinoğlu – was als Chef natürlich nicht mehr allzu oft vorkommt – noch einmal an der Rezeption steht, dann hat er seine großen Vorbilder um sich, in schweren goldenen Bilderrahmen und in Öl gemalt: Kemal Atatürk, König Ludwig II. (der bayerische, natürlich!), Johann Wolfgang von Goethe – »Ludwig Mustafa Goethe«, das ist noch so ein Titel, den die Presse ihm bereits verpasst hat. Seine Gäste lädt er zu türkischem Tee und deutsch-türkischem Plausch in seinen selbst angelegten Garten – ein Biotop mit Geranien und Ginkgo-Bäumen, mitten im Münchner Bahnhofsviertel. Der Eindruck, es mit einem Geschäftsmann zu tun zu haben, bestätigt sich schnell. Aber auch der: München hat ihm nicht immer leuchtende Zeiten beschert, seit er 1973 ein paar hundert Meter von hier entfernt auf dem Münchner Hauptbahnhof ankam.

Mahir Zeytinoğlu vor dem Münchner Hauptbahnhof.

» Ich hatte mir das genau ausgerechnet. In drei bis vier Jahren wollte ich genug Geld beisammen haben, um mir in meiner Heimatstadt in Kappadokien eine Existenz aufzubauen – mit einem Ford Transit und hundert Lämmern. Den Transit wollte ich als Minibus einsetzen, mit den Lämmern wollte ich es meinem Vater nachtun. Der war ein anerkannter Viehhändler in Kayseri, und Kayseri ist eine Stadt, die für ihre fähigen Händler bekannt ist. Immer wieder hatte ich ihn als Kind zum Markt begleitet, ich wusste: Wenn du hundert Lämmer aufpäppelst und ein bisschen Glück mit der Preisentwicklung hast, kannst du sie nach ein paar Wochen so teuer verkaufen, da kannst du 110 neue kaufen. Nach und nach, so dachte ich, hätte ich es so durchaus zu ein bisschen Wohlstand bringen können. Und wäre die Türkei in den 70er-Jahren nicht in so eine tiefe Wirtschaftskrise geraten, wäre es sicher auch so gekommen. Aber als ich erleben musste, dass der Preis für einen Ford Transit von 17 000 auf 40 000 Lira in die Höhe schoss, war klar: Wenn ich zurückgehe, ist mein in Deutschland schwer verdientes Geld bald nichts mehr wert!

Nach München kam ich über meinen Vater. Mit 35 Jahren war auch er schon als einer der Ersten aus der Türkei gekommen. Als ich 24 war, besorgte er mir eine Stelle: als Arbeiter bei einer Gärtnerei, die im Auftrag der Stadt München die Parks und Grünanlagen pflegte. 750 Mark im Monat gab es, für zehn bis 12 Stunden am Tag. Wir haben hart gearbeitet, härter als die Deutschen, die mussten für dasselbe Geld immer zwei bis drei Stunden weniger arbeiten. Aber wir waren zufrieden. Auch wenn ich sehr, sehr viele Bäume gepflanzt habe, um mein Auskommen zu haben. Sie können das so notieren: Durch mich ist München grüner geworden!

Ob ich auch Heimweh hatte? Ja, freilich! Meine Frau war in der Türkei, und die ganze Familie. Sehen Sie, heute habe ich mal eben von meinem Handy meine Mutter angerufen, was hätten wir damals dafür gegeben! Stattdessen haben wir oft den ganzen Tag an der Post gegenüber dem Hauptbahnhof angestanden, um für viel Geld und wenige Minuten eine vertraute Stimme in der Leitung zu haben.

Überhaupt blieb der Hauptbahnhof für uns lange nach der Ankunft auf Gleis 11 das Tor zur Heimat. Jeden Sonntag, vor dem Mittagessen, nach dem Mittagessen, kamen wir Türken, überhaupt Gastarbeiter aus allen Ländern, dort zusammen. Dort hörten wir unsere Sprache, tauschten die jüngsten Neuigkeiten aus den türkischen Dörfern aus, gaben Landsleuten, die zurückreisten, Geld für die Kinder mit. Den Münchner Behörden hat das überhaupt nicht gepasst. Sie wollten uns regelrecht vertreiben. Aber kein Mensch fragte, warum wir das tun – wir hatten ja gar keine anderen Orte. Es gab keine türkischen, keine griechischen Cafés. Es waren auch für uns schwere Zeiten. «

Vielen Münchnerinnen und Münchnern sind die fremden Menschen am Hauptbahnhof nicht geheuer. »Der reinste Südbahnhof!«, schimpft die Öffentlichkeit. »Die Gastarbeiter im Münchner Hauptbahnhof – sind sie tatsächlich so gefährlich oder sehen sie nur so aus?«, fragt 1972 die lokale Presse. Eine Reporterin notiert für die Wochenend-Beilage der Frankfurter Allgemeinen Zeitung: »An vielen Tagen, vor allem an Sonntagen, sieht der Münchner Hauptbahnhof aus, als hätte eine internationale Vereinigung Tausende von Mitgliedern zu einem Stehkonvent eingeladen. (...) Reisende, die solche Versammlungen nicht gewöhnt sind, schlängeln sich mit etwas verdutztem Gesichtsausdruck durch die eifrig parlierenden Grüppchen und atmen auf, wenn sie den Bahnhof verlassen haben.« Die Versuche, die sonntäglichen Stehversammlungen zu verhindern, gehen, natürlich, wie das Hornberger Schießen aus: Solange Gastarbeiter nur den Bahnhof kennen und haben, bleiben sie. Da hilft es auch wenig, dass die Bahndirektion auf mehrsprachigen Schildern mitteilt, der Bahnhof sei ein Durchreise- und kein Versammlungsort.

Während die Debatte über den Bahnhof als Versammlungsort beinahe so alt ist wie die Anwerbung, droht zu Beginn der 70er-Jahre auch die Stimmung gegenüber den Neumünchnern insgesamt zu kippen. Die Dankbarkeit gegenüber den Wirtschaftswunder-Helfern ist einer immer deutlicher zu spürenden Skepsis gewichen. Allerorten werden inzwischen auch jene Folgen der Zuwanderung diskutiert, über die sich nie jemand Gedanken gemacht hatte. Und dass die Zuwanderung Folgen hat, ist in München noch weniger übersehbar als in jeder anderen Stadt: Eine Viertelmillion Gastarbeiter leben und arbeiten in der bayerischen Landeshauptstadt; untergebracht in oft unwürdigen Behausungen, zu völlig überteuerten Preisen. Und ein großer Teil von ihnen hat längst beschlossen, das Land so bald nicht wieder zu wechseln.

In einer sogenannten Problemstudie zu »Kommunalpolitischen Aspekten des wachsenden ausländischen Bevölkerungsanteils« ermittelt die Stadt München bereits 1972: Jeder vierte Gastarbeiter will zehn Jahre und mehr in München bleiben – die Frage nach dem »für immer«, auch das spricht Bände, wird allerdings nicht gestellt. Immer lauter werden in der Presse, aber auch im Stadtrat, die »Grenzen der Aufnahmefähigkeit« diskutiert. Kurz vor den Olympischen Spielen im Sommer 1972 spricht der Münchner Oberbürgermeister Hans-Jochen Vogel ein Machtwort: »Es wäre sehr bedenklich, wenn sich generelle Vorurteile gegen Angehörige anderer Nationen einnisten würden.« Das Weltfest des Sports heizt die Debatte dann noch einmal an. Als palästinensische Terroristen im Olympiaquartier elf israelische Athleten töten – das mit Abstand schlimmste, aber auch bereits das dritte antiisraelische Attentat in München binnen zwei Jahren –, verstärkt sich die Abwehrhaltung gegenüber Ausländern noch einmal.

In diese Stimmung ziehen jedoch weiterhin ausländische Arbeitskräfte zu. Mahir Zeytinoğlu zum Beispiel, der im August 1973, nur drei Monate vor dem Anwerbestopp für Gastarbeiter, in München ankommt. Und der, Meister des Dialogs und der Vermittlung, findet plötzlich auch einmal deutliche Worte darüber, wie sich das zuweilen anfühlte – erst als Gastarbeiter, dann als Ausländer.

» Ich habe das nie gesagt, in Interviews mit der Presse, im Gespräch mit Politikern. Aber nun sage ich es doch einmal: Wir haben dieselbe Arbeit gemacht, wir haben in denselben Vierteln gelebt – aber gleich waren wir Gastarbeiter nie. Schon wenn wir mittags in die Kantine gingen, setzten die Deutschen sich an einen großen Tisch in der Mitte, und wir hockten irgendwo an der Seite. Nicht wenige, die eigentlich Kollegen hätten sein sollen, haben uns erniedrigt, nach dem Motto: Du bist Ausländer, hol, mach, tu, los! Gastarbeiter, das waren immer auch Arbeiter zweiter Klasse. Wir sollten schuften, aber wir durften uns nichts leisten. Als die Ersten von uns sich, nach Jahren in Deutschland, auch einen Mercedes angeschafft haben, mussten wir uns aber etwas anhören: Was, du Gastarbeiter, du fährst jetzt auch schon Auto? Die Deutschen wollten Mercedes. Wir auch, na und? Meine Liebe, wir haben auch gelebt, natürlich!

Warum ich das nie gesagt habe? Ich wollte, dass wir hier in Frieden zusammenleben, niemanden aufhetzen und keine Angst schüren. Also versuche ich zu vermitteln, statt zu spalten. Der Klügere gibt nach, dachte ich immer, das ist so mein Naturell – und man kann ja auch nicht 80 Millionen Deutsche in einen Topf werfen. Ein gescheiter Deutscher wirft ja auch nicht alle Türken in einen Topf! Dennoch ist es an der Zeit, auch einmal zu sagen: Wir sind hier auch schlecht behandelt worden, und nicht nur wir Gastarbeiter, sogar unsere Ehefrauen. In den 90er-Jahren wurde es so schlimm, dass meine Frau einmal auf offener Straße angepöbelt wurde: Blöde Kuh, Ausländerin! Kein Deutscher hat etwas gesagt, Menschlichkeit gezeigt, sich gegen diese Ausländerfeindlichkeit aufgelehnt! Und es ist nicht vorbei, manchmal frage ich mich, ob es nicht immer schlimmer wird.

Letztes Jahr, kurz nachdem das Buch von Thilo Sarrazin erschienen war, kam ein Mann in mein Hotel und hockte sich wortlos auf das Sofa. Als ich fragte, ob ich ihm helfen könne, schnauzte er mich an: ›Blöder Hund, ich bin Deutscher, ich setze mich, wo ich will!‹ Zuweilen denke ich auch: Die Regierung hat das Volk zu wenig auf ein gemeinsames Zusammenleben vorbereitet. Wäre es sonst denkbar, dass es bei jeder kleinen Krise heißt: Ausländer raus! Bitte schön – erst holen sie uns hierher, dann sagen sie: Nun geht weg. Mein Gott, ich habe für Deutschland meine Heimat aufgegeben, nun ist das hier meine Heimat! Ich habe vier Geschäfte in München eröffnet – und drei bayerische Töchter. «

Am Anfang des Weges in das Unternehmerdasein steht ein Nebenjob: Abends und am Wochenende hilft der Gastarbeiter bei einem Teppichhändler aus. Erst räumt er nur auf und putzt, aber nicht lange: Schnell macht er sich auch beim Verkauf und in der Kundenwerbung um das Wohlergehen des Handels verdient. Und nun? Wie schwer wiegt die Sicherheit eines halbstaatlichen Gärtnerjobs gegenüber der Aussicht auf ein Leben als Geschäftsmann? »Schwer«, sagt Mahir Zeytinoğlu, »aber nicht zu schwer.« 1977 siegt die Händlerseele in ihm. Er kündigt seinen Gärtnerjob, verhilft stattdessen einem Teppichgeschäft zum Blühen. Und weil er ein pfiffiger Kerl alter Handelsgilde aus Kayseri ist, mausert er sich schnell von der rechten Hand zum Teilhaber, und dann, nach einem Herzinfarkt seines Chefs durch tragische Umstände, zum Geschäftsführer. Und zum Freund: Er bürgt für den Herzkranken, leiht ihm Geld, dass er möglichst gut versorgt und bald wieder auf den Beinen ist. Zurück im Betrieb hat der ihm nichts vergessen: Er bietet Zeytinoğlu an, mit seiner Hilfe sein erstes eigenes Geschäft zu eröffnen. Der ist nur wenig später dabei, als die ersten Gastarbeiter im Merkur-Haus, gleich gegenüber dem Münchner Hauptbahnhof, ihr erstes Einkaufszentrum eröffnen.

» Ohne meinen Chef hätte ich das Geschäft gar nicht aufmachen dürfen. Für Ausländer war es sehr schwer, einen Gewerbeschein zu bekommen. Wir brauchten immer einen Deutschen, der für uns, und sei es nur auf dem Papier, das Geschäft eröffnete. Wie der Umweg in die Selbstständigkeit geht, hatte sich aber schnell herumgesprochen: 25 Geschäfte haben wir in der Bayerstraße unter einem Dach eröffnet, auf sechs Etagen. Ein richtiges Gastarbeiter-Einkaufszentrum, von Gastarbeitern für Gastarbeiter! Verkauft haben wir so ziemlich alles, was der Mensch braucht. Und was wir nicht hatten, wurde besorgt. Import-Export halt: Was braucht ihr, Schirme? Hab ich! Walkman, Video? Geschirrhandtücher, Kopfkissen, Kaffee, Löffel, Teller? Alles da – billig, schnell, zuverlässig. Ständig bekam einer von uns Ware geliefert. Und wenn einem das Geld fehlte, haben wir uns das vom Nachbarn geliehen. Ohne Vertrag, ohne Zinsen, einfach so. Deutsche haben das nie kapiert. Aber auf der Bank bekamen wir als Ausländer keine Kredite – also haben wir uns, rein menschlich, untereinander geholfen, nach dem Motto: eine Hand wäscht die andere. Und es ist nie einer durchgebrannt mit dem Geld. So war das früher! «

Von dem Gastarbeiter-Einkaufszentrum in der Bayerstraße bis zum »Hotel Goethe« sind es nur wenige hundert Meter. Aber wo heute das Leben tobt und Mahir Zeytinoğlu, wenn er kein Zimmer frei hat, auf ungezählte, mehr und weniger renommierte andere Herbergen in der Umgebung verweisen kann, regierte in den 70er- und 80er-Jahren der Leerstand. Münchner Hausbesitzern wie Geschäftsleuten galt die Gegend trotz ihrer zentralen Lage als eine, in der es nichts zu holen gab: keine Mieter, die nennenswerte monatliche Abschläge zahlen konnten, und damit auch keine Kundschaft, die Geld ausgibt. Ein Reformhaus, ein Blumenladen, eine Apotheke, das ist alles, was es hier Ende der 70er-Jahre an Geschäften gibt. Aber, was leer steht und billig ist, das bietet, in München wie im Rest der Republik, auch eine Chance für eine ganz neue Gruppe, die in Deutschland den Schritt in die Selbstständigkeit wagt und sich ohne hohe Ansprüche etwas aufbauen will: die Migranten. Ende der 70er-Jahre wittert der erste (ehemalige) Gastarbeiter seine Chance, all die Türken vor dem Hauptbahnhof zum Geldausgeben an einem Ort zu bewegen, der ihm etwas nützen würde: Der erste türkische Imbiss, das »Ali Baba«, eröffnet in der Goethestraße. Auch Mahir Zeytinoğlu kommt, erst zu Lahmacun und Köfte gegen den Hunger zwischendurch – als er die Bayerstraße verlassen muss, mit seinem ganzen Geschäft.

Mahir Zeytinoğlu mit seiner Ehefrau.

» Eines Tages gab mir der Hausmeister einen Wink, dass unser Einkaufszentrum vor dem Verkauf steht. Flugs schaute ich mich nach etwas Neuem um; die Goethestraße stand fast leer, da waren die Chancen gut! Tatsächlich haben mir die Besitzer von der Hausnummer 10 einen Vertrag angeboten – aber einen, den man beim besten Willen nicht unterschreiben konnte. Bis zu meinem Tod hätte ich Miete zahlen müssen, am besten noch darüber hinaus, in einer Höhe, die der Besitzer jedes Jahr neu bestimmen konnte. Aber ich war ja nicht blöd: Ich hatte einen Dolmetscher über den Vertrag schauen lassen. Dieses juristische Deutsch könnte ich bis heute nicht lesen. Eingezogen bin ich ein paar Monate später ein paar Häuser weiter. Ab 1986 fand mein Import-Export in der Goethestraße statt.

Aber es kam keiner. Wer kauft schon in einer leer stehenden Straße ein? 60 Mark Umsatz am Tag – wie sollte ich davon eine Familie mit drei Töchtern ernähren? Also habe ich mit allen ausländischen Geschäftsleuten gesprochen, die ich kannte: Kommen Sie in die Goethestraße – wir machen etwas draus! Sogar eine Anzeige in der Hürriyet haben wir geschaltet! Natürlich habe ich auch mit Deutschen gesprochen, mein Traum war ein schönes buntes Mosaik des Zusammenlebens. Den Deutschen war es aber nicht gut genug, die kamen nicht. Aber die Türken kamen! Es eröffnete ein Laden nach dem anderen: Import- und Export, Imbisse, kleine Restaurants, Gemüsehändler.

Nur die Straße sah immer noch greislich aus. Also haben wir sie uns schön gemacht. Haus für Haus haben wir renoviert; die Fassaden angemalt, Fenster und Türen ausgewechselt. Immer wenn ein bisschen Geld da war, war das nächste Haus dran. Die Hausbesitzer haben sich überwiegend zurückgelehnt und gesagt: Macht, was ihr wollt, wir haben kein Geld! So entstand langsam eine Straße in der sich die Menschen wohl fühlten. Und je schöner sie wurde, desto mehr Geschäftsleute kamen, und mit den Geschäftsleuten kamen die Kunden. Inzwischen kümmern wir uns seit 25 Jahren um unsere Umgebung. Und heute ist die Goethestraße das Münchner Herz!

Nach ein paar Jahren hatte ich genug gespart, um mich zu verbessern. In den 90er-Jahren habe ich das erste türkische Lebensmittelgeschäft eröffnet: das *Anadolu*, das heute mein Schwiegersohn leitet. Ich wollte ein richtig schickes und schön hergerichtetes Geschäft eröffnen, und zwar eines, das nicht nach Marienplatz, sondern nach Goethestraße aussieht. Mithilfe eines deutschen Architekten ist mir das auch geglückt. In den Jahren darauf habe ich den Deutschen erst einmal unser Essen, vor allem unsere türkischen Vorspeisen, nahegebracht. Welche Bereicherung die südländische Küche für Deutschland ist, daran denkt ja heute kein Mensch mehr! Als ich 1973 kam, gab es keinen Schafskäse, keine Oliven, nicht einmal Frühlingszwiebeln oder Auberginen. Eigentlich gab es überhaupt kein frisches Gemüse – nur Weißkohl und Kartoffeln und jede Menge Eingeschweißtes! Und so wurde auch mein Geschäft ein Riesenerfolg: Endlich kamen auch deutsche Kunden, sogar ein Vertreter des Goethe-Instituts kam und bedankte sich! **«**

Heute pulsiert in der Goethestraße das Leben. Und wenn Mahir Zeytinoğlu sagt, das hier, das sei das Herz der Stadt, dann sollte man wohl hinzufügen: Das Herz einer Einwanderungsstadt, in der längst jeder Dritte einen sogenannten Migrationshintergrund hat: also mindestens ein Elternteil mit ausländischen Wurzeln. Vor allem Nicht-Münchnern präsentiert sich südlich des Hauptbahnhofs ein Bild, wie man es eher in Frankfurt, Köln oder Berlin vermutet: bunt, multikulturell – und mit jenem leicht morbiden Charme, den viele Menschen auch an Hamburg-Altona oder Berlin-Kreuzberg als so herrlich großstädtisch schätzen. Zwischen türkischen Gemüsehändlern und Teestuben, arabischen Dönerbuden und Apotheken versuchen inzwischen auch deutsche Billigläden ihr Glück. Und alle finden ihre, wenn auch für Münchner Verhältnisse eher weniger betuchten, Käuferinnen und Käufer.

Aber längst nicht jeder, der auf der Goethestraße auf und ab läuft, ist ein Kunde. Auch die Arbeitsnomaden des 21. Jahrhunderts lehnen hier an den Häuserwänden, junge Männer, die meisten von ihnen aus Bulgarien und Rumänien. Aus der Heimat geflohen, als Bürger der erweiterten Europäischen Union legal und visumsfrei nach Deutschland eingereist – aber, weil da Übergangsfristen gelten, meist nicht im Besitz einer Arbeitserlaubnis. Auch sie suchen heute ihr Glück in Deutschland. Deutsche Unternehmer, vor allem Bauunternehmer, danken es ihnen – wenn auch weder mit angemessenen Löhnen noch mit irgendwelchen Arbeitnehmerrechten. In Kleinautos, manchmal auch mit Minibussen, fahren sie durch die Goethestraße und nehmen mit, wer ihnen gefällt: für ein paar Tage oder Wochen, manchmal aber auch nur für ein paar Stunden. Und dann, ein paar oder auch ein paar Euro mehr später, stehen die jungen Männer wieder da.

Mahir Zeytinoğlu, der sich seit einem Vierteljahrhundert müht, sein Viertel attraktiver und nicht zuletzt sauberer zu machen, ist der Arbeitnehmer-Strich vor seiner Hoteltür ebenso ein Dorn im Auge wie Nachbarn, die sich um nichts kümmern. Unermüdlich ist er im Gespräch, mit neu zuziehenden Geschäftsleuten, die er gern in sein Goethestraßen-Netzwerk aufnehmen würde, mit der Stadt München, auch mit der Polizei. Dass er dorthin gute Kontakte hat, ist vielleicht eine der größten Errungenschaften der vergangenen Jahre. Denn als eines Tages ein neuer Polizist für die Goethestraße zuständig wurde, und zwar einer, der offenbar noch nie mit Migranten zu tun hatte, kontaktierte der Hotelbesitzer einen guten alten Bekannten: Den Münchner Polizeipräsidenten Wilhelm Schmidbauer. »Ein guter Mann«, sagt Zeytinoğlu. Und weil der einsah, dass es gut wäre, wenn Anwohner und Staatsgewalt nicht dauerhaft aneinandergerieten, stellte er dem jungen Polizisten einen erfahrenen Kollegen zur Seite.

» So löst man Probleme. Miteinander, im Gespräch. Wir brauchen Lösungen, die für alle gut sind. Ich habe vom Kontakt mit Deutschen immer profitiert. Und von einem muss ich Ihnen erzählen, so sehr hat er mir geholfen: Hajo Bahner, das ist ein Architekt und Stadtentwickler. Seit Jahren, ach, seit Jahrzehnten, macht er sich um dieses Viertel verdient. Er redet mit den Menschen, mit den Deutschen wie mit den Türken, baut Brücken, stellt Kontakte her, auch zu den Behörden, zu den Stadtplanern, zu Künstlern – einfach zu allen! Und als ich hier meinen ersten Laden eröffnet habe – er hat mich so viel beraten! Er ist mit mir zum Hausbesitzer gegangen, der noch nie einen ausländischen Mieter hatte, und zum Gewerbeamt. Wir brauchen viel mehr solche Menschen – als Mentoren. Leider gibt es nicht viele von ihnen. Im Herbst 2010 haben wir zusammen mit dem Präsidenten des Münchner Gewerbeverbandes unser jüngstes Projekt gegründet: einen Stadtteilverein. Nun hoffen wir, noch mehr mitdiskutieren zu dürfen, wie sich das Viertel künftig entwickelt. «

Mahir Zeytinoğlu im Kreise seiner Familie.

Die Zukunft des Areals, in dem nach Angaben des Stadtteilvereins nur rund 3000 Menschen leben, aber etwa sechsmal so viele Menschen arbeiten, ist nämlich höchst offen. Auf der einen Seite will die Deutsche Bahn den Münchner Hauptbahnhof, wie es so schön heißt, aufwerten und ein riesiges neues Empfangsgebäude bauen. Am anderen Ende, in der Nähe der Theresienwiese, auf der in jedem Frühherbst das Oktoberfest tost, steht der Wegzug des Universitätsklinikums zur Debatte. Damit aber würde eine riesige Fläche mitten in der Stadt frei. Beides ist so nah am Bahnhofsviertel, dass viele hier fürchten, von der Stadtplanung gleichsam mitverplant zu werden. Für all die Nischen, in denen Menschen hier ihr Auskommen haben, dürfte es dann schwer werden. Dass es Mahir Zeytinoğlu mit seinem Dreisternehotel trifft, steht wohl kaum zu befürchten. Das ist auch gut so. Der hat nämlich überhaupt nicht vor, hier noch einmal wegzugehen.

Mahir Zeytinoğlu an der Rezeption seines Hotels.

» In der Welt gibt es kein zweites München, meine Liebe! Und auch kein zweites Bayern. Kemal Atatürk, König Ludwig, der Goethe und ich – wir gehören zusammen, genau hierher, alle unter ein Dach. Seit bald 40 Jahren bin ich hier. Meine Töchter haben hier studiert. Eine ist Steuerberaterin, eine Betriebswirtin, eine Mutter von zwei Enkeln. Mein Schwiegersohn hat mein Lebensmittelgeschäft übernommen. Auch das läuft immer noch. Sie sehen – die Suppe kocht. Und sie reicht für alle. Wer wird denn da den Herd abschalten? «

Jeannette Goddar

»Wer an Allah glaubt, der lässt das Beten nicht«

Baumeister des Islam in Deutschland: Selahattin Akyüz

Dass Deutschland ganz oben auf seiner Wunschliste stand, kann man nicht behaupten: Von Trabzon im Osten der Schwarzmeerküste war Selahattin Akyüz für eine Arbeit zuerst nach Zonguldak weit im Westen und dann im Dienst der türkischen Armee auf eine Insel vor Zypern gezogen. Als er danach seinem älteren Bruder nach Istanbul folgte, hielt er sein Ziel eigentlich für erreicht: In einer boomenden Stadt, in der alles in Bewegung war – und mittendrin er, ein ausgebildeter Bauarbeiter aus Trabzon, einer Stadt, die bis heute für ihre handwerklich begabten Bürger bekannt ist. Nicht lange dauerte es, da führte Selahattin Akyüz eine siebenköpfige Baukolonne an. Baute mit seinen Mannen für die Rentenversicherung, für Banken – und für die Industrie. Umgerechnet einen Euro pro Stunde verdiente er damit. Kein schlechter Verdienst im Istanbul der 60er-Jahre. Warum er nicht geblieben ist? Weil er plötzlich immer häufiger alte Bekannte um sich herum auftauchen sah – mit Anzug und Hut, und, was er am allerunglublichsten fand: Mit einem Autoschlüssel, den sie betont lässig am Hosenbund trugen. Sie waren aus Deutschland zurück; auf Heimaturlaub, oder auch, weil ihre Zeit als Gastarbeiter zu Ende gegangen war.

>> Ich hatte einen Abschluss als Klinkermeister; es ging mir gut. Aber als ich diese Jungs sah, dachte ich: In der Türkei habt ihr immer nur faul auf der Bank gehockt – und nun wart ihr in Deutschland und könnt euch ein Auto leisten? Das hat mich aber überrascht. Und was die alle für große Töne gespuckt haben, von deutschem Geld und deutschen Mädchen! Das wollte ich mir doch selbst anschauen. Um die Mädchen ging es mir dabei natürlich überhaupt nicht. Ich war verheiratet, unser zweites Kind war gerade geboren. Aber so viel verdie-

Selahattin Akyüz – das eigene Portrait als Postkartenmotiv.

nen konnte man ja offenbar in der Türkei gar nicht, dass es sich nicht gelohnt hätte, nach Deutschland zu gehen!

Also habe ich mich auch beworben – ein bisschen sogar aus Spaß. Es war ja eine Zeit, in der viele Leute Jahre warten mussten, bis sie Gastarbeiter werden durften. Aber dann ging alles wie der Blitz. In der Verbindungsstelle traf ich deutsche Ingenieure, ich glaube, das waren Arbeitgeber, die sich die Leute vorher angeguckt haben. Sie haben mir eine Zeichnung in die Hand gedrückt. Einen Schornstein sollte ich bauen. Ich hatte über Jahre Öfen gebaut, der Unterschied ist ja nicht sehr groß. Und als sie gesehen hatten, wie schnell ich bin, haben sie mich nur Tage später in ein Flugzeug gesetzt. Vier Stunden später war ich in Berlin-Tempelhof. **«**

Ab 1970, dem Jahr, in dem Selahattin Akyüz einreist, müssen viele Gastarbeiterinnen und Gastarbeiter nicht mehr Tage und Nächte für die Einreise mit dem Zug aufwenden. Auch die Lufthansa bringt inzwischen Türkinnen und Türken nach Deutschland; insbesondere nach Berlin, wohin die Anreise durch die DDR auf dem Landweg sehr kompliziert ist. Im wohlhabenden Süden der Stadt, in Lichterfelde-West, wird er untergebracht, in einer ehemaligen Kaserne der US-Alliierten. Und da saßen sie alle schon wieder, die Jungs, die er in der Türkei immer für faule Typen gehalten hatte. Rauchten und tranken, zogen durch die Kneipen, genossen das Leben in vollen Zügen. Selahattin Akyüz aber wollte mit dem »Teufelszeug« nichts zu tun haben. Für ihn stellten sich ganz andere Fragen.

» Ich bin ein gläubiger Muslim. Mein Leben verläuft nach klaren Regeln, genauer: nach fünf Pflichten. Ich glaube an Allah und an Mohammed, seinen Propheten. Ich spende an Arme und Bedürftige, und ich faste im Ramadan. Ich muss mindestens einmal in meinem Leben nach Mekka reisen – das ist die Stadt in Saudi-Arabien, in der Mohammed geboren wurde. Vor allem aber muss ich fünfmal am Tag beten, zu Zeiten, die sich nach dem Sonnenstand richten, und jeweils etwa zehn Minuten lang. Es nicht zu tun, kommt für mich nicht infrage. Wer an Allah glaubt, der lässt das Beten nicht sein. Selbst Leute, die schwer krank sind, setzen sich fünfmal am Tag in ihrem Bett auf. Das ist auch nicht nur eine Pflicht. Allah braucht kein Gebet – aber wir brauchen es. Als Momente des Innehaltens und um zur Ruhe zu kommen. Der Legende nach haben Mohammed und Allah regelrecht ausgehandelt, wie oft die Menschen beten sollen. Am Ende soll Mohammed den Menschen gesagt haben: Nach weniger als fünf Gebeten täglich zu fragen, hätte er sich geschämt.

Dass ich für mein Gebet in Deutschland keinen Platz finde, daran habe ich nie gedacht. In Istanbul lebten ja auch Christen und Muslime zusammen, das war für mich nichts Neues. Und die Deutschen waren unsere Verbündeten, im Ersten und im Zweiten Weltkrieg. Ich wäre also gar nicht auf die Idee gekommen, dass es wegen meiner Religion Probleme geben könnte. Und tatsächlich gab es auch kaum welche. An meinem ersten Arbeitstag bin ich zu meinem Chef gegangen und habe ihm gesagt: ›Ich bete fünfmal am Tag und ich faste einen Monat im Jahr. Aber ich will für meinen Glauben keine Zeit stehlen. Ich werde versuchen, meinen Urlaub im Ramadan zu nehmen. Und wenn meine Gebetszeit nicht mit den Arbeitspausen in Einklang zu bringen ist, bleibe ich abends länger und arbeite nach.‹

Einen Gebetsteppich hätte ich auf einer Baustelle merkwürdig gefunden, da habe ich mir aus Holz eine Art Gebetsblock gezimmert. Auf den habe ich mich dann gesetzt, meistens völlig unbeobachtet, in meinem Baucontainer. Dass ich bete, wussten die Kollegen natürlich. Kommentiert hat das nie jemand. Vielleicht lag es daran, dass ich Vorarbeiter war und die einen gewissen Respekt hatten. Oder daran, dass ich auch meinen Mund gehalten habe, wenn die anderen nach jeder Mauer, die wir fertig hatten, eine Kiste Bier geleert haben. Wir haben uns in Ruhe gelassen. **«**

Längst nicht immer finden sich so tolerante Lösungen. Der Dolmetscher, der Selahattin Akyüz' Erzählung vom Türkischen ins Deutsche übersetzt, ist zu Hause mit einer ganz anderen Geschichte groß geworden. Auch sein Vater wurde als Bauarbeiter nach Berlin angeworben. Auch der ließ sich immer wieder zu den Gebetszeiten in einer Ecke des Rohbaus nieder – genau so lange, bis er dort eines Mittags auf einen abgeschlagenen Schweinekopf stieß. Die Kollegen hatten ihn dort niedergelegt. Das Entsetzen war groß, das Vertrauen erschüttert. Erst Jahre später gab es so etwas wie eine Entschuldigung auf Umwegen – als der Sohn selbst auf dem Bau mit denselben Kollegen arbeitete. Er, der die deutsche Sprache souverän beherrschte, stellte sie zur Rede. Knallrot liefen sie da an: »Wir hatten doch keine Ahnung. Ehrlich. Wir dachten, das sei lustig.«

Sehr unterschiedlich handhaben die deutschen Arbeitgeber in den 60er- und 70er-Jahren die Fragen, ob, und wenn ja, für wie lange den »Mohammedanern«, wie sie damals genannt werden, das Gebet gestattet werden muss. Während manche Unternehmen, etwa die Bundesbahn, bereits zu Beginn der Zuwanderung aus der Türkei erklären, auf die »im Koran streng vorgeschriebenen Gebetsübungen« Rücksicht zu nehmen, wollen andere von Gebetspausen und stockender Produktion nichts wissen. Ein Kündigungsgrund ist immer wieder, wenn die Gastarbeiter zu den hohen islamischen Feiertagen, dem Opferfest Kurban Bayramı und dem Zuckerfest Ramazan Bayramı zum Ende des Fastenmonats Ramadan, abtrünnig sind.

Wie damit umzugehen ist, darüber sind sich auch die zuständigen Gewalten im deutschen Staat herzlich uneins – eine offizielle Regelung zum Verhältnis der nach dem Grundgesetz garantierten Religionsfreiheit und der Feiertage von Glaubensanhängern nicht-christlicher Religionen gibt es damals so wenig wie heute. Empfehlungen wie die, »auf die Feiertage Andersgläubiger Rücksicht zu nehmen«, die 1965 die bayerische Landesregierung an die Arbeitgeber richtete, nützen im Streitfall allerdings nichts. Mehrfach erklären deutsche Gerichte die Entlassung türkischer Arbeitnehmerinnen und Arbeitnehmer, die an den islamischen Feiertagen nicht zur Arbeit erscheinen, für rechtmäßig. So urteilt das Düsseldorfer Landgericht 1964, ein Türke, der gekündigt worden war, hätte wissen müssen, dass im »fast ausnahmslos christlichen Westeuropa das islamische Religionsfest Kurban Beyram nicht gefeiert wird und damit normalerweise auch keine Arbeitsruhe herrscht«.

Selahattin Akyüz hält es zunächst nicht lange in Berlin. Nach sieben Monaten erklärt er seinem Arbeitgeber: Ich habe Sehnsucht nach meiner Familie. Ich fliege nach Hause. Der Chef der Baufirma ist konsterniert; am Ende kümmert er sich aber sogar um ein Flugticket. Für 15 Tage darf der Familienvater in seine Heimat. Als er wieder in Berlin ist, übermannt ihn das Heimweh erneut und lässt ihn nicht wieder los. Noch bevor sein Vertrag nach eineinhalb Jahren erfüllt ist, packt er seine Sachen und geht – zurück nach Istanbul.

Dort wieder Fuß zu fassen erweist sich allerdings schwieriger als gedacht. Selahattin Akyüz hatte die Türkei als angesehener Mann verlassen – und nun, bei seiner Rückkehr, behandelten ihn seine alten Kollegen wie einen Abtrünnigen. Monatelang versucht er, sich in seiner Heimat wieder etwas aufzubauen. Vergeblich. Am Ende kommt er zu der Einsicht: Es hilft nichts, wir müssen alle nach Deutschland. Mit seiner noch gültigen Aufenthaltserlaubnis fliegt er zunächst allein nach Berlin. Tatsächlich findet er eine Baufirma, die seine Bedingung »Ich komme – aber nur mit meiner Familie« akzeptiert.

Fortan lebt die Familie Akyüz mit den zwei kleinen Töchtern, die gerade noch im Vorschulalter sind, in einer Eineinhalbzimmerwohnung in Kreuzberg mit Blick auf die Berliner Mauer. Kreuzberg ist 1972 noch längst nicht so türkisch geprägt wie heute. Die Familie Akyüz wohnt inmitten deutscher Nachbarn. In einem Straßenbaumeister, der vor dem Haus, in dem die Akyüz wohnen, auf einer Baustelle arbeitet, findet die ganze Familie einen Freund. Wenn er Pause hat, führt er die Mädchen in ihrer neuen Heimat spazieren und erklärt ihnen das neue Zuhause. Und als Selahattin Akyüz eines Tages Besuch von der Polizei bekommt, ist der Straßenbaumeister auch zur Stelle.

» Dass wir kein Schweinefleisch essen, hatten die Deutschen schnell mitbekommen. Aber das ist ja nicht alles. Unser Fleisch muss ›halal‹ sein. Das bedeutet, es muss von Tieren stammen, die nach islamischem Ritual geschlachtet wurden. Ganz wichtig ist, dass die Tiere vor dem Schlachten nicht betäubt wurden. Wir nennen das Schächten. Sich daran zu halten, war für die Gastarbeiter natürlich kompliziert, für viele war es auch zu kompliziert. Ich habe allerdings von Anfang an versucht, nur geschächtetes Fleisch zu essen. Und weil es das in Deutschland praktisch nicht gab, haben wir es eben selber gemacht. Am Wochenende zogen wir in den Spandauer Forst oder an andere ungestörte Orte und haben unsere Schafe geschlachtet.

Einmal hatte ich für das Opferfest eine kleine Ziege gekauft. Ein halbes Jahr hatte ich sie in der leer stehenden Fabrikhalle unter unserer Wohnung gehalten; dann war sie groß genug. Zum Ausbluten habe ich sie an ein Kreuz gehängt, das ich unten in der Halle gebaut hatte. Ich habe mir gar nichts dabei gedacht. Aber die Nachbarn, die das durch die Fenster gesehen haben – die haben sofort die Polizei gerufen. Als die dann kam, habe ich mich natürlich sofort entschuldigt und gesagt, dass das nie wieder vorkommt und dass ich es nicht besser wusste. Ob sie mir geglaubt haben, weiß ich nicht. Aber zu meinem Glück kam ausgerechnet in dem Moment der Meister, der Freund meiner Kinder, vorbei, und legte ein gutes Wort für mich ein. Das hat mir damals sehr geholfen. Zum Dank habe ich ihm einen Schenkel von der Ziege abgegeben. Aber ich habe ihm auch mehrmals dazu gesagt: Das ist Fleisch für den Herrn. Iss es, alleine oder mit Freunden – aber trinke kein Bier dazu! Und den Schenkel bringst du am Ende zurück. Das hat er dann auch gemacht. «

Das Opferfest Kurban Bayramı ist für die Muslime auch der erste Anlass für die Suche nach eigenen Gebetsräumen. Kurz nach Selahattin Akyüz' Rückkehr nach Deutschland gelingt es ihm und seinen Kollegen erstmals, das türkische Konsulat in die Bemühungen um solche Räumlichkeiten einzuschalten. Die türkische Regierung mietet in der ersten Hälfte der 70er-Jahre für die hohen muslimischen Feiertage Veranstaltungsorte in Berlin an, so auf dem Gelände der »Neuen Welt« an der Hasenheide im Berliner Bezirk Neukölln, wo seit den 60er-Jahren Rock-Größen, von Jimi Hendrix bis Elvis Costello, auftraten. Vielleicht weil Berlin noch nie eine besonders religiöse Stadt war, spielen die Kirchen bei der Etablierung des muslimischen Glaubens eine eher untergeordnete Rolle. Anderswo ist das ganz anders – etwa in Köln, wo 1965 zum Ende des Ramadan die Muslime in Scharen ihre Gebetsteppiche in das Allerheiligste der Stadt tragen dürfen.

» Der Kölner Dom hat seine Pforten für die Ford-Mitarbeiter geöffnet! Das haben wir sogar in Berlin gehört. Das hat uns sehr beeindruckt. Andererseits haben wir am Anfang sogar Kirchensteuer bezahlt – so lange, bis die Ersten von uns einmal genauer auf ihre Abrechnung guckten und fragten: Was ist denn das für ein Betrag, der da abgebucht wird? Dann hat man uns daraus entlassen; offenbar hatte sich darüber zuvor kein Mensch Gedanken gemacht. Wir hatten also gewissermaßen sogar ein Recht, in der Kirche zu beten.

Ungewöhnliche Orte fürs Gebet: muslimische Gläubige in einer alten Berufsschule, 1962.

Als wir uns für unsere Feste Räume erkämpft hatten, stellte sich aber natürlich schnell die Frage: Wie geht es weiter? Denn eigentlich reichte uns das nicht; auch wir Muslime haben ja einen Feiertag, an dem wir gemeinsam beten: den Freitag. Laut dem Koran ist das freitägliche Mittagsgebet – so wie der Kirchgang der Christen am Sonntag – ein Festgebet. Männer haben die Pflicht, es gemeinsam zu verrichten. Bei Frauen ist das anders: Sie dürfen kommen, sie müssen aber nicht. Dafür gibt es viele Gründe: Ihre häuslichen Pflichten, die Kinder, die sie von einem öffentlichen Gebet abhalten können. Dass Frauen nicht kommen müssen, hat aber auch etwas mit ihrem Schutz zu tun. Es ist ja sehr voll in den Moscheen; man will die Frauen auch dem großen Gedränge nicht so aussetzen. Und organisatorisch brauchen sie, wenn sie beten, einen eigenen Raum, oder jedenfalls eine abgetrennte Ecke. Die Konzentration soll sich schließlich ganz auf das Gebet richten – und nicht auf das andere Geschlecht.

Den ersten Raum für das Freitagsgebet habe ich zusammen mit Kollegen im heutigen Kongresszentrum ICC eingerichtet. Wir haben das damals gebaut, und Platz genug war ja da. Also haben wir uns in Absprache mit unserem Chef einen Raum im Keller, der ja wie das ganze Gebäude noch leerstand, provisorisch als Gebetsraum eingerichtet. Im Gegenzug für das Gebet haben wir freitags dann immer eine Stunde länger gearbeitet. Zur gleichen Zeit haben wir auch versucht, mit dem türkischen Konsulat eine Dauerlösung zu verhandeln. Wir hatten herausbekommen, dass ein riesiges brachliegendes Gelände neben dem Flughafen Tempelhof der Türkei gehört! Im 19. Jahrhundert hatte der Preußenkönig es den Osmanen geschenkt, damit die dort ihre Diplomaten und Würdenträger beerdigen konnten. Ausfliegen konnte man Tote ja damals noch nicht. Mehrere tausend Quadratmeter groß war das Gelände, und nur ein paar Gräber standen dort! Schließlich bekamen wir die Erlaubnis, es zu bebauen. Über Wochen haben wir uns nach Feierabend und am Wochenende dort getroffen und aus Holz unsere erste kleine Moschee gezimmert. 1975 oder 1976 muss das gewesen sein – also zu einer Zeit, als immer mehr Türken nach Berlin zogen. Die einen holten ihre Familien aus der Türkei nach, andere kamen aus Westdeutschland, wegen der Berlin-Zulage. Sie wissen ja: Türken ziehen immer dem Geld nach!

Mit dem Moscheebau haben wir uns richtig verschätzt: Als wir die Moschee endlich eröffnen konnten, war sie viel zu klein. Also haben wir sie wieder abgerissen und neu gebaut. Die einzige richtige Moschee, die es in Berlin vorher gegeben hatte, schon seit den Zwanzigerjahren, wurde von einer pakistanischen Gemeinde unterhalten. Da fühlten viele Türken sich doch sehr fremd, also kamen sie alle zu uns. So viele waren wir auf einmal, dass schnell klar war: Mit Behelfslösungen kommen wir auf Dauer nicht weiter. Wir brauchten auch jemanden, der den Betrieb unserer Moschee und der anderswo entstehenden Gebetsräume organisierte – und vor allem brauchten wir Vorbeter. Die wenigen, die es damals gab, kamen alle aus arabischen Ländern. Also sind wir wieder zum Konsulat gegangen und haben gesagt: Nun brauchen wir auch Imame. **«**

1982 eröffnet die Türkisch-Islamische Union der Anstalt für Religion (DITIB) in Berlin ihr erstes Büro. Bereits zwei Jahre später wird ihre Bundeszentrale in Köln gegründet. Heute ist die DITIB der mit Abstand größte Träger islamischer Gebetsräume – rund 800 Moscheegemeinden unterhält sie bundesweit. Formal ist die DITIB ein eingetragener deutscher Verein – allerdings mit enger Anbindung an das Amt für Religiöse Angelegenheiten in der Türkei (Diyanet). Dieses Amt, das wie die türkische Regierung seinen Sitz in Ankara hat, trägt auch die Kosten für die – nach dem offiziellen türkischen Islamverständnis ausgebildeten – Imame. In der Türkei geschult, werden sie für jeweils drei bis fünf Jahre von Ankara aus nach Deutschland entsandt. Dass sie in aller Regel kein Deutsch sprechen und bestenfalls für ein paar Monate auf die deutsche Gesellschaft vorbereitet wurden, ist einer der wesentlichsten Kritikpunkte an der Entsendepolitik der Türkei. Andererseits zählt die DITIB auch zu den wichtigsten Ansprechpartnern der deutschen Regierung in Fragen des Islam in Deutschland.

Seit 2005 ist die DITIB Trägerin der größten Moschee Berlins – die genau auf dem Gelände eines türkischen Friedhofs errichtet wurde, auf dem Selahattin Akyüz einst den ersten Gebetsraum aus Holz zimmerte. Ein prachtvoller Bau im osmanischen Stil, mit zwei Minaretten, einem beeindruckenden Vorplatz, Café und Devotionalienhandel – und den Gräbern der einstigen osmanischen Diplomaten, um die sich das weitläufige Gelände mit Platz für mehr als tausend Gläubige schließt. Die nach dem Friedhof benannte Şehitlik-Moschee ist der beste Beweis dafür, dass die inzwischen mehr als 200 000 Muslime in der Stadt nicht mehr auf Räume in Hinterhöfen, Garagen und Kellergeschossen angewiesen sind. Und dafür, dass mindestens Teile der deutschen Gesellschaft durchaus daran interessiert sind, wie ein islamisches Gotteshaus strukturiert ist: Bis zu dreimal täglich führen ehrenamtliche Helfer Interessierte, von der Schulklasse bis zur Seniorenunion, durch die Moschee.

Türkischer Fußball in Berlin: Selahattin Akyüz (4. v. l.) bei einer Vereinssitzung von »Trabzonspor Berlin«.

Wenn seine Zeit es zulässt, hilft auch Selahattin Akyüz zuweilen noch aus – außer als Muslim ist er auch noch als Fußballfunktionär aktiv. So hat er den Neuköllner Verein »Trabzonspor Berlin« gegründet – gleichsam ein Ableger des türkischen Erstligavereins »Trabzonspor« in seiner Heimatstadt. Und er ist ein Großvater, wie man sich ihn nur wünschen kann: So kümmert er sich, wann immer er kann, um seinen Enkel Selcuk, dessen Vater in jungen Jahren verstarb. Der Elfjährige hat sogar ein Zimmer beim Opa in der Wohnung – und er hat, wie sich herausstellt, sogar schon eine Vorstellung, wie der Großvater nach Berlin gekommen ist: »Mein Opa hat hier die Stadt gebaut. Und dann ist er geblieben. Und dann kam irgendwann ich.«

Als Selcuk dann da war, sorgte er dafür, dass sein Großvater doch noch mal in einer Kirche betete – das war, als der Kleine mit seinem evangelischen Kindergarten in Neukölln ein Theaterstück aufführte, in dem er das Jesuskind spielte. Auf diese Weise entwickelte sich, im angeblich so »parallelweltlichen« Neukölln, ein regelrechter Austausch zwischen Kirche und Moschee: Nur wenige Wochen später erschienen die Mitarbeiter der evangelischen Gemeinde in der Sehitlik-Moschee, um mit Selahattin Akyüz zu beten. Der Enkel freut sich, wenn er die Geschichte heute noch einmal hört, immer noch sichtlich, was sein kleiner Auftritt alles bewirkt hat. Und der Großvater denkt noch einmal darüber nach, wie das eigentlich kam – dass er noch als Rentner in Kreuzberg sitzt und sich schon wegen eines kleinen Jungen gar nicht mehr vorstellen kann, zurück in die Türkei zu gehen.

» Dass wir für immer bleiben, nein, das hätte ich nie gedacht. Mitte der 70er-Jahre habe ich sogar die Kinder in die Türkei zurückgeschickt. Ich wollte nicht, dass sie ihre Sprache und den Anschluss an ihre Heimat verlieren. Aber dann haben sie in Istanbul die deutschen Schulzeugnisse nicht anerkannt. Die beiden größeren Töchter hätten in der Türkei mindestens ein Jahr wiederholen müssen. Das wollten wir natürlich nicht; da haben wir sie gleich wieder nach Berlin geholt. Nur die Jüngste, die gerade erst zur Welt gekommen war, ließen wir in der Türkei bei ihrer Großmutter.

Wir dachten damals, das tut ihr gut – sie war die Einzige von den drei Mädchen, die in Berlin geboren wurde. Wir wollten nicht, dass sie sich der Heimat ganz entfremdet. Leider hat sie uns das immer übel genommen. Gesagt hat sie nie etwas. Aber als sie erwachsen und verheiratet war, stellte sie sich vor mich hin und sagte: ›Papa, ich bin sauer. Die anderen durften hierbleiben. Nur mich hast du in die Türkei geschickt.‹ Aber meine Frau war auch selten zu Haus. Sie hat als Krankenschwester in Neukölln im Krankenhaus gearbeitet. Wir konnten ein bisschen Entlastung ganz gut gebrauchen.

Als meine Frau anfing zu arbeiten, trug sie noch ein Kopftuch. Aber damit war sie die Einzige, das kam ihr komisch vor. Sie hat es dann abgesetzt. Mir persönlich war das immer egal: Meine Töchter haben nie ein Kopftuch getragen; hätten sie es getan, hätte ich das aber genauso akzeptiert. Ich finde das eine so in Ordnung wie das andere. Was ich allerdings gar nicht in Ordnung finde, ist, wie sich vor allem manche arabische Mädchen inzwischen verkleiden: Mit Kopftuch und langem Mantel ins Schwimmbad – das geht nun wirklich nicht!

Ob wir Muslime in den vergangenen Jahren religiöser geworden sind? Das kann schon sein. Ich glaube aber, es gibt einen ganz einfachen Grund dafür. Als wir nach Deutschland kamen, wussten viele von uns gar nicht viel über unsere Religion. In einem Land, in dem es den allermeisten tagtäglich nur ums Überleben ging, standen immer andere Sachen im Vordergrund. Und man darf ja auch nicht vergessen, dass viele in der Türkei gar nicht lesen und schreiben konnten. Dass Atatürk in den Zwanzigerjahren die arabische durch die lateinische Schrift ersetzt hat, hat mindestens zwei Generationen zu Analphabeten gemacht. In Deutschland aber hatten wir plötzlich mehr Zeit, um uns mit dem Koran zu beschäftigen. Wir haben hart gearbeitet – aber doch immer noch weniger als zu Hause. Und diejenigen, die nicht gut lesen konnten, hatten Kinder, die ihnen vorlesen konnten. So haben ganze Familien sich unsere heiligen Schriften häufig zusammen erarbeitet. Dass es deswegen Streit gibt, habe ich aber, ganz ehrlich, früher längst nicht so erlebt wie heute. Manchmal denke ich auch: Die Türken und die Deutschen waren sich früher einfach ähnlicher. Auch die Deutschen waren religiöser, sie waren häufiger einfache Arbeiter, sie hatten mehr Kinder. Vielleicht habt ihr euch einfach mehr verändert als wir. **«**

Jeannette Goddar

kölner zoo 1982

»In der Türkei sind wir die Deutschen«

Aus Leverkusen ins Mediterrane:
das Ehepaar Suzan und Tevfik Bilge

Tevfik Bilge kommt 1970 als Maschinenschlosser nach Köln. Ein Jahr später holt er seine Frau Suzan nach, die als Krankenschwester in Deutschland arbeiten wird. Als die Ärzte Tevfik Bilge 25 Jahre später empfehlen, sich wegen seines schweren Asthmas möglichst viel im mediterranen Klima aufzuhalten, beschließt das Ehepaar, die meiste Zeit des Jahres am Golf von Edremit im Westen der Türkei zu verbringen.

Die Feriensiedlung ist riesig. Sie erstreckt sich über einen Hang am Meer. Wenn man, wie wir, zum Mittagessen ganz oben auf dem Hügel verabredet ist, ist es ratsam, mit dem Auto zu fahren. Tevfik und Suzan Bilge haben beschlossen, uns die schönste Aussicht ihrer Wohnanlage zu zeigen, während sie uns aus ihrem Leben erzählen. Mein Mann Thomas begleitet mich und richtet sich auf der Fahrt schon mal darauf ein, einem stundenlangen Gespräch auf Türkisch beizuwohnen, aus dem er nur grob die Gesprächsthemen erahnen wird. Nach fast zwei Jahrzehnten in der Türkei ist er an solche Situationen gewöhnt. Aber dann kommt es anders.

Der Ort Karaağaç – wörtlich übersetzt »der schwarze Baum« – liegt im Westen der Türkei in einer der schönsten Küstenlandschaften, die ich bisher in der Türkei gesehen habe. Hier leben Suzan und Tevfik Bilge. Dass die deutschen Gäste, die sich kurzfristig zu einem Interview angekündigt haben, aus Istanbul anreisen, hätten sie nicht erwartet. Vor allem konnten sie sich nicht vorstellen, dass wir – ähnlich wie sie selbst vor etwas mehr als dreißig Jahren – als Arbeitsmigranten unser Land verließen. Wir finden schnell Schnittmengen, etwa die Sprachproblematik. Das Ehepaar Bilge kam mit nur sehr geringen Deutschkenntnissen in Köln an; und auch wir begegneten in Istanbul einem Meer aus Wörtern, das wir nicht verstanden und von dem wir lange auch nicht hoffen konnten,

---

Mit Tochter Gonca im Kölner Zoo: Suzan und Tevfik Bilge.

jemals sicher in ihm schwimmen zu können. »Ich habe diese Sprache nie vernünftig gelernt«, seufzt Tevfik Bilge – in reinstem Hochdeutsch. Als deutsche Istanbulerin kann ich den Satz gut nachvollziehen. Tevfik Bilges Deutsch ist sehr gut, aber es hat ihn viel Mühe gekostet, die Sprache zu lernen. Hinzu kommt die Angst, es im Alter in der Türkei wieder zu verlernen.

Deutsche Parallelwelten in der Türkei

Seit 16 Jahren lebt der 72-Jährige den größten Teil des Jahres am Golf von Edremit. Den Blick auf azurblaues Wasser gerichtet, denkt er über seinen Kampf mit der deutschen Sprache nach. »Ich hatte nie die Zeit, Deutsch wirklich zu lernen. Ich habe immer gearbeitet.« Weitere fehlerfreie Sätze. Im Laufe des Tages werde ich noch viele davon hören – und mich gleichzeitig kaum trauen, mein zwar passables, aber vielleicht trotzdem nicht immer fehlerfreies Istanbuler Türkisch über die Lippen zu bringen.

Als Studentin hatte ich Anfang der 90er-Jahre Zeit, mich ausgiebig mit der türkischen Sprache zu beschäftigen. Seitdem lösen meine türkischen Sprachkenntnisse in meinem türkischen Umfeld in Istanbul Lobeshymnen und Ermunterung aus. An der Universität Istanbul standen mir die besten Lehrer zur Verfügung, die mit Hingabe einem bunt zusammengewürfelten Haufen ausländischer Studenten und anderen Interessierten die schwierige Grammatik des Türkischen vermittelten. Ein großes Privileg, da kann man schon einiges erwarten. Aber genauso groß ist seitdem meine Angst, den hohen Ansprüchen nicht zu genügen. Mein Mann dagegen ist das beste Beispiel sprachlicher Nichtintegration; bestens beheimatet in einer Parallelwelt der internationalen »Expats«, die Englisch und sogar Deutsch zu den allgemeinen Verkehrssprachen erklären. Ähnlich wie Tevfik Bilge hatte mein Mann nicht den Luxus, monatelang Sprachkurse zu besuchen. Er unterrichtete an einer türkischen Universität – auf Englisch. Sein Umfeld war englischsprachig. Das Türkische beherrscht er bis heute nur bruchstückhaft. Die Grammatik hat er nie gelernt.

Fließend Türkisch sprechende Deutsche sind eine Seltenheit, auch in Istanbul. Deutsch sprechende Türken inzwischen nicht mehr, weder in Deutschland noch in der Türkei. Geschimpft wird meist aber nur über die mangelnden Deutschkenntnisse der Türken. Und so begleitet mich ein schlechtes Gewissen bei unserem – auf Deutsch geführten – Gespräch mit dem Ehepaar Bilge. Dabei kämen die beiden überhaupt nicht auf die Idee, unsere Situation zu vergleichen.

Am Golf von Edremit verbringt die Familie Bilge seit 30 Jahren den Sommer.

Zu den wenigen Sätzen, die Tevfik Bilge auf Türkisch sagt, gehört die Frage, wie es mit Thomas und seinem Verhältnis zum Knoblauch aussehe. »Er liebt Knoblauch!«, sage ich wahrheitsgemäß, was sichtliche Freude bei unseren Gastgebern auslöst. Denn es wird Mantı geben: köstliche Teigtaschen, die vor allem in der Variante, wie man sie in Kayseri isst – als »Kayseri Mantı«, mit scharf gewürztem Hackfleisch gefüllt –, am besten mit Knoblauchjoghurt und Buttersoße schmecken. Als Fans der türkischen Küche streuen wir scharfe Paprikaflocken und Sumak darüber. Was Sumak ist, weiß ich nach 18 Jahren Türkei immer noch nicht genau: ein violettfarbenes Gewürzpuder, das den Geschmack des Gerichtes kaum beeinflusst. Es sieht einfach toll aus auf dem weißen Joghurt zu den roten Flocken.

Deutsche – Kuttelsuppe – Nostalgie

Die Sonne strahlt hell, das Meer in der Edremit-Bucht ist von so leuchtendem Blau, dass es gut tut, ein paar einzelne Fischerboote darauf zu sehen. Unser Blick von der Anhöhe des Feriendorfes herab wird nur von einer großen, alten Zeder begrenzt, die neben unserem Mantı-Restaurant steht. »Das ist die Zeder des Gouverneurs«, erzählt Tevfik Bilge. Der junge ambitionierte Gouverneur von Edremit habe 1968 unter dieser Zeder gesessen und geträumt, dass an diesem paradiesischen Platz ein Erholungsort entstehen würde: Ein Musterdorf aus höchstens zweistöckigen, der Architektur der typischen Mittelmeer-Häuser angepassten Ferienbehausungen. Von Pistazien-, Oliven-, Zitronen-, Orangen- und Aprikosenbäumen umstandene, im Inneren weiß gefliete, mit hübschen Küchen und funktionalen Bädern ausgestattete Schmuckstücke für den Sommer. Denn das »Yazlık«, das Sommerhaus, ist gerade für viele Großstädter in der Türkei die Erweiterung des üblichen Wohnkomforts. In Istanbul und Ankara sind die Wintermonate kalt und feucht, der Frühling und der Herbst sind mild und schön. Der Sommer ist heiß und manchmal drückend. Wer kann, fährt ab Juni ins Sommerhaus. Die Türkei bietet grandiose Möglichkeiten, was die Standorte betrifft – dazu gehört der Golf von Edremit. Nördlich von Izmir gelegen, der drittgrößten und mediterransten Metropole der Türkei, ist er ein wunderschönes Fleckchen Erde mit einem sehr sauberen Küstenstreifen.

»Wir haben ein Freiluftkino, eine Ambulanz mit einem Arzt und einer Krankenschwester, sechs Strandrestaurants, eine eigene Feuerwehr, eine Disco und drei Suppenküchen«, erzählt Suzan Bilge strahlend. »Ja, ja – Suppe für die Deutschen«, fügt ihr Mann seufzend hinzu. »Die Deutschen kommen her, schlagen sich in der Disco die Nacht um die Ohren und essen in den frühen Morgenstunden aus Nostalgie Kuttelsuppe, bevor sie in ihre Betten fallen.« Deutsche – Kuttelsuppe – Nostalgie? Es dauert einen Moment, bevor wir begreifen, dass die beiden von ihren Kindern sprechen, die gelegentlich zu Besuch kommen. Sohn Galip wurde 1973 in Köln, Tochter Gonca 1978 in Leverkusen geboren. Mit Stolz und Liebe zeigen sie uns ein Foto von der dreijährigen Meran Aylin, dem ersten Enkelkind, der Tochter von Galip und seiner deutschen Frau Inke.

Über meine Frage, ob die deutsche Schwiegertochter denn Türkisch gelernt habe, wundert sich Tevfik Bilge. »Von wem denn? Galips und Goncas erste Sprache ist Deutsch.« Bedauern schwingt in seiner Stimme mit – und löst sich in einer der Anekdoten auf, die er in großer Zahl mühelos aus dem Hut zaubert: »Mein Neffe Emre kam eines Tages nach einer Uni-Prüfung zu uns zu Besuch. Unser Galip stand aufgeregt auf dem Balkon und brüllte auf Türkisch zu ihm nach unten: ›Hast Du ihn hochgekriegt?‹ Er meinte natürlich: ›Hast du die Prüfung bestanden?‹ Er hat nur das falsche Verb benutzt, im Türkischen sagt man das eben so. Wir sind fast vom Sofa gefallen.«

Die Verben im Türkischen haben in der Regel nicht nur eine, sondern mehrere Bedeutungen, und natürlich längst nicht immer die gleichen wie im Deutschen. Die Feinheiten der türkischen Sprache lassen sich fast nie wörtlich aus dem Deutschen übersetzen. – »Wo hat Edirne sich hingelegt?«, habe der kleine Galip eines Tages gefragt, um zu erfahren, wo auf der Landkarte die Stadt Edirne zu finden sei. Tevfik Bilge gluckst vergnügt, als er sich daran erinnert. »Aber was redest du denn?«, habe Tevfiks

Neffe Emre geantwortet. »Ist Edirne etwa ein Ochse, so wie du, der sich hinlegen kann?«

»In der Türkei bekommt man Eis und Cola umsonst«

Schon seit 1981 nutzte die Familie Bilge im Sommer jede Chance, Leverkusen zu entfliehen und verbrachte ihre wohl verdienten Ferien am Golf von Edremit. Die Erinnerung an einen der ersten Sommer in der Türkei mit den Kindern Galip und Gonca treibt Tevfik Bilge Lachtränen in die Augen. Mit strahlenden Augen habe der kleine Galip festgestellt: »In der Türkei ist es wunderschön, da bekommt man Eis und Cola umsonst.« Tevfik Bilge hatte, nach ortsüblicher Art, den Kioskbesitzer am Strand gebeten, seinem Sohn alles zu geben, was er haben wollte, die Rechnung würde er, der Vater, am Ende des Sommers bezahlen. »Ich fürchte, er glaubt bis heute an den guten, spendablen Onkel am Strand«, schließt Tevfik Bilge seine Schilderung.

Vor den Billigflügen war das Auto: Familie Bilge auf einer Ferienreise in die Türkei.

Galip ist 22, seine Schwester Gonca 17, als ihr Vater Mitte der 90er-Jahre gesundheitliche Probleme bekommt und es ihm zunehmend schlechter geht. Immer wieder leidet er an einer schweren Bronchitis, die vor dem Hintergrund einer bereits vorhandenen Asthmaerkrankung lebensbedrohlich ist. Ein Lungenspezialist in Leverkusen rät ihm 1995, sich möglichst häufig in mildem Mittelmeerklima aufzuhalten. Das könne sein Leben verlängern. In Leverkusen hätte er das Rentenalter womöglich nicht mehr erreicht. Von seiner Arbeit als Maschinenschlosser bei der Bayer AG lässt Tevfik Bilge sich zunächst beurlauben und geht 1999 im Alter von 61 Jahren in den vorzeitigen Ruhestand. Seine Frau Suzan ist vier Jahre jünger als er. Nach fast 30 Jahren als Krankenschwester – erst im Klinikum der Universität zu Köln, zuletzt im OP der neurochirurgischen Abteilung einer Leverkusener Klinik – ist auch sie bereit, sich vom Berufsleben zu verabschieden. »Bei Aneurysmata- und Tumor-Operationen braucht man sehr gute Nerven«, sagt sie. Das überlässt sie von nun an lieber Jüngeren.

Als sie in Rente gehen, besitzen die beiden bereits eine Wohnung in Izmir und eine weitere in Karaağaç, am Golf von Edremit. Fortan verbringen sie acht Monate im Jahr am Meer, zwei Monate in Izmir und zwei Monate in Leverkusen bei den Kindern und ihrem Enkelkind. Mittlerweile kann Tevfik Bilge wieder ohne Sauerstoffgerät und Inhalator leben. Seine Genesung habe er der warmen, jodhaltigen und sauerstoffreichen Luft an der türkischen Küste zu verdanken, sagt er mit Überzeugung. Und freut sich, hier ein neues Leben zu begonnen zu haben. Das hatte er schon einmal getan, im Alter von 32 Jahren, als er beschloss, nach Deutschland zu gehen.

Karriere in der Türkei oder ein neues Leben in Deutschland

Aufgewachsen ist Tevfik Bilge, der Sohn eines Richters, im westanatolischen Kütahya und im zentralanatolischen Konya. Sein Vater war als junger Staatsdiener dorthin versetzt worden. Die Erziehung war streng, Respekt vor den Älteren eine der wichtigsten Leitlinien. Die Normen und Verhaltensregeln der türkischen Gesellschaft prägen in Tevfik Bilges Kindheit auch sehr stark das Leben seiner Familie. So wie Angeklagte und Zeugen bei Gericht die Beine nicht übereinanderschlagen dürfen – es wäre eine Respektlosigkeit gegenüber der Jurisprudenz –, hätte auch Tevfik Bilge im Haus seines Vaters niemals mit lässig übereinandergeschlagenen Beinen bei den Erwachsenen gesessen, oder gar in ihrer Gegenwart geraucht.

Nach Abschluss des technischen Gymnasiums in Konya studiert Tevfik an einer Fachhochschule in Istanbul Maschinenbau und lernt dort auch seine erste Frau kennen. Sie bekommen zwei Kinder, doch die Beziehung geht schon bald darauf in die Brüche. Fünf Jahre nach der Hochzeit reichen sie die Scheidung ein. Der Scheidungswunsch wird allerdings vom Richter abgewiesen. In den 60er-Jahren hatten türkische Gerichte noch das Recht, eine solche Entscheidung zu treffen. Doch waren es in der Regel nicht die

Richter, die gegen die Trennung von Eheleuten Einspruch erhoben. Kurz vor der Anhörung hatte Tevfik Bilge seinen Vater, der den vorsitzenden Richter persönlich kannte, aus dem Gerichtssaal kommen sehen: Weil seine Enkelkinder noch sehr klein waren, verhinderte das Familienoberhaupt, dass die jungen Eltern sich trennten. Für Tevfik Bilge begann eine Zeit, die er als freudlos beschreibt, in der er sich oft eingesperrt gefühlt habe. Zehn Jahre später willigt sein Vater schließlich in die Scheidung ein. Kurze Zeit später bewirbt Tevfik Bilge sich für einen Arbeitsplatz in Deutschland. Zu seinen beiden Töchtern aus der ersten Ehe hat er bis heute guten Kontakt.

Es war nicht finanzielle Not, die ihn antrieb, nach Deutschland zu gehen. Der Maschinenbautechniker leitete damals in Ankara eine Zweigstelle des Alarko-Konzerns – bis heute ein großes, stabiles Unternehmen in der Türkei. Er sehnte sich nach Freiheit und Unabhängigkeit. Wenige Wochen später findet er sich bei der Firma Deutz in Köln wieder. In der Türkei hätte er Karriere machen können. In Deutschland konnte er ein neues Leben beginnen. Da sein Istanbuler Diplom in Deutschland nicht anerkannt wird, bleibt er bis zu seiner Rente Schlosser – erst bei Deutz, dann bei Ford und schließlich bei Bayer in Leverkusen. »Ich weiß noch, wie ich einen deutschen Kollegen dabei unterstützt habe, seine Meisterprüfung zu schaffen«, erinnert er sich mit einem lachenden und einem weinenden Auge. »Der verstand nicht viel von Mathematik und Physik.« Auf die Frage, warum er selbst nicht auch die Meisterprüfung abgelegt habe, antwortet er mit einer Gegenfrage: »Was für eine Ausbildung haben Sie?« – »Ich habe einen Magister in Politikwissenschaft«, erwidere ich. – »Und, hätten Sie Lust gehabt, in einem anderen Land das Abitur nachzumachen?« Nein, das hätte ich tatsächlich nicht. Wahrscheinlich würden die wenigsten die dazu nötige Energie und Motivation aufbringen.

Anfang 1971 lernt Tevfik Bilge seine jetzige Frau Suzan kennen. Sie ist damals mit der Ehefrau seines besten Kumpels İsmet befreundet, mit dem er nach der Trennung von seiner ersten Familie in Ankara eine Wohnung geteilt hatte. »İsmet, der Bastard« – so nennt er ihn bis heute. Zusammen haben sie geträumt, Zukunftspläne geschmiedet – und sind schließlich nach Deutschland gekommen. In die Augen des Rentners steigen Tränen. Er erwähnt den Spitznamen des immer zu Scherzen und allen Schandtaten aufgelegten Freundes mit viel Sehnsucht in der Stimme. Wie oft sind sie als junge Männer durch die Kölner Kneipen gezogen und haben Frauen den Kopf verdreht! »Das ist lange her«, sagt er. Heute liegt sein Freund in einem Leverkusener Krankenhaus im Sterben. »Bauchspeicheldrüsenkrebs. Es besteht keine Hoffnung mehr.«

İsmet, der 1970 zusammen mit seiner Frau nach Deutschland gegangen ist, erzählte dem damals frisch geschiedenen Tevfik Bilge von der

28-jährigen Suzan, die nach Absolvierung der Schwesternschule in Istanbul als OP-Schwester arbeitete und von einem Leben in Deutschland träumte. Tüchtig sei sie, und schön.

»Tevfik schrieb mir dann Briefe aus Deutschland«, lacht Suzan Bilge. »Mir! Einer Fremden!« Ihr Mann gibt sich empört über den charmanten Spott seiner Ehefrau: »Du hast dich doch in meine Briefe verliebt!« – »Es war eher die Fahrkarte nach Deutschland«, entgegnet Suzan schlagfertig. Beide lachen herzlich. Sechs Monate lang schrieben sie sich. Im Sommer 1971 haben sie in Eskişehir geheiratet.

Es hat auch bittere Erfahrungen gegeben

Suzan Bilge wuchs als Tochter eines Landwirtes in einem Dorf im Taurusgebirge mit Blick auf den Küstenort Mersin auf. Von hier zog sie als junges Mädchen nach Istanbul. Frisch vermählt reist sie 1971 zu ihrem Mann nach Köln. Die erste Wohnung der Bilges liegt im vierten Stock eines achtstöckigen Hochhauses in Köln-Stammheim. Die Gemeinschaftstoilette befindet sich auf dem Hausflur, ein Badezimmer gibt es nicht. So hatte sich vor allem Suzan Bilge Deutschland nicht vorgestellt. Täglich erwärmen sie Wasser auf dem Herd, um in einer Plastikwanne im Wohnzimmer zu baden. Tevfiks Frau schmunzelt nachdenklich. Schon lange hat sie nicht mehr an diese Zeiten gedacht, sie erscheinen ihr offenbar sehr fern. »Wir sind dann ganz oft mit den Kindern ins Schwimmbad gegangen, um zu duschen«, wirft sie ein. – Im Erdgeschoss des Hochhauses gab es einen Gemeinschaftswaschraum für alle Hausbewohner. »Da stand morgens, wenn ich in aller Frühe zur Arbeit ging, immer schon eine ältere Dame mit nacktem Oberkörper und wusch und schrubbte sich mit dem eiskalten Wasser«, erinnert sich Tevfik Bilge kopfschüttelnd. »Ich habe nie verstanden, warum sie um diese Zeit schon da war und was diese Eisdusche zu bedeuten hatte.«

Beide haben immer viel gearbeitet und sind dabei nie auf größere Probleme gestoßen. Tevfik Bilge sagt, es habe ihm nie etwas ausgemacht, trotz seiner höheren Qualifikation nur als einfacher Arbeiter eingesetzt zu werden. Er mochte seine Arbeitskollegen. Ein spanischer Kollege habe ihm immer spanischen Cognac mitgebracht. Dem Spanier habe er im Gegenzug türkischen Anisschnaps, Rakı, geschenkt. Aber auch bittere Erfahrungen hat es im Leben der Familie gegeben. Am schlimmsten sei die Gewalt gewesen, die ihr Sohn Galip als kleiner türkischer Junge im deutschen Arbeitermilieu erleben musste. Einmal prügelten Jugendliche den Vierjährigen grün und blau, als er mit seinem Freund Markus Fahrrad fuhr. »Einfach so«, sagt Tevfik Bilge. »Die Burschen waren schon 18 oder 19, haben ihn ›Türken-Jungen‹ genannt und ihn ausgelacht.« Galip hatte sich vor Angst in die Hosen gemacht. Das Bild hat Tevfik Bilge in schmerzhafter Erinnerung behalten – auch weil er sich gewünscht hätte, dass die deutschen Behörden aktiv geworden wären. Die Staatsanwälte in Düsseldorf wollten allerdings keine Klage wegen mutwilliger Körperverletzung erheben. Galip sei noch zu klein, teilt man dem Vater mit, er könne die Täter nicht identifizieren. Dabei, so Tevfik Bilge, hatte der Vierjährige die älteren Jungs, die er aus der Nachbarschaft kannte, ganz klar erkannt und beschrieben.

In guter Gesellschaft: Suzan und Tevfik Bilge (l.) mit Freunden beim Abendessen.

Es war nicht das erste Mal, dass Galip Opfer ausländerfeindlicher Peiniger wurde. Bereits als Zweieinhalbjähriger hatte er im Hof des Mietshauses gespielt und versucht, durch die schwere Eisentür ins Haus zu gelangen. Als sein Vater in der Wohnung fünf Jugendliche im Alter von 15 bis 16 Jahren lachen und seinen kleinen Sohn vor Schmerz schreien hört, läuft er in wenigen Sekunden vom vierten Stock zum Hauseingang. Die Nachbarjungen hatten die Tür zugeklappt, als der kleine Junge hindurchzuschlüpfen versuchte. Dabei wurden die Finger des Kindes eingeklemmt. »Niemand half! Der Kleine hing mit blutenden Fingerchen in der Tür fest, und die Burschen lachten!« Tevfik Bilge schluchzt, als er sich an dieses Gefühl ohnmächtiger Wut erinnert. Die Eltern der Jugendlichen habe er nachher zur Rede gestellt. Sie waren ja Nachbarn, Arbeiter, wie er. »Sie haben sich natürlich entschuldigt, aber ich habe das nie vergessen. Kinder tun so etwas nicht, wenn im Elternhaus keine Ausländerfeindlichkeit geschürt wird.«

Die Themen Rassismus und Ausgrenzung beschäftigen die Bilges stark. Nicht zuletzt aufgrund ihrer eigenen Erfahrungen. »Ich glaube, dass in jeder Gesellschaft Rassismus unter der Türschwelle hervorquillt«, meint Tevfik Bilge, »in Deutschland genauso wie hier auch.« Aber die Frage nach der Identität ist bekanntlich komplex. »Ich bin Türke, weil ich hier geboren und aufgewachsen bin, aber wer weiß denn, ob ich nicht armenische oder kurdische Vorfahren habe? Im 21. Jahrhundert kann niemand seine Ursprünge klar definieren.« Seit Ende der 90er-Jahre besitzt Tevfik Bilge die deutsche Staatsbürgerschaft, seine Kinder ebenfalls. Nur Suzan hat den türkischen Pass behalten. »Jetzt muss meine deutsche Familie immer nach der Passkontrolle auf mich warten«, lacht sie.

»Heute können wir bequem von Izmir nach Köln fliegen«

Wir sitzen mittlerweile auf der Veranda vor dem Bungalow der Bilges, blicken auf das Meer und auf grüne Pistazienbäume. In dem Feriendorf »Möwe« leben im Sommer vor allem Anwälte, Ärzte, Geschäftsleute, pensionierte Staatsbeamte und Offiziere – ein Querschnitt der türkischen gehobenen Mittelschicht. Außer Tevfik und Suzan Bilge wohnt in der Siedlung nur ein weiteres deutsches Ehepaar, der Rentner Wilfried und seine Frau Marina. Die beiden deutschen Paare pflegen einen losen, aber herzlichen Kontakt. Anfang der 80er-Jahre war die »Möwe« eine eher kleine Siedlung, heute umfasst sie 600 Ferienhäuser. Im Laufe der Jahre kamen die Dörfer »Taube« mit 800 und »Schiffsanleger« mit 400 Wohneinheiten hinzu. Tevfik und Suzan Bilge fühlen sich hier wohl und freuen sich über die rapiden Entwicklungen in der türkischen Gesellschaft. Scheidungen sind zum Beispiel keine Schande mehr, und jedes Jahr verlässt eine halbe Million Absolventen die türkischen Universitäten. An den Golf von Edremit kommen vor allem inländische Touristen, in anderen Landesteilen floriert auch der internationale Tourismus.

Dass die Türkei sich lange Zeit nur sehr schleppend entwickelt hat, liegt in den Augen der Bilges an der jahrzehntelangen Vernachlässigung der Landbevölkerung, was schon in den 50er-Jahren immense Migrationswellen verursachte. »In Frankreich hat es eine Revolution von unten gegeben, in Kuba auch. Bei uns kam die Reform von oben und hat nicht alle erreicht«, erklärt Tevfik Bilge. So habe die Analphabetenrate bei der Republikgründung durch Atatürk 1923 noch 90 Prozent betragen.

Um Entwicklungsarbeit zu leisten, werden auch heute noch junge Lehrer, Ärzte und Mitarbeiter des öffentlichen Dienstes in ihren ersten Berufsjahren in die östlichen Provinzen des Landes geschickt. Tevfik Bilge war nach seinem Fachhochschulabschluss von 1962 bis 1964 Reserveoffizier und wurde ebenfalls als Lehrer im ostanatolischen Maraş eingesetzt. »Wenn ich über das Meer sprach oder über die Entstehung von Erdbeben, schauten mich die Kinder immer mit großen Augen an«, erzählt er. »Denn sie kannten nur den Mikrokosmos ihres Dorflebens. Da kam kein Meer drin vor.« Mittlerweile hat sich die Lage auch auf dem Land verändert. Die Analphabetenrate bei den Männern liegt bei 6 Prozent, bei den Frauen beträgt sie 18 Prozent. Das ist im europäischen Vergleich zwar hoch, aber für sich betrachtet ein Erfolg. Außerdem hat die Türkei 85 staatliche Hochschulen und 31 staatlich anerkannte private Stiftungsuniversitäten.

Dass heute schätzungsweise 40 000 Deutsche in Istanbul leben, wussten die Bilges nicht. Wenn sie darüber nachdenken, überrascht es sie aber auch nicht. »Wir haben ja eine lange gemeinsame Geschichte«, meint Tevfik Bilge. So sei das Waffenbündnis im Ersten Weltkrieg heute selbst den Menschen in den ländlichen Regionen der Türkei viel stärker in Erinnerung als den meisten in Deutschland. »Über Jahrzehnte hinweg haben Dorfbewohner in der Türkei Mauser-Gewehre in ihren Gärten vergraben, die sie von den Deutschen bekommen hatten!«

Ich möchte wissen, wie das Ehepaar die politische Situation in der Türkei einschätzt und muss über mein eigenes, immer noch vorhandenes Schablonendenken lachen. Denn als deutscher Staatsbürger wählt Tevfik Bilge natürlich in Deutschland, und zwar grün. Suzan hat bei den türkischen Parlamentswahlen in diesem Jahr keine Stimme abgegeben. Sie findet die türkische Politik aber stabil. Ihr Mann findet es nicht gut, dass die Alkoholsteuer so gestiegen ist. »Der Rakı kostet jetzt doppelt so viel wie früher.« Aber wichtiger ist beiden, dass die Infrastruktur und die Verkehrsverhältnisse sich deutlich verbessert haben. »Früher kamen wir uns bei der Anreise in die Türkei immer vor, als würden wir in eine andere Welt versetzt«, sagt Suzan. »Heute können wir bequem von Izmir nach Köln fliegen.« Das mildert auch ein wenig den Schmerz über die räumliche Entfernung zu den Kindern. Galip und Gonca haben erfolgreich Karriere gemacht. Galip, heute 38, arbeitet als Chemiker in einem Großbetrieb in Langenfeld bei Köln. Die 33-jährige Tochter Gonca hat in Köln Theater-, Film-, und Fernsehwissenschaft studiert und lebt zur Zeit in Paris.

Ob Suzan und Tevfik Bilge ihre Entscheidung, nach Deutschland zu gehen, manchmal bereut haben? Über die Antwort muss Suzan nicht lange nachdenken: »Ich würde sofort wieder nach Deutschland ziehen, wenn ich noch einmal in der gleichen Situation wäre.« In der Feriensiedlung heißen sie »Tevfik und Suzan, die Deutschen«. Als sie mir ihre Adresse aufschreiben, geben beide Leverkusen an.

Sabine Küper-Büsch

»Sehr geehrter Herr Bundeskanzler, in dem Buch wird auch die schlimme
Lage der türkischen Arbeiter geschildert, die illegal beschäftigt werden.
Welche konkreten Schritte könnte die Bundesregierung dagegen unternehmen?«
»Sie wissen, wir sind ganz entschieden gegen solche Praktiken.
Es ist eine unmenschliche Erfahrung. Ich kann es nicht akzeptieren. Aber zur Freiheit
eines Landes gehört auch die Freiheit, gegen die Gesetze zu verstoßen.«

Helmut Kohl in einem Interview mit Mehmet Ali Birand und Osman Okkan für den
türkischen Fernsehsender TRT, Bonn, Mai 1986

»Eigentlich müsste man darüber jedes Jahr ein Schwarzbuch veröffentlichen«

Osman Okkan über Günter Wallraffs Erfahrungen als türkischer Leiharbeiter Ali[*]

Es war Anfang der 80er-Jahre, als Günter Wallraff mir von seinem neuen Projekt erzählte: Er wollte als türkischer Gastarbeiter verkleidet in deutschen Fabriken arbeiten, um anschließend einen Film und ein Buch daraus zu machen. Ich selbst war mehrere Jahre in der Studentenbewegung aktiv gewesen und gehörte, wie viele meiner Freunde, der Achtundsechziger-Generation an. Ich kannte aber auch den Schichtbetrieb aus eigener Erfahrung, arbeitete seit meiner Studienzeit in Migrantenorganisationen und Gewerkschaften, vor allem im Ruhrgebiet, doch auch bundesweit.

Von Wallraff hatte ich vor unserem ersten Zusammentreffen schon das 1969 erschienene Buch »Unerwünschte Reportagen« gelesen, kannte mehrere seiner Fernsehbeiträge und die Berichte in der Gewerkschaftszeitung der IG Metall. Spätestens, nachdem er sich im Mai 1974 auf dem Athener Syntagma-Platz in einer Protestaktion gegen die griechische Militär-

---

Der Kölner Journalist Günter Wallraff in seiner Verkleidung als Gastarbeiter Ali.

[*] Der Journalist und Filmemacher Osman Okkan war bei Günter Wallraffs Projekt »Ganz unten« dessen »türkischer Vertrauensmann« und hat das Buch ins Türkische übertragen.

diktatur an einen Lichtmast anketten ließ und dafür ins Gefängnis ging, hatte sein Name sowohl bei meinen griechischen Freunden als auch bei mir einen sehr guten Klang. Bei der Aktion in Athen hatte er sich als Grieche ausgegeben und seine wahre Identität erst nach groben Misshandlungen durch die Sicherheitskräfte preisgegeben. Seine Erfahrungen während einer mehrmonatigen Einzelhaft veröffentlichte er ein Jahr später in dem Buch »Unser Faschismus nebenan. Griechenland gestern – ein Lehrstück für morgen«.

Ende der 70er-Jahre veröffentlichte Wallraff seine verdeckten Recherchen als Mitarbeiter bei der Bild-Zeitung. Für mich lag darin eine der ureigensten Aufgaben des Journalismus: die Medien und Mechanismen, die sich im Dienste des Populismus und höherer Auflagen als Manipulateure betätigen, zu entlarven. Kurz zuvor, 1976, war ich vom türkischen Geheimdienst zum »gefährlichsten Terroristen« erklärt und von der Regierung in Ankara ausgebürgert worden: Ich hatte für die WDR-Sendung »Monitor« über den Aufbau der nationalistischen türkischen Jugendorganisation »Graue Wölfe« in Deutschland berichtet. An der Regierung war auch die nationalistische Partei MHP beteiligt, der wiederum die Grauen Wölfe angehörten. Es lag also auf der Hand, dass die Themen und Methoden von Wallraff meine Mitstreiter und mich begeisterten und wir uns mit ihm solidarisierten.

Sein Äußeres anzupassen, war relativ einfach: Ein schwarzer Schnurrbart, eine schwarze Perücke und dunkle Kontaktlinsen genügten. Wallraff hatte zudem Übung darin, bestimmte Gesten und Bewegungen einzustudieren, das merkten wir sofort. Auch fanden sich türkische Freunde, die bereit waren, ihm eine Zeit lang ihre Dokumente zu überlassen: einen Pass und Arbeitszeugnisse. Im Betrieb trug Wallraff alias Ali eine Tasche bei sich, die fast acht Kilo wog, weil darin eine Kamera versteckt war: das Vorläufermodell zur Handy-Kamera sozusagen. Der Regisseur Jörg Grörer machte aus dem Material anschließend den gleichnamigen Film. Das Versteck hat erstaunlich geringe Probleme gemacht. Viel schwieriger war die innere Verwandlung. Ich war anfangs überrascht, wie schwer es Wallraff trotz seiner früheren Erfahrungen fiel, sich auf die Identität »Ali Levent« einzustellen. Später, bei den Dreharbeiten, war ich oft fasziniert, manchmal auch etwas erschrocken, wie tief er schon in die Rolle eingestiegen war.

Die größte Herausforderung aber war die Sprache. Günter Wallraff konnte nur wenige Worte Türkisch. Es bedurfte also einer halbwegs glaubwürdigen Legende: Als Kind einer griechischen Mutter und eines türkischen Vaters sei er in Griechenland aufgewachsen; deshalb spreche er kaum Türkisch. Das ließ sich vor dem Hintergrund der politischen Spannungen einigermaßen glaubhaft erklären. Etwas Griechisch konnte Wallraff noch aus der Schulzeit und aus seiner Zeit als politischer Gefangener im Griechenland der Militärdiktatur. Trotzdem grenzt es an ein Wunder, dass das nicht aufgeflogen ist. Mit seinen Arbeitskollegen sprach er in gebrochenem Deutsch, das in der bunt gemischten Gruppe nicht weiter auffiel.

Wallraff wusste natürlich, was ihn dort erwarten könnte. Jeder in Deutschland wusste damals – oder hätte wissen können –, wie es den Arbeitsmigranten in den Betrieben erging. Ziemlich genau ein Vierteljahrhundert später, im Juli 2011, bin ich bei Günter Wallraff in seiner Kölner Wohnung, um ihn zu fragen, wie er heute auf seine Erlebnisse von damals schaut.

》 Obwohl ich innerlich darauf eingestellt war, hat mich die Entwürdigung, die ich in den Betrieben erfahren habe, erschüttert. Damals waren die rassistischen Sprüche noch heftiger. Verächtliche Bemerkungen gab es haufenweise, eine offene rassistische Anmache. Auch Judenwitze, die man jetzt auf Türken übertrug. Dazu kam die Entrechtung. Wir als Türken hatten keine Möglichkeit, uns gegen die Ansagen des Vorarbeiters zu behaupten. Wenn es viel zu tun gab, waren immer wir es, die länger malochen mussten, manchmal bis zu 16 Stunden. Anfangs habe ich mich gewundert, dass sich niemand darüber beschwerte. Aber du wirst innerlich schnell ziemlich klein, wenn du keine Worte hast, mit denen du dich zur Wehr setzen kannst. Ich war anfangs zurückhaltend, weil ich nicht riskieren wollte, aufzufliegen. Die anderen waren es, weil sie nicht riskieren wollten, ihren Job zu verlieren.

Ich übertreibe nicht, wenn ich sage, dass die meisten meiner Kollegen psychisch angeschlagen waren. Nicht wenige hatten mit psychosomatischen Erkrankungen zu kämpfen: Magen- und Darmbeschwerden, Magenschleimhautentzündungen. Die haben sich das eben sehr zu Herzen genommen. Ehrlich gesagt, war mir auch manchmal ganz schön zum Heulen zumute. An anderen Tagen war ich einfach nur wütend. Aber ich konnte das natürlich viel besser abschütteln als meine Kollegen. Ich wusste ja, es würde alles bekannt gemacht werden. Also stand ich manchmal vor unserem Menschenhändler oder einem seiner Beauftragten und dachte: Wartet nur ab, das kriegt ihr alles zurück! 《

Als das Buch 1985 bei Kiepenheuer & Witsch erschien, kurz nach der Frankfurter Buchmesse, waren wir, obwohl wir immer an das Projekt geglaubt hatten, doch erstaunt über das Aufsehen, das es erregte. Fast alle Medien berichteten über das Buch, die erste Auflage war binnen weniger Tage vergriffen. Auch Günter Wallraff selbst war über den Erfolg überrascht. Vor allem aber wunderten sich die Buchhändler über eine Kundschaft, die sie bis dahin nur selten in ihren Läden gesehen hatten.

» Ich habe erlebt, wie sie im Ruhrgebiet vor den Buchhandlungen standen und über das Buch diskutierten, ganz einfache Leute. Auch türkische Arbeiter fragten in den Läden danach! Die drei Druckereien kamen mit dem Nachliefern kaum hinterher. In kurzer Zeit hatte das Buch eine Auflage von über zwei Millionen. Inzwischen sind von der deutschsprachigen Ausgabe über fünf Millionen Exemplare verkauft, das Buch wurde in 38 Sprachen übersetzt, kürzlich noch ins Koreanische. «

Dabei hatten viele zunächst Zweifel daran, dass »Ganz unten« überhaupt auf den Markt kommen könnte. Auch bei seinen Verbündeten musste Wallraff viel Überzeugungsarbeit leisten.

» Als ich das Manuskript vorab einigen Bekannten vorlegte, meinten sie, das Thema Ausländer sei doch längst ›ausdiskutiert‹. Dazu habe man schon viel zu viel veröffentlicht, das sei ›durch‹. Selbst der zuständige Kollege von der IG Metall, der einige meiner früheren Bücher als Sonderausgabe herausgebracht hatte, winkte erst mal ab und meinte: ›Das kriegen wir nicht unter. Die schicken uns ja jetzt schon keine ausländischen Kollegen mehr zu den gewerkschaftlichen Schulungen! Die Stimmung in den Betrieben ist sowieso schon so ausländerfeindlich. Das hat eine bestimmte Presse erreicht. Hättest du das als deutscher Leiharbeiter erlebt, hätten wir mit der Sonderausgabe kein Problem.‹ Ich war enttäuscht. Weil ich selbst so überzeugt von ›Ganz unten‹ war wie vorher nur von der Griechenland-Aktion. «

Die türkische Buch-Ausgabe von »Ganz unten« erschien einige Monate später mit dem Titel »En Alttakiler« in Deutschland und in der Türkei gleichzeitig. Die auflagenstarke Tageszeitung Milliyet veröffentlichte mehrere Kapitel als Vorabdruck. Das löste bereits ein enormes Echo aus. Als das Buch beim Milliyet-Verlag herauskam, wurden in kurzer Zeit über 100 000 Exemplare verkauft, was für die damaligen Verhältnisse ein beachtlicher Erfolg war. Die Medien berichteten sehr positiv. Beifall kam allerdings auch von der falschen Seite. Von verschiedenen Verlagen und Zeitungen aus dem rechten Spektrum wurde das Buch bejubelt als Aufhänger für nationalistische Stimmungsmache: »Wir Türken werden diskriminiert in Deutschland! Wir müssen zeigen, dass wir uns nicht unterkriegen lassen!« Das änderte sich allerdings schnell, als sie das Buch gelesen hatten. Der Jubel wurde abgelöst von heftigen Attacken gegen Wallraff und mich, vor allem von der nationalistischen Partei in der Türkei, der MHP. Deren damaliger Führer Alparslan Türkeş erklärte uns auf mehreren öffentlichen Veranstaltungen, mit der türkischen Ausgabe in der Hand, zu ostdeutschen Agenten.

Wallraffs Kollegen in den Betrieben waren kurz vor der Veröffentlichung eingeweiht worden, sie verstanden zum Glück sofort, weshalb wir ihnen nicht die Wahrheit gesagt hatten, und waren froh über das Ergebnis: Die Reaktionen schwankten zwischen Begeisterung darüber, dass ihre Lage ein Thema in der Öffentlichkeit geworden war und gewisse Verbesserungen am Arbeitsplatz umgehend spürbar wurden, und einer freudigen Rührung angesichts der Solidarität, die Wallraff ihnen erwiesen hatte. Als die Westdeutsche Allgemeine Zeitung 1985 dazu aufrief, den »Mann des Jahres« zu wählen, fiel die Entscheidung der Leser auf »Ali«. An zweiter Stelle folgte Gorbatschow. Noch mehr Anlass zur Freude gaben uns die praktischen Konsequenzen und eine politische Wirkung, die wir erhofft hatten:

Mit seinen Kollegen sprach »Ali« gebrochenes Deutsch. Seine wirkliche Identität musste Günter Wallraff (l.) bis zum Abschluss des Projektes auch vor ihnen geheim halten.

» Bei Thyssen zum Beispiel wurden auf die Veröffentlichung hin viele Kollegen fest angestellt, die 16-Stunden-Schichten wurden abgeschafft, die Sicherheitsbedingungen verbessert. Einige, mit denen ich malocht hatte, erhielten eine Fortbildung zum Facharbeiter. Und der Betriebsratsvorsitzende, der die

Zustände jahrelang geduldet hatte und auch später kein Einsehen hatte, wurde später aus der IG Metall ausgeschlossen.

Die Zustände haben sich in einigen Bereichen schlagartig verbessert. Ich glaube, das kann ich so sagen. Der damalige Arbeits- und Sozialminister Hermann Heinemann von der SPD machte das zur Chefsache. Es wurden Staubmasken, Schutzhelme und Sicherheitsschuhe ausgegeben. Zwölf Sicherheitsingenieure wurden eingestellt. Eine sogenannte mobile Einsatzgruppe, intern ›Ali-Gruppe‹ genannt, führte in den Großkonzernen Kontrollbesuche durch. Viele Betriebe, wie Thyssen und Mannesmann, mussten Bußgelder in Millionenhöhe zahlen. **«**

Was Günter Wallraff in den Betrieben aufgedeckt hatte, überstieg sogar meine eigenen Befürchtungen um einiges. Wenige Jahre nach meiner Ankunft in Deutschland hatte ich Ende der 60er-Jahre als Werksstudent in kleineren Unternehmen gearbeitet. Meine Erlebnisse dort waren zum Teil schockierend und haben zweifellos meine spätere Arbeit geprägt. Meine Landsleute waren bei Hochbetrieb bis zu 20 Stunden im Einsatz. Die deutschen Kollegen durften nach acht Stunden nach Hause. Ich denke, ich habe schon einiges gesehen, aber das hätte ich mir in einem Land wie Deutschland nicht vorstellen können. Wohlgemerkt, es waren keine illegalen, sondern ganz legal angeworbene, sogenannte Gastarbeiter – die allerdings unter dem Damoklesschwert eines zeitlich beschränkten Arbeitsvertrags standen und damit rechnen mussten, anschließend entlassen zu werden. Ihr Aufenthaltsstatus danach war nicht geklärt. Sie gingen davon aus, dass sie zurück in die Türkei mussten, wenn sie sich dem Druck nicht beugten und so viele Überstunden machten, wie die Arbeitgeber wollten. Oft drohte man ihnen in den Betrieben ganz offen damit: »Jetzt arbeiten! Oder du zurück in die Türkei!«

Noch dramatischer wurde die Lage, als nach dem Anwerbestopp 1973 eine legale Anwerbung ausländischer Arbeiter sehr schwierig geworden war – und viele keine andere Möglichkeit sahen, als illegal in Deutschland zu leben und beschäftigt zu sein. Die Zustände wurden nach der Veröffentlichung des Buches von verschiedenen Seiten angeprangert. Es traten einige Verbesserungen ein. Das Gewissen der Öffentlichkeit war zumindest teilweise wachgerüttelt. Und die Gewerkschaften konnten entschlossener gegen diese Praktiken vorgehen.

» Nicht nur die IG Metall, auch die anderen Organisationen haben mich immer wieder zu Lesungen und Diskussionen eingeladen, vor allem die Gewerkschaftsjugend. Viele deutsche Kollegen kamen zu mir, selbst solche, die früher einen ›Ausländer raus!‹-Standpunkt vertraten. Sie sagten, da sie jetzt wüssten, was die türkischen Arbeiter einzustecken hätten, würden sie anders denken.

Die ausländischen Kollegen sagten, die öffentliche Diskussion habe eine wichtige Schutzfunktion für sie. Vor allem bei den Gewerkschaften konnten sie von da an offener über ihre Situation berichten. Vorher beherrschte der abstrakte Begriff ›Schwarzarbeit‹ die Debatte über illegale Beschäftigungsverhältnisse. Von menschlichen Schicksalen war nicht die Rede. Auch nicht von den eigentlichen Profiteuren: der Verleiherbranche, die in meinen Augen moderne Sklavenhändler sind. **«**

Die Solidarität unter den Kollegen habe ihn wie kaum eine andere Erfahrung aufgebaut, sagt Günter Wallraff (4. v. l.) im Rückblick.

Um zu erfahren, was die Leser über Wallraffs Buch dachten, haben wir der türkischen Ausgabe Fragebögen beigelegt und darum gebeten, uns persönliche Eindrücke und Erfahrungen zu schildern. Der erstaunlich rege Rücklauf beweist, dass das Buch in Deutschland, aber auch in der Türkei von vielen Menschen aus der Arbeiterschicht gelesen wurde. Dass die Erfahrungen von »Ali« kein Einzelphänomen waren, sondern bundesweit und sogar international existierten. Dass viele davon wussten, betroffen waren, aber die Zustände geflissentlich geduldet wurden.

» Ich habe tausende Zuschriften bekommen, Lebensberichte von Menschen, die Ähnliches oder Schlimmeres erlebt hatten – von türkischen Einwanderern, aber auch von Deutschen und Menschen in der Türkei. Das Buch öffnete ihnen offenbar die Augen und gab ihnen Selbstbewusstsein. Es hat sie auch zusammengeführt: Vielleicht weil ich, ein Deutscher, es geschrieben hatte. Jedenfalls durfte ich beobachten, dass einige Deutsche sich auf einmal für ihre türkischen Nachbarn und Arbeitskollegen interessierten, sie zu sich nach Hause einluden. Für einige kam es etwas unvermittelt. Ich erinnere mich an eine türkische Intellektuelle in Frankfurt, die mich verfluchte, weil sie keine Lust hatte, von ihren Nachbarn ständig bedauert zu werden. Sie bekäme nun plötzlich eine Einladung nach der anderen.

In meiner Rolle als Ali habe ich es so erlebt, dass die türkischen Arbeiter bestrebt waren, unter den Malochern dazuzugehören. Ich habe in den ganzen Monaten nicht einmal erlebt, dass wir von deutschen Kollegen eingeladen wurden. Die Türken haben ihre deutschen Kollegen ständig zu sich nach Hause eingeladen, aber selten genug ist dieser Geste jemand gefolgt. «

Rückblickend liegt für mich darin das größte Verdienst Wallraffs: ähnlich wie Upton Sinclair, Egon Erwin Kisch und andere Journalisten und Schriftsteller, die Lebensbedingungen von Menschen, die keine Lobby haben, transparenter gemacht zu haben. Er hat die teilweise unwürdigen Bedingungen, unter denen Menschen auch in hochentwickelten Industriegesellschaften arbeiten müssen, nicht nur zu einem öffentlichen Thema gemacht, sondern zu einem der zeitgenössischen Literatur. Er konnte so die Geheimwelten im Wirtschafts- und Arbeitsleben, von denen schon Heinrich Böll gesprochen hat, für alle sichtbar machen.

» Körperlich hat es mich beschädigt, ich habe immer noch Probleme mit den Bronchien; wir waren dem Giftstaub ja schutzlos ausgeliefert. Aber psychisch hat die Rolle des ›Ali‹ mich aufgebaut wie keine andere, ganz im Gegensatz zu meiner Zeit bei der Bild-Zeitung, das war die fürchterlichste Schmutzrolle meines Lebens. Die Solidargemeinschaft, die ich als Ali erfahren habe, hat mir, wenn ich das so sagen kann, eine Kraft gegeben, die ich heute noch spüre. Mit einigen meiner Kollegen von damals habe ich bis heute Kontakt.

Politisch betrachtet hat ›Ganz unten‹ viel in Bewegung gesetzt. Es hat zu einer Art Bewusstseinsveränderung geführt. Das Thema Leiharbeit wurde plötzlich bundesweit kritisch hinterfragt, aus einer anderen Perspektive betrachtet. Es gab viele, die all das nicht wussten, nicht wahrhaben wollten oder gar nicht erst an sich herangelassen haben.

Aber es gab in den vergangenen Jahren natürlich auch Rückschläge. Vor allem die Boulevardpresse hat immer wieder Stimmung gegen Ausländer gemacht. Mit ihren hetzenden Schlagzeilen haben sie den Boden für Ressentiments bereitet bis hin zu den Brandanschlägen in Mölln und Solingen Anfang der 90er-Jahre. Und einige Politiker haben sich nicht gescheut, mit Ausländerfeindlichkeit Wahlkampf zu machen, wie Roland Koch mit seiner Kampagne gegen die doppelte Staatsangehörigkeit.

Aber das Thema Leiharbeit ist aktueller denn je. Eigentlich müsste man darüber jedes Jahr ein Schwarzbuch veröffentlichen. Heute sind es nicht allein die türkischen Arbeiter. Es trifft jeden: deutsche, osteuropäische, alte wie junge Menschen im Arbeitsprozess. Jede Woche schreiben mir Betroffene aus ganz Deutschland; ich gründe gerade aus den Rücklagen meiner Honorare eine zweite Stiftung, um bei Menschenhandel und Diskriminierung konkrete Hilfestellung leisten zu können und Öffentlichkeit herzustellen, denn es ist ein gesamtgesellschaftliches Desaster. **«**

Dass es nach wie vor Wege gibt, Menschen in Deutschland illegal und unter unwürdigen Bedingungen zu beschäftigen, und dass diese Wege auch beschritten werden, ist heute wieder – oder: immer noch – ein offenes Geheimnis. Es gibt Vermittler und Firmen, teilweise namhafte, die diese Leiharbeiter einsetzen, zum Beispiel im Baugewerbe, nicht selten zu Hungerlöhnen. Aktuell ist auch, was Wallraff schon in »Ganz unten« als Albtraum einer möglichen Realität vorgeführt hat: der Einsatz von ausländischen Leiharbeitern in Kernkraftwerken. Bei den kurzzeitig Beschäftigten ist es kaum möglich, die Strahlendosis, der sie jährlich ausgesetzt werden dürfen, verlässlich zu ermitteln. Wobei bekannt ist, dass selbst die gesetzlich erlaubte, aber kontinuierliche Bestrahlung zu Krebserkrankungen führen kann, die manchmal erst nach mehreren Jahren feststellbar sind. In Wallraffs Fall war es von den Arbeitgebern durchaus beabsichtigt, dass die Leiharbeiter bis dahin längst wieder in ihrer Heimat sind und nicht mehr an die Menschenhändler denken, die sie in den Kernkraftwerken verheizt haben. Belangen kann man dafür dann wohl auch kaum jemanden mehr.

Anfang Juni 2011 musste die Bundesregierung auf Anfrage der Linken im Bundestag berichten, dass in deutschen Kernkraftwerken in großem Umfang Leiharbeiter, mehrheitlich aus dem Ausland, eingesetzt werden, um gefährliche Arbeiten zu erledigen. Sie werden einer deutlich höheren Strahlenbelastung ausgesetzt als die Stammbelegschaft. In Deutschland werden sie »Strahlenproletariat« genannt; in Frankreich, wo Schätzungen zufolge eine Kerngruppe von 30 000 solcher Arbeitskräfte existiert, bezeichnet man sie als »Nuklear-Nomaden«.

Es geht also weiter. Die bundesdeutsche Politik, die aus »Kostengründen« noch lange an der verlogenen Prämisse festhielt, Deutschland sei kein Einwanderungsland, verzögerte den Prozess einer von beiden Seiten gewollten Integration um Jahrzehnte. Menschen mit ausländischer Herkunft, vor allem aus der Arbeiterschicht, sind mehrheitlich von einer Gleichberechtigung oder Chancengleichheit in der hiesigen Gesellschaft immer noch weit entfernt.

Auch Günter Wallraff hat nach seiner Rolle als Ali nicht damit aufgehört, politische und gesellschaftliche Missstände aufzudecken: in einer Lidl-Brotfabrik, unter sogenannten Zeitarbeitern in Callcentern, als Obdachloser und als Schwarzer in Deutschland. Das Projekt »Ganz unten« führte Wallraff außerdem näher an die Türkei heran. Denn die Menschen, mit denen er in den Betrieben zusammenarbeitete, hatten in der Regel einen Grund, warum sie sich außerhalb des eigenen Landes auf eine illegale Beschäftigung eingelassen hatten.

Nachdem ich, wie tausende andere politisch Verfolgte, Anfang der 90er-Jahre wieder einen türkischen Pass bekommen hatte – dank der Liberalisierungsbemühungen der Regierung Turgut Özal im Hinblick auf die EU-Verhandlungen –, fuhren wir mehrmals gemeinsam in die Türkei. Wir suchten damals einige der berüchtigten Gefängnisse in Aydın und Diyarbakır auf, wo wir durchsetzen konnten, ohne Aufpasser mit den politischen Gefangenen zu sprechen. Wir besuchten auch das Waisenhaus von Aziz Nesin, des großen Satirikers, den Wallraff schon aus Deutschland kannte. Nesin wäre 1993 in Sivas beinahe einem Brandanschlag zum Opfer gefallen, bei dem 38 Künstler und Intellektuelle, fast alle Aleviten, bei lebendigem Leibe verbrannten.

» In den kurdischen Gebieten sprachen wir mit Oppositionsvertretern, besuchten die Lager kurdischer Flüchtlinge, filmten die unerträgliche Situation der Menschen, soweit wir die Agenten abschütteln konnten, die uns ständig auf den Fersen waren. Die Brutalität der sogenannten Sondereinheiten gegen die kurdische Bevölkerung hat uns damals tief erschüttert. Lissy Schmidt, eine engagierte Journalistin, die unsere Kurdisch-Dolmetscherin vor Ort war, kam kurze Zeit später bei einem mysteriösen Unfall ums Leben. Mehrere Persönlichkeiten, mit denen wir in Diyarbakır, Şırnak und Cizre sprachen und die uns mit ihrem Mut und ihrer Standhaftigkeit beeindruckten, fielen in den darauffolgenden Jahren den sogenannten ungeklärten Morden zum Opfer, die offensichtlich von Geheimdiensten ausgingen und mehr als 15 000 Oppositionelle das Leben kosteten. Stärker als je zuvor haben mir meine Erfahrungen in der Türkei gezeigt: Es braucht Menschen, die sich unabhängig von einer Parteizugehörigkeit für die Menschenrechte und den Schutz von Minderheiten einsetzen und dafür auch alles riskieren. «

Aus demselben Grund reiste Günter Wallraff im Dezember 2010 und im Februar 2011 nach Istanbul. Das eine Mal, um den unter Vorwänden inhaftierten türkeistämmigen Kölner Autor Doğan Akhanlı freizubekommen, das andere Mal, um die türkische Autorin Pınar Selek zu unterstützen. Beide stehen in konstruierten Verfahren in der Türkei vor Gericht; in beiden Fällen ist davon auszugehen, dass, wenngleich indirekt, die Meinungsfreiheit verhandelt wird.

Im deutschen Grundgesetz steht, dass jeder das Recht hat, seine Meinung in Wort, Schrift und Bild frei zu äußern und zu verbreiten und sich aus allgemein zugänglichen Quellen ungehindert zu unterrichten. Eine Selbstverständlichkeit? Wer nie in seinem Leben erfahren hat, was eine Beschränkung dieses Rechts bedeutet, könnte das annehmen. Wer hingegen die daraus resultierenden Konsequenzen kennengelernt hat, wird kaum umhinkommen, immer wieder dafür einzutreten, dass dieses Recht eingehalten wird, für jeden Einzelnen. Nicht nur die sogenannte arabische Revolution und nicht nur die WikiLeaks-Affäre mit ihren Folgen, sondern auch die Geschichte von Wallraff zeigt, wie mächtig und einflussreich eine informierte, kritische Öffentlichkeit sein kann. Die Medien haben eine hohe Verantwortung, die sie gerade in der Debatte um das multiethnische, multireligiöse Zusammenleben in Deutschland mit der erforderlichen Sachlichkeit und differenzierten Darstellungen annehmen sollten.

Osman Okkan

Die zweite Generation

»Den falschen Respekt, die falsche Kohle, im falschen Leben!«

Gastarbeiterkind, Gangster, Generation Chance: Cem Gülay

Cem Gülay lernt erst als Erwachsener, seinen Namen mit Stolz zu tragen. In der Schule heißt er Sam, »Türken-Sam«. Den türkischen »Cem« können seine Mitschüler nicht aussprechen; den amerikanischen »Sam« kennen sie aus Wildwest-Filmen. Geboren wird Cem Gülay 1970 in Hamburg, als Sohn eines Gastarbeiters, der in Anatolien Lehrer war, und einer Mutter, die zwangsverheiratet wurde und mit 14 Jahren nach Deutschland kam.

Lange läuft für den Jungen Cem alles rund. Er hat Freunde, gute Noten, Talent auf dem Fußballplatz. Überall gibt er alles, er will dazugehören. Irgendwann hat er immer häufiger das Gefühl: So ganz gehöre ich nicht dazu! Als nach dem Abitur die Lage bei ihm zu Hause eskaliert, haut er ab – mit 5 000 D-Mark, die sein Vater ihm gibt, damit er der Herr im Haus bleibt.

Cem Gülay wird Gangster. Er steigt ins Warentermingeschäft ein, verspricht Anlegern satte Gewinne, die es gar nicht gibt. Vor allem aber verschafft er sich in der Hamburger Unterwelt, nicht selten mit Gewalt, was er schon immer haben wollte: Macht, Respekt, Geld. Nach seinem Ausstieg aus der Kriminalität im Jahre 2001 wird er wegen illegalen Waffenbesitzes und Betrug zu fünf Jahren Haft auf Bewährung verurteilt. Heute warnt er Jugendliche: Ihr bekommt keine zweite Chance. Nutzt die eine!

Cem Gülay.

Herr Gülay, beginnen wir doch einfach mit der 100 000-Dollar-Frage: Was sind Sie – Deutscher, Türke oder Deutschtürke?

Cem Gülay: Ich bin Hamburger, waschechter Hamburger. Hamburg ist meine Heimat.

Was bedeutet das: Heimat?

Cem Gülay: Für mich definiert sich Heimat über ein Gefühl. Wenn ich in Hamburg bin, spüre ich sofort: Das ist meine Heimat! Wenn ich an der Alster entlangfahre, kenne ich die Bäume, die Straßen, die Cafés. Ich weiß, wo ich hinkomme, wenn ich rechts oder links abbiege, wie es dort aussieht, was es für Geschäfte gibt. Das setzt Emotionen bei mir frei, ich bekomme regelrecht Endorphin-Ausstöße. Genauso geht es mir, wenn ich mit anderen Hamburgern in ein Restaurant gehe, in dem nur Hamburger sind. Das ist etwas Besonderes, im Kreise von Menschen, die wissen: Das ist unsere Stadt! Wir alle sind von hier! Dieses Gefühl verbindet ungeheuer. Das ist für mich Heimat.

Jetzt sind Sie der Frage nach Ihrer Identität aber sehr geschickt ausgewichen!

Cem Gülay: Überhaupt nicht! Ich habe lediglich beschrieben, was ich nach 40 Jahren endlich verstanden habe. Die Verbundenheit mit Hamburg, dieses Gefühl, das ich sonst nirgends auf der Welt habe, das kann mir niemand wegnehmen. Hamburger zu sein, fühlt sich einfach gut und richtig an. Ich bin kein Deutscher, es stimmt irgendwie nicht. Türke bin ich aber auch nicht. Ich kann nicht einmal die Sprache meiner Eltern richtig. Wenn ich Türkisch spreche, höre ich mich an wie ein Achtklässler. Im Deutschen habe ich keinen Akzent. Aber jeder fragt mich, warum nicht.

Sie wurden 1970 in Hamburg geboren. Wie war Ihre Kindheit?

Cem Gülay: Schön. Wir wohnten in einer kleinen Wohnung in der Nähe von Planten un Blomen, einem großartigen Park, mitten in der Stadt. Wann immer Zeit war, ist mein Vater mit uns dort hingegangen. Ich ging gern zur Schule, die Menschen waren nett zu uns. Meine Mutter sagte immer: »Die Deutschen kümmern sich rührend um uns.« Als sie zum dritten Mal schwanger war, sind wir umgezogen. Mein Vater hatte in Lokstedt-Eimsbüttel eine Wohnung in einer Hochhaussiedlung gekauft. Fortan lebten wir in so einem klassischen sozialdemokratischen Wohnprojekt der 70er-Jahre – eben an einem Ort, an dem die Menschen alle schön eng zusammenrücken und sich möglichst viel austauschen und einander helfen sollten.

Umgeben von der klassischen 70er-Jahre-SPD-Klientel, dem aufstrebenden unteren Mittelstand?

Cem Gülay: Genau. Mit lauter Leuten, die ein bisschen Geld hatten und sich verbessern wollten. Ausländer gab es ganz wenige; aus der Türkei waren wir die Einzigen. Dass ich nicht so bin wie die anderen Kinder, habe ich damals kaum gemerkt. Meine Freunde hießen Roby, Gerrit oder Thorsten. Ich war einer von ihnen. Ich sprach auch wie sie. Mein Vater hat immer darauf bestanden, dass zu Hause nur Deutsch gesprochen wird.

Hatte er nicht als Gastarbeiter kaum Zeit, es zu lernen?

Cem Gülay: Er hat es trotzdem gelernt. Mein Vater war in der Türkei Dorflehrer; er ist ein gebildeter Mann. Und er hatte eine deutsche Freundin, fünf, sechs Jahre lang. Das Wichtigste war aber: Er hatte nicht vor, jemals in die Türkei zurückzukehren. Also war klar, dass er Deutsch lernen muss.

Den Traum vom trauten türkischen Heim nach getaner Arbeit in Deutschland gab es in Ihrer Familie gar nicht?

Cem Gülay: Nein, und es gibt auch einen Grund dafür: Wir sind Aleviten. Die Aleviten haben immer in extremer Armut gelebt, viele im tiefsten Osten Anatoliens, wohin es sie vor ihren osmanischen Mördern vertrieben hatte. Über Generationen kannte meine Familie nur Armut und Hunger, Diskriminierung und Verfolgung. Sie durften nicht einmal laut sagen, dass sie Aleviten sind; es hätte sie sofort in Gefahr gebracht. Und mein Vater war ein helles Köpfchen. Er wusste: Die Reise nach Deutschland ist seine Chance, all dem zu entfliehen. Für immer.

In der öffentlichen Debatte gelten die Aleviten häufig als regelrechte Vorbild-Türken: bildungsbewusst, liberal, weltoffen...

Cem Gülay: Das ist ein bisschen unfair. Meines Erachtens sind sie schlicht mit einer anderen Haltung nach Deutschland gekommen. Wer in seiner Heimat unterdrückt wird, lebt sich natürlich viel schneller an einem anderen Ort ein. Außerdem stimmt der Umkehrschluss nicht: Auch viele Nicht-Aleviten sind bildungsbewusst, liberal und weltoffen!

Dennoch: Haben Sie als Kind einer Familie, in der sich nicht immer alles um eine Rückkehr in die Türkei drehte, von dieser Haltung profitiert?

Cem Gülay: Ja. Lange lief alles super für mich. Ich war gut in der Schule, ich war gut im Fußball. Genau genommen war ich als Jugendlicher einer der besten Mittelfeldspieler in ganz Hamburg. Ich spielte sogar in der Landesauswahl. So lange, bis das jährliche Turnier anstand, bei dem der Deutsche Fußball-Bund nach Nachwuchsspielern für die Jugend-Nationalmannschaft Ausschau hält. Da durfte ich dann nicht mehr mitspielen. Der Trainer der DFB-Jugend konnte mich nicht gebrauchen, ganz egal, was für ein Ausnahmetalent ich bin. Ich hatte keinen deutschen Pass; und Ausländer durften in seiner Mannschaft nicht mitspielen. An dem Tag, als ich aus der Mannschaft flog, habe ich begriffen: Man hat mir die ganze Zeit etwas vorgemacht. Ich gehöre eben doch nicht dazu, egal was ich tue. Und vor allem: Es ist nicht meine Leistung, die zählt, sondern meine Herkunft. Zu etwa derselben Zeit passierte noch etwas: Meine Umgebung änderte sich, und zwar nachhaltig. Ich war nicht mehr der einzige Türke in Lokstedt-Eimsbüttel. Es gab hunderte, tausende. Nichts war mehr wie vorher.

Das müssen Sie erklären.

Cem Gülay: In den 80er-Jahren haben noch einmal sehr viele Türken und Kurden ihre Kinder nach Deutschland geholt. In der Türkei hatte das Militär geputscht; immer mehr entschieden sich, lieber auf Dauer in Deutschland zu bleiben. Viele, die kamen, waren aber gar keine Kinder mehr. Sie waren

Jugendliche, 14, 16 oder 17 Jahre alt. Sie konnten kein Deutsch; sie waren völlig fremd. So wurden sie auch behandelt: wie Fremdkörper. Sie haben sich zusammengerottet, Banden gebildet, Leute bedroht und zusammengeschlagen. Plötzlich wurden Schulfeste abgesagt, weil sich eine Türkengang angemeldet hatte. In der Stadt war die Hölle los. Mit Ali, Murad und Yılmaz, die tagsüber bei Siemens schuften und abends Tee schlürfen, hatte ja niemand ein Problem. Aber plötzlich kamen Leute, die ihre Söhne aufmischten und ihre Töchter anmachten. Damit hatten die meisten Deutschen, auch die liberalen, ein Riesenproblem. Ich habe Lehrer gehabt, die jahrelang jeden Ausländer verteidigt haben – und plötzlich standen sie mit Tränen in den Augen vor mir und stammelten: »Cem, aber jetzt geht es um meinen Sohn!« Ich habe die, die das sagten, sogar verstanden. Aber es traf auch mich. Und plötzlich bekam ich diese ganze Scheiß-Ausländerfeindlichkeit ab!

Die »falschen« Zuwanderer sollen schuld gewesen sein, dass auch die »richtigen« Probleme bekommen haben?

Cem Gülay: Mit den Augen des Jungen von damals: Ja! Ich habe denen die Schuld gegeben, natürlich. Aus heutiger Sicht weiß ich, dass diese Jugendlichen auch keine faire Chance hatten. Stell dir vor, du hast alle deine Freunde verlassen, das Mädchen, das du liebst, dein Dorf, dein Zuhause. Du kommst in ein anderes Land, in eine Großstadt. Du verstehst kein Wort. Du kommst erst in die erste Klasse, für die du zu alt bist, dann in die Sonderschule, in die du auch nicht gehörst. Vater malocht den ganzen Tag, Mutter schmeißt den Haushalt. Geld gibt es trotzdem keins. Nichts, was die anderen im Wirtschaftswunderland haben, kannst du dir leisten. Was machst du? Du wirst sauer. Du suchst dir einen Weg, der dir offensteht. Und der Weg in die Gewalt steht immer offen. Heute kann ich das nachvollziehen. Aber auch heute sage ich: Das ist alles kein Grund, sich so zu benehmen. – Nie zuvor hatte ich mich so geschämt, Türke zu sein! Ich war nicht wie diese Jugendlichen, ich wollte nicht sein wie sie. Aber viele Leute konnten mich nicht von denen unterscheiden. In ihren Augen waren Türken alle gleich. Bis heute redet man in Deutschland von drei Generationen. Aber wenn man einmal genau hinschaut, sieht man sechs Generationen.

Und welche sind das?

Cem Gülay: Schon bei den Gastarbeitern muss man unterscheiden: Am Anfang kamen vor allem Facharbeiter nach Deutschland; Leute, die in der Türkei etwas gelernt hatten und etwas aus sich machen wollten. Der bekannteste von ihnen ist der Reiseunternehmer Vural Öger; ich nenne sie deswegen »Generation

Öger-Tours«. Später folgte die Generation »Ganz unten«, nach dem Buch von Günter Wallraff, der ihr Leben in den Fabriken so plastisch beschrieben hat. Sie kamen meist später als mein Vater, in den späten 60er-, frühen 70er-Jahren. Häufig aus den entlegensten Dörfern Anatoliens, wurden sie für Drecksarbeiten geholt, für die sich die Deutschen zu schade waren. Beide Generationen haben inzwischen erwachsene Kinder; und auch die unterscheiden sich. Die eine ist die »Generation Chance«. Zu ihr gehören Leute wie Fatih Akın, Cem Özdemir oder Feridun Zaimoglu. Die ich in den 80er-Jahren in Hamburg erlebt habe, waren aber vor allem die Kinder der Generation »Ganz unten«. Als Jugendliche hatten sie keine Chance, später bekamen sie keine Jobs. Viele rutschten in die Kriminalität ab. Auch die Kinder dieser Generationen unterscheiden sich wieder. Die einen sind mit Hartz IV groß geworden und machen als Bildungsverlierer Schlagzeilen. Die anderen sind die Enkel der Facharbeiter. Von denen haben viele es geschafft, sind gut gebildet und aufstiegsorientiert – allerdings sind es auch genau die, die in Scharen in die Türkei abwandern.

Ihr Leben in der »Generation Chance« ging zunächst hoffnungsfroh weiter. Nach einem Jahr in den USA haben Sie mühelos das Abitur geschafft. Man könnte meinen: Statt ins illegale Warentermingeschäft einzusteigen, hätten Sie auch Bankdirektor werden können!

Cem Gülay: Bin ich aber nicht! Und es stimmt auch nicht. Die Erfolgreichen meiner Generation haben sich alle als Selbstständige nach oben gekämpft: als Rechtsanwalt oder Unternehmer oder als Künstler. Im deutschen Mittelstand hatten wir keine Chance, nach oben zu kommen.

Aber studieren wollten Sie dennoch...

Cem Gülay: Ja, Jura. Auch wenn ich im Nachhinein sagen muss: Richtig daran geglaubt habe ich nie. Es war 1989, eine Zeit mit unheimlich vielen Jugendlichen und unheimlich wenig Stellen. Und ich war umgeben von Leuten, die mir vermittelten: »Cem, nicht einmal wir wissen, ob wir nach dem Studium eine Chance auf dem Arbeitsmarkt haben. Was soll dann nur aus dir werden?« Als dann noch mein Elternhaus zusammenbrach, war es aus mit der akademischen Laufbahn.

Wie kam Ihre Mutter nach Deutschland?

Cem Gülay: Sie wurde zwangsverheiratet, mit 13. Mit 14 kam sie nach Hamburg. Ohne Ahnung, wo sie ist, ohne ein Wort Deutsch. Mein Vater konnte ihr nicht viel zeigen, er musste ja arbeiten. Eine deutsche Nonne hat sich das erste halbe Jahr um sie gekümmert. Von ihr hat meine Mutter Deutsch gelernt; und all das, was ihr sonst bevorstand: wie man ein Kind wickelt und wie man stillt zum Beispiel. Als sie 15 war, kam ich zur Welt.

Wie kam es zu der Hochzeit? Hatte Ihr Vater nicht sogar eine deutsche Freundin?

Cem Gülay: Doch. Er war ein Einzelgänger. Und er war weit weg von der Familie, in Deutschland. Er wollte sich lösen von seiner Sippe und ihren Traditionen. Aber der Druck war zu groß. Er war 26. Alle Brüder und Schwestern waren verheiratet. In der Türkei tuschelte man, was wohl mit ihm los sei. Und dann nahm ihn eine seiner Schwestern beiseite. Sie sagte: »Ali, Du musst heiraten, da führt kein Weg dran vorbei!«

Und dann traf Ihr Vater im Urlaub in der Türkei Ihre Mutter?

Cem Gülay: Nein. Ihm wurden Fotos nach Deutschland geschickt. Dazu muss man wissen, dass der Vater meines Vaters im Dorf ein sehr geachteter Mann war. Bei Problemen wurde immer er um Rat gefragt. Bei Streit schlichtete er. Er war ein bekannter Dede, ein alevitischer Geistlicher. Und der Vater meiner Mutter hatte eigentlich selbst Gastarbeiter werden wollen. Er wurde aber nicht genommen. Deshalb dachte er: Der Sohn von Kalender – Kalender, so hieß mein Großvater väterlicherseits – muss auch ein besonderer Mann sein! Da kann nichts schiefgehen! Und wir kommen alle nach Deutschland!

Wissen Sie, was den Vater Ihrer Mutter so unbedingt hierher gezogen hat, dass er dafür die eigene Tochter gleichsam verkauft hat?

Cem Gülay: Ja, er hat es mir selbst erzählt. Der Plan ging ja auf, die ganze Familie kam nach Hamburg. Mein Großvater glaubte, in Deutschland seien die Straßen mit Gold gepflastert. Dabei ging es ihm gut in seinem Dorf. Er hatte Vieh und ein großes Stück Land, eine Flinte und ein Pferd. Aber all das hat er verschenkt – weil es im Vergleich zu einem Land, in dem das Geld auf der Straße liegt, nichts wert war. Die Leute in seinem Dorf haben das damals wirklich so erzählt: In Deutschland brauchst du dich nur zu bücken, und du bist reich!

Hatte das Bild von Deutschland auch damit zu tun, dass Auswanderer um keinen Preis zugeben wollen, dass in der Fremde nicht alles Gold ist? Ehrlicherweise hätten die Gastarbeiter ja auch in die Heimat melden können: »Ich arbeite im Akkord, in meiner Fabrik ist es stickig und dunkel, ich habe Heimweh.«

Cem Gülay: Ich glaube, Deutschland war im Vergleich einfach verdammt reich. Die Türkei war bis in die 80er-Jahre geprägt von bitterer Armut; dort gab es nichts, gar nichts! Und es half auch keiner, um das Land zu entwickeln. Die Westmächte England, USA und Frankreich haben erst das Osmanische Reich gehasst und später die Türkei nicht gemocht. Der einzige Verbündete war Deutschland – und das lag 1945 am Boden und brauchte selbst Hilfe. Was aber blieb, war die Haltung der Menschen zu Deutschland. Die Türken haben die Deutschen immer als Freunde gesehen. Auch deswegen haben viele so bereitwillig gesagt: »Da gehen wir hin. Die werden uns gut behandeln. Wir sind doch Brüder und Schwestern.«

Wenn wir einmal zu Ihrer Familie zurückkehren: Auch Ihr Vater, der moderne Mann, dachte nicht: Das Mädchen ist erst 13, das tue ich ihr nicht an?

Cem Gülay: Nein. Das hat in der damaligen Zeit nicht gezählt. So war die Tradition. Es war selbstverständlich, meine Mutter nicht nach ihrem Willen zu fragen. Hätte sie wer gefragt, hätte sie sofort »Nein!« gesagt.

Und als sie in Deutschland war?

Cem Gülay: Kamen nacheinander drei Söhne zur Welt. Die Ehe lief schlecht und schlechter. Mein Vater, der ja selbst nicht freiwillig geheiratet hatte, fiel mehr und mehr in genau die Tradition zurück, der er hatte entfliehen wollte. Er hat meine Mutter wie eine Sklavin gehalten, mehr und mehr. Es wurde immer schlimmer. Sie wollte sich das nicht gefallen lassen. Sie wollte ihn verlassen. Eines Tages kam ich nach Hause, sah die beiden und dachte: Der bringt sie gleich um! Als ich dazwischenging, um sie zu schützen, brüllte mein Vater mich an wie ein Irrer: Ich sei nicht mehr sein Sohn, und so weiter! Er meinte das ganz ernst: Ich hatte seine Position als Familienoberhaupt infrage gestellt; er wollte mich loswerden. Mir sind dann die Sicherungen rausgeflogen. »Gib mir 5 000 Mark, und ich bin weg!«, habe ich gesagt. Am nächsten Morgen saß er vor einem Haufen Geldscheinen. Als ich zum Frühstück kam, drückte er sie mir in die Hand. Ohne ein Wort.

Und dann?

Cem Gülay: Ich habe sie genommen, gezählt und war weg. Wenn es einen Moment gibt, in dem mein Leben gekippt ist, dann den. Ich dachte: Ich werde es euch zeigen – meinem Vater, aber auch der deutschen Gesellschaft. Ein Onkel von mir war in die Unterwelt abgetaucht. Mit großem Erfolg, wenn man das so nennen kann. Den habe ich angerufen. Drei Tage später war ich Gangster. Ich weite das heute nicht mehr so gerne in allen Details aus – aber ich habe mehrere Jahre mit illegalen Warentermingeschäften sehr viel Geld verdient. Ich habe Versace getragen, bin Porsche gefahren, hab mit Geld nur so um mich geschmissen. Eine Zeit lang habe ich wirklich geglaubt, das sei der Weg, das zu bekommen, was man mir vorher nicht geben wollte: Macht. Respekt. Geld.

Der Kontakt zu Ihren Eltern brach ab?

Cem Gülay: Nein. Ich habe weiter meine Brüder und meine Mutter zu Hause besucht. Eines Tages, als ich da war, forderte mein Vater mich dann auf, sie umzubringen! Er wollte seinen Sohn anstiften, einen Ehrenmord zu begehen. An der eigenen Mutter! Und das, obwohl er nur zu gut hätte wissen können, dass ich immer auf der Seite meiner Mutter stand. Am Ende hat sie den Kampf gewonnen: Heute sind meine Eltern geschieden, und meine Mutter führt alleine in Hamburg ein zufriedenes Leben.

Können Sie uns aufklären, was ein sogenannter Ehrenmord eigentlich ist?

Cem Gülay: Die Idee ist: Wenn sich ein Mädchen oder eine Frau den archaischen Strukturen nicht mehr unterordnet, bringt sie Schande über die Familie. Das Schlimmste daran ist, dass sie ein schlechtes Vorbild für andere Frauen in ihrer Umgebung ist. Die, so fürchtet man, könnten es ihr nun nachtun und ebenso aus ihren Zwängen ausbrechen. Also wird ein unglaublicher Druck auf die Familie ausgeübt, bis zu dem Punkt, an dem Menschen sagen: Wenn ihr das nicht erledigt, erledigen wir das! Nur mit dem Mord an der Frau, so die Idee weiter, kann die Ehre der Familie wiederhergestellt werden. Vor allem wird mit der Tat allen anderen Mädchen demonstriert, dass so ein Auftreten nicht geduldet wird. Wo so etwas passiert, regiert noch das Mittelalter. Man muss aber auch sagen: Nur eine sehr kleine Minderheit, und vor allem kurdische Familien, lebt in diesen Strukturen.

Wie viele Jungen und Männer einen sogenannten Ehrenmord ablehnen, erfährt die Gesellschaft nicht. Aber was ist mit denen, die in Deutschland geboren und aufgewachsen sind und tatsächlich einen Mord begehen?

Cem Gülay: Sie folgen einem patriarchalen, archaischen Ehrbegriff – weil sie müssen oder meinen zu müssen. Oder weil sie sonst nichts haben. Die Gefahr, dass jemand einen Ehrenmord begeht, ist umso größer, je weniger er am Leben teilhat. Im Prinzip ist das ja in der gesamten Gesellschaft so: Je mehr Verlierer es gibt, desto mehr Verbrecher gibt es. Die Ehre ist dabei etwas, was in der türkischen und kurdischen Kultur auch in Deutschland noch eine große Rolle spielt. Auch wenn die allermeisten deswegen nicht zum Mörder werden, gilt: Den Satz »Sen adam degilsin« (Du bist kein Mann) zu hören, ist für viele Jungen das Schlimmste überhaupt. Sie haben sowieso die Arschkarte gezogen, hier in Deutschland, und dann kommt noch einer und sagt: »Sen adam degilsin!« – Du bist kein Mann!

Ihre kriminelle Karriere führte am Ende steil bergab: in ein Meer aus Verrat, Schulden, Drogen. Nach einer Weile auf der Flucht haben Sie sich besonnen und Ihrer unausweichlichen Verhaftung geharrt. Und Sie hatten Glück: Der Richter glaubte an Sie und verurteilte Sie zu einer Bewährungsstrafe. Inzwischen haben Sie ein Buch über Ihr Leben geschrieben und sind damit unter anderem an Schulen unterwegs. Wie reagieren die Jugendlichen auf Sie?

Cem Gülay: Viele türkische und kurdische Mädchen identifizieren sich mit meiner Geschichte. Sie haben ja Cousins oder Brüder; sie kennen die Diskriminierung nur zu gut. Die Jungen reagieren sehr unterschiedlich. Die intellektuelleren finden es gut, dass einer von ihnen die Lage analysiert und auch erklärt, was auf deutscher Seite versäumt wurde. Viele haben aber auch ein Problem mit mir. Ich klage sie ja auch an – und sage: Hey, macht was draus! Seid nicht solche Machos! Löst euch von den alten Traditionen!

Zeigen Sie ihnen nicht auch einen Weg, der sie fasziniert: aus der Diskriminierung in ein Leben, in dem es Respekt und Reichtum gibt?

Cem Gülay: Den falschen Respekt, die falsche Kohle, im falschen Leben! Ich bin aus Protest auf die schiefe Bahn geraten; in einem Moment, in dem mir alles egal war. Ich wollte mich nicht von der Brücke werfen, also habe ich einen anderen Weg gesucht. Natürlich war das ein Scheiß. Heute sage ich jedem: Streng dich an! Mach nicht den gleichen Fehler, vermassle es nicht! Du hast keine zweite Chance! Und: Selbst wenn ihnen Deutschland nicht gefällt, stehen Jugendlichen doch heutzutage viel mehr Wege offen. Wir leben in einer globalisierten Welt. Nicht nur die Türkei nimmt gute Leute mit Kusshand.

Was ist oder war aus Ihrer Sicht das größte Versäumnis der deutschen Politik?

Cem Gülay: Über Jahrzehnte wider besseres Wissen nicht akzeptieren zu wollen, dass da Menschen sind, die bleiben werden. Und die, samt ihrer Kinder und Kindeskinder, genauso zu Deutschland gehören wie alle anderen. Kein Bildungssystem zu schaffen, das niemanden ausgrenzt und allen Chancen verschafft. Und keine Wirtschafts- und Unternehmenskultur, die Menschen vorurteilsfrei beurteilt. Bildung plus Arbeitsplatz gleich Teilhabe – so einfach ist es doch. Es hätte gar nicht viel gebraucht, damit Millionen Menschen nicht durch den Rost fallen. Das Wichtigste hätte nicht einmal etwas gekostet: Menschen danach zu beurteilen, was sie können – und nicht nach ihrer Herkunft oder nach ihrem Geschlecht. Wenn ich besser bin als ein Deutscher, habe ich den Job zu bekommen. Ist eine Frau besser als ich, wird sie genommen. So einfach ist das. Eigentlich geht es nur um das, was die Frauenbewegung seit Jahrzehnten fordert: Gleiche Rechte und gleiche Chancen für alle!

Das Gespräch führte Jeannette Goddar.

Nach seinem Ausstieg aus der Gangster-Szene hat Cem Gülay zusammen mit dem Journalisten Helmut Kuhn ein Buch über sein bisheriges Leben geschrieben: »Türken-Sam. Eine deutsche Gangsterkarriere« (München 2009). Mit diesem ist er viel an Schulen und anderen Orten unterwegs und diskutiert mit Jugendlichen über mehr oder weniger vielversprechende Wege im Leben. Cem Gülay lebt in Berlin.

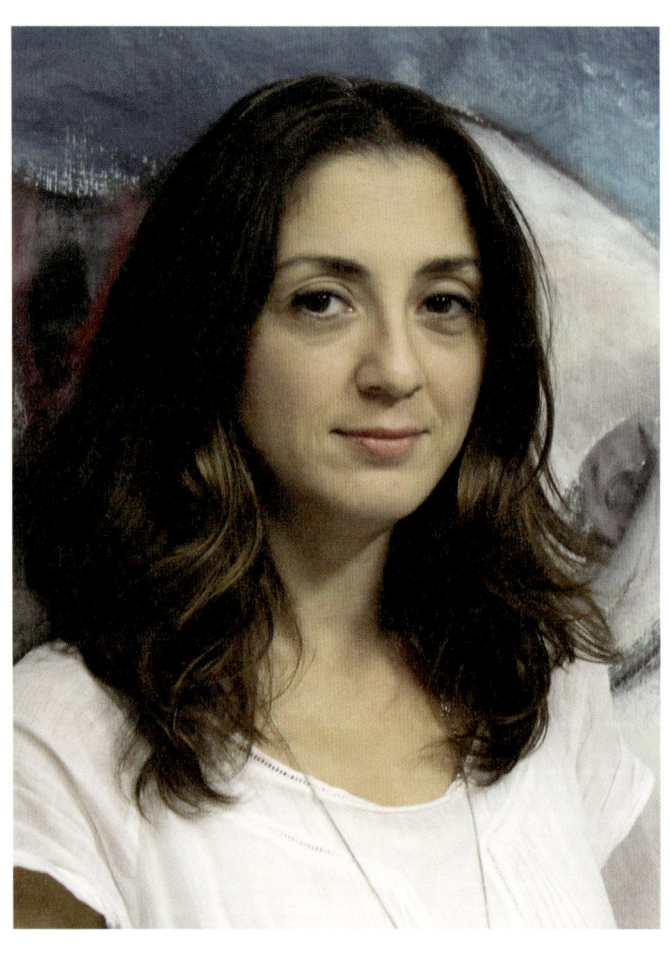

Leerstelle Heimat

Eine Kindheit zwischen Deutschland und der Türkei

Gurbet – Die Fremde

Wenn wir als Kinder damals lärmend, spielend durch die Zimmer stürmten, während unsere Eltern sich in unserem schwäbischen Wohnzimmer mit türkischen Freunden unterhielten, fiel immer irgendwann das Wort »Gurbet« – gefolgt von einem Augenblick der Stille.

Die Erwachsenen versanken in eine uns Kindern unbekannte Welt, ein anderes Leben. Wir wussten nicht, welchen Sehnsüchten, Düften, Genüssen, Berührungen, Erinnerungen sie dann nachhingen, aber in jenen Momenten, da sie sich von uns entfernten, war ich verunsichert, denn ich hatte das Gefühl, sie verließen uns. Es dauerte eine Weile, bis die Schatten endgültig wieder von ihren Gesichtern verschwanden, bis der Lärm unserer Spiele wieder zu ihnen durchdrang und die Stille ihren von Gelächter begleiteten Gesprächen wich.

Ich habe meine Mutter mehrfach gefragt, was dieses »Gurbet« eigentlich genau bedeute. »Fern der Heimat zu sein«, sagte sie dann. Aber was war das – »Heimat«? Meine Mutter benutzte den Begriff mal in Bezug auf den Ort, an dem sie geboren wurde; ein anderes Mal meinte sie damit den Ort, an dem sie aufgewachsen war, wieder ein anderes Mal jenen, an dem ihre Familie lebte. Für mich selbst schloss ich daraus: Eine Heimat, wie meine Mutter sie beschrieb, hatte ich nicht und konnte deshalb wohl auch nicht begreifen, was »Gurbet« bedeutet.

Ich wurde im Juni 1976 in Böblingen bei Stuttgart geboren. Als Tochter türkischer Eltern bekam ich einen türkischen Pass. Aber dem Beamten im Einwohnermeldeamt Kars, der Heimatstadt meiner Eltern im Osten der Türkei, an der Grenze zu Armenien, war der auf meiner Geburtsurkunde

Semra Pelek, 2011.

eingetragene Ort wohl nicht geheuer. Jedenfalls machte er dort keinen Eintrag, ließ die Stelle einfach frei. Später einmal wurde diese Leerstelle durch einen Strich ersetzt. So habe ich viele Jahre lang mit einem Ausweis gelebt, in dem sich anstelle des Geburtsorts ein Strich befand. Als ich mit 18 Jahren einen neuen Ausweis beantragte, empörte sich der Beamte: »Eine Leerstelle beim Geburtsort, das geht doch nicht!« Und er hatte eine seines Erachtens geniale Idee, um den Ort meiner Geburt in eine gesetzlich zulässige Bahn zu lenken. Über den ihm wenig geheuren Strich schrieb er in Großbuchstaben: »AÇIK«, also ›offen‹. Durch die Not des Standesbeamten wurde jeder Ort für mich zur Fremde. Und so ist es seither geblieben.

Meine Mutter

Meine Eltern und wir vier Geschwister wohnten in einem Mehrfamilienhaus mit drei Etagen in Kuppingen, südwestlich von Stuttgart. Die Nachbarn oben und unten stammten aus Zentralanatolien. Meine Erinnerung an sie ist verblasst; bis auf Hatice und Hüseyin, mit denen wir im Garten Seilspringen und Verstecken spielten, kann ich mich nicht einmal mehr an ihre Namen erinnern.

Die beste Freundin meiner Mutter war Tante Tülay aus Istanbul. Bevor meine Mutter 1971 meinen Vater heiratete und kurz darauf, mit 21 Jahren, nach Deutschland kam, hatte sie ihre Kindheit und Jugend in Istanbul verbracht. Der Stadt, über die der Schriftsteller Orhan Pamuk immer wieder schreibt; auch in seinem 2010 erschienenen Buch »Manzara'dan Parçalar« (wörtlich übersetzt etwa: »Der Blick aus meinem Fenster«): »So verschieden die Erinnerungen, die Straßen, das Gefühl der Stadt eines jeden sind, der in Istanbul lebt oder hier eine Zeit lang verweilt, so unterschiedlich eines jeden Gassen sind, die Schulen, die er besuchte, die Schiffe, die er bestieg, die Räume, in denen er arbeitete, und die Häuser, in denen er wohnte, ebenso unterschiedlich ist auch für jeden auf den ersten Blick die Seele der Stadt. Wie aber die Menschen, die in Istanbul leben, schließlich sich einander anzugleichen beginnen, ist diese Seele, die jeder wie einen unverzichtbaren Freund in sich trägt, im tiefsten Inneren doch für jeden ein und dieselbe.« – Es war diese Seele, die meine Mutter und Tante Tülay miteinander verband.

Meine Mutter sehnte sich nach ihren Eltern und Geschwistern, nach den Plaudereien mit ihren Cousinen bei mittelstark gesüßtem, schäumendem Mokka, nach frisch gemahlenem Kaffee bei Mehmet Efendi im Basar, nach den Zuckerbonbons, die bunten Juwelen glichen, in den nebeneinander aufgereihten Gläsern auf den Tresen der Süßwarenläden im Ägyptischen Basar, nach den Einkaufsbummeln im Großen Basar, den nur im Frühsommer erhältlichen grünen Pflaumen, den sommerlichen Freiluftkino-Vorführungen, dem im Frühling erblühenden Flieder Istanbuls wie auch danach, Fischbrötchen in Eminönü zu verspeisen, im Winter mit ihren Freundinnen in einer Konditorei Salep mit Zimt und an Sommerabenden Tee aus schlanken Gläsern zu trinken, während die Sonne an den Gestaden des Bosporus untergeht. An das Leben in Deutschland konnte sie sich nicht gewöhnen. Wenn ich meine Mutter nach den Deutschen fragte, gab sie zur Antwort: »Sie sind sehr kalt.« Als wir klein waren, fürchtete sie, die Deutschen würden nicht einmal zu Hilfe kommen, wenn uns etwas passierte. Weil sie die Sprache nicht gut beherrschte, wusste sie auch nicht, wie sie um Hilfe hätte bitten sollen.

Es gab Vieles, wovor meine Mutter sich fürchtete. Zum Beispiel, dass wir unsere Muttersprache Türkisch vergessen könnten. Deshalb wollte sie nicht, dass wir zu Hause Deutsch sprachen. Sie machte sich Sorgen, ihre Kinder würden in Deutschland womöglich keine gute Ausbildung erhalten. Ich erinnere mich daran, dass sie meinem Vater, der wollte, dass wir in Deutschland bleiben, in den großen Streitgesprächen in unserer Familie vorhielt: »Sollen die Kinder etwa Friseur oder Schreiner werden?« Sie meinte, Deutschland »ruiniere« die ausländischen Jugendlichen, die kulturellen Unterschiede brächten sie von ihrem Weg ab, und so fürchtete sie, auch wir könnten unseren Weg verlieren. »Ich erlaube nicht, dass meine Kinder hierbleiben und zu Desperados werden!«, sagte sie mit erhobener Stimme zu meinem Vater. Am Ende dieser monatelangen Diskussionen packte meine Mutter 1985 die Koffer, wir vier Geschwister kehrten mit ihr in die Türkei zurück, nach Istanbul. Mein Vater, der damals bei Daimler-Benz beschäftigt war, blieb. Er sollte noch einige Angelegenheiten erledigen – damit war das Abzahlen von Schulden gemeint – und in etwa zwei Jahren ebenfalls heimkehren.

Mein Vater

Tatsächlich kehrte mein Vater erst sieben Jahre nach uns, im Frühjahr 1992, in sein Geburtsland zurück, ohne dass es ihm in der Zwischenzeit möglich gewesen war, die »Angelegenheiten« zu regeln. Seine Ärzte in Deutschland hatten ihm ein Jahr zuvor in eiskaltem Ton eine klare Diagnose gestellt: Er habe Krebs, eine Heilung sei ausgeschlossen. Meine Mutter flog mehrmals nach Deutschland, um ihn zu besuchen, mein Vater musste sich der Chemotherapie unterziehen. Uns Kindern erzählten sie davon mehrere Monate lang nichts. Dann erfuhren wir von der Krankheit meines Vaters, und die Erwachsenen sagten zu uns: »Man soll die Hoffnung auf Gott nicht aufgeben.« Wir glaubten nur zu gern daran. Die Ärzte erklärten meinem Vater wenig später, er habe noch sechs Monate zu leben, ob er diese Zeit nicht lieber in seinem Land verbringen wolle. – »Wenn ich wirklich nur noch sechs Monate habe«, entgegnete daraufhin mein Vater, »will ich sie natürlich in meiner Heimat verbringen.« So kam er in den ersten warmen Monaten des Jahres 1992 zurück zu uns nach Istanbul. Wir spürten alle, dass es eine endgültige Heimkehr war. Im Dezember desselben Jahres starb mein Vater.

Zur Welt gekommen war er 1948 im äußersten Osten der Türkei, in der kleinen Stadt Kars. Deren Bewohner waren zwar arm, die Stadt aber reich an armenischer und russischer Architektur, weshalb sie heute immer mehr Besucher anzieht. In Kars ist auch der Roman »Schnee« von Orhan Pamuk angesiedelt. 1970, im Alter von 22 Jahren, verließ mein Vater seine Heimatstadt, um nach Deutschland zu gehen. Dass er bei Daimler-Benz angestellt wurde, darum beneideten ihn alle, denen dieses »Glück« verwehrt war.

Bis zu der unheilvollen Diagnose des Arztes stand mein Vater jeden Morgen am Fließband, ohne auch nur daran zu denken, dass ein anderes Leben möglich wäre. Sollte er doch Träume von einem anderen Leben gehegt haben, so sprach er zumindest nie darüber. In seiner Freizeit schraubte er zu Hause Radios, Plattenspieler, Fernsehapparate auf, die seiner Meinung nach nicht funktionierten, werkelte stundenlang an ihren elektronischen Einzelteilen herum und schraubte sie wieder zusammen. Elektronische Geräte, Wasserhähne, Türen, die tatsächlich kaputt waren, reparierte er, sodass sie noch eine Weile hielten. Lange mussten sie nicht halten – eines Tages würden wir ja ohnehin zurück in die Türkei gehen. Davon waren alle überzeugt.

Doch mit jedem Tag, der verstrich, war der Glaube an die »endgültige Heimkehr« schwieriger aufrecht zu halten. Einmal, als unser Onkel Edip, der Cousin meines Vaters, bei uns zu Besuch war, sagte er: »Wir kehren wohl erst im Bauch des Flugzeugs in die Heimat zurück.« Wir Kinder schauten ihn mit großen Augen an: »Ein Flugzeugbauch? Was ist das denn?« Freudig gespannt warteten wir, dass er uns die Tür zu einer Abenteuergeschichte aufstieße. Doch Onkel Edips Antwort war kurz und eiskalt: »Na, im Sarg!« Nach und nach wurden die Hoffnungen auf eine Heimkehr fallen gelassen.

Gründe gab es dafür viele, auch wirtschaftliche und politische. Deutschland bot einen Arbeitsplatz samt Krankenversicherung und Aussicht auf Rente, überhaupt ein gesichertes Leben. Die Türkei hingegen hatte in den 80er-Jahren gerade einen Militärputsch hinter sich, die Inflationsrate brach historische Rekorde. Die türkische Lira verlor rapide an Wert, und um ausländisches Kapital ins Land zu holen, stellte die Regierung die eigenen Arbeitskräfte für geringste Löhne und ohne soziale Absicherung zur Verfügung. Gleichzeitig stiegen die Lebensmittelkosten. 1980 waren die Preise für Benzin und Treibstoff um 50 Prozent, bei Waren mit staatlichem Monopol wie Alkohol und Zigaretten um 100 Prozent gestiegen. Auch in den sieben Regierungsjahren Turgut Özals, der 1983 zum Ministerpräsidenten gewählt worden war, sank die Inflationsrate nicht wieder in den einstelligen Bereich. Immer mühsamer mussten viele Familien ihr letztes Geld zusammenkratzen. Und wenn eines ihrer Kinder heiraten wollte, scheiterte selbst das zuweilen am Geld.

In Deutschland erlaubte es die wirtschaftliche Lage eher zu heiraten. Also gründeten die Kinder der ehemaligen Gastarbeiter dort Familien, Enkel wurden geboren, die man nicht verlassen mochte. Die Last des Heimwehs drückte mit der Zeit weniger schwer. Deutschland war zur zweiten Heimat geworden. Die Häuser, die in der Hoffnung auf eine Rückkehr in die Türkei gekauft worden waren, wurden mehr und mehr als tote Investition betrachtet, es gab niemanden mehr, der darin jemals wohnen würde.

Meine Muttersprache

Der Bericht, den meine Lehrerin in der ersten Grundschulklasse, Frau Richter, in mein Zeugnis schrieb, spricht Bände: »Semra kennt fast alle Buchstaben, kann aber noch nicht lesen. Einfache kurze Wörter vermag sie mit Hilfe zu lesen. Die Schreibschrift beherrscht sie nicht sicher. Sprachliche Zusammenhänge kann sie nicht ausdrücken. Sie schreibt aber Texte erkennbar und lesbar ab.« Es ist eine Ironie des Schicksals, dass ausgerechnet das Jahr 1983, als ich in die Grundschule kam, von den Vereinten Nationen zum »Internationalen Jahr der Kommunikation« erklärt wurde. Ich jedenfalls war außerstande, mich mitzuteilen. Ich hatte zwar in der Vorschule genug Deutsch gelernt, um einfachste Dinge zu regeln, meine Muttersprache aber war Türkisch. Nach Meinung von Frau Richter hatte dieser Zustand auch Auswirkungen auf meine Beziehungen zu anderen Kindern in der Klasse: »Semra ist zurückhaltend im Umgang mit ihren Mitschülern. An Spielen beteiligt sie sich lebhaft, hat aber Schwierigkeiten wegen ihrer geringen Deutschkenntnisse.«

In der Klasse 1a waren wir zwei Schülerinnen aus der Türkei: Hatice und ich. Frau Richter untersagte uns strengstens, in der Klasse Türkisch zu sprechen, nur Deutsch war erlaubt. Sie nutzte jede Gelegenheit, um uns vor den Mitschülern zu ermahnen: »Türkisch ist verboten!« Was regelmäßig den Spott der anderen Kinder auf uns zog. Als Reaktion darauf, dass ich ein Jahr lang jeden Mittag mit den Worten »Ich hasse die Schule, ich will da nicht mehr hin!« nach Hause gekommen war, machten meine Eltern am Ende der ersten Klasse von ihrem »Recht« Gebrauch, mich die Klasse wiederholen zu lassen. So fand sich auf meinem Zeugnis folgende denkwürdige Bemerkung: »Auf Wunsch der Eltern wiederholt Semra das erste Schuljahr freiwillig.«

Meine nächste Lehrerin, Frau Kipp, verbot uns nicht, miteinander Türkisch zu sprechen. Sie fragte uns sogar manchmal nach der türkischen Entsprechung deutscher Wörter, was uns großen Spaß machte. Ich fühlte mich dort viel besser, und die Veränderung schlug sich in meinem Zeugnis nieder: »Semra fand schnell einen guten Kontakt zu ihren neuen Mitschülern. Ihr Verhalten diesen gegenüber blieb auch ohne Störungen. Durch ihre reife und selbstbestimmte Art konnte sie anderen helfen. Ihre Deutschkenntnisse reichten aus, um mühelos dem Unterricht folgen zu können. Mit eigenen, kleinen Beiträgen bereicherte sie das Unterrichtsgeschehen. Schriftliche Arbeiten erledigte sie selbstständig und meist fehlerfrei.«

Der türkische Premierminister Recep Tayyip Erdoğan, der in den vergangenen Jahren mehrfach die Einführung von Türkischunterricht an deutschen Schulen gefordert hat und bei seinen Besuchen in Berlin und Köln im Februar 2008 nicht davor zurückschreckte zu sagen: »Assimilation ist ein Verbrechen gegen die Menschlichkeit!«, wäre sicher gerührt, wenn er diese Zeilen lesen würde, in denen ich von meinen Schwierigkeiten beim Deutschlernen berichte, die darin begründet lagen, dass ich keinen zweisprachigen Unterricht hatte. Er läse dann aber hoffentlich auch weiter: Denn diese Frage ist nicht nur auf die Türken in Deutschland zu beziehen, sondern genauso auf die Kurden und andere Volksgruppen in der Türkei. Hrant Dink, der 2007 ermordete türkisch-armenische Herausgeber der Zeitung Agos, hat das vor mir schon viel besser formuliert: »Wenn Sie sich die Muttersprache als das einzige Organ für Zivilisation und Kontinuität der Menschheit vorstellen – und ich will dieses Organ, um es besser zu verdeutlichen, auch wenn es grob klingen mag, als ›Geschlechtsorgan‹ bezeichnen – und wenn Sie das akzeptieren, dann werden Sie es nicht beschneiden. Es bereichert Ihre Einheit und Integrität.«

Die Anderen

1991, als Fünfzehnjährige, beschloss ich, die Türkei nicht zu mögen. Vielleicht war das eine pubertäre Laune, eine Suche nach der eigenen Identität, die dieses Alter mit sich bringt, und eine damit unweigerlich verbundene Neigung zum Widerspruch. Ich ging jedenfalls wieder zurück nach

Deutschland, zu meinem Vater nach Leonberg, nordwestlich von Stuttgart, und stieg dort in die 9. Klasse ein.

Doch bald war klar, dass ich dort nicht mehr akzeptiert wurde. Meine Freunde türkischer Herkunft sagten: »Du bist gar nicht wie die Türken!« Aber auch meine deutschen Freunde sagten das. Sie alle vermittelten mir: Du passt nicht in unser Bild von »den Türken«. Für die Migranten aus der Türkei und ihre in Deutschland geborenen Kinder, die im beschaulichen Leonberg ein zurückgezogenes Leben in ihrem Viertel führten, unter sich blieben, war ich, auch wenn sie es nicht aussprachen, »die Fremde«, »die Andere«. Sie bemerkten sogleich, dass ich in einer anderen Umgebung aufgewachsen war. Die Deutschen hingegen begrüßten es auf seltsame Weise, dass ich dem »Türkenbild« in ihren Köpfen nicht entsprach. Dass ich keine typische Türkin war, hätte mich also, je nach Sichtweise, entweder beschämen oder freuen können. Ich aber fühlte mich einfach nur in meiner Identität diskriminiert. Warum sollte ich denn sein wie »die Türken« oder »die Deutschen«? Am Ende des Schuljahres ging ich zurück in die Türkei, nach Istanbul, zu meiner Mutter und meinen drei Geschwistern.

Vor dem Hintergrund dieser Erlebnisse dachte ich in den Jahren darauf viel darüber nach, was es eigentlich bedeutet, türkisch zu sein, deutsch zu sein, und was es bedeutet, an einem Ort fremd zu sein, an einem vertrauten Ort »die Andere« zu sein. Dies führte unweigerlich dazu, dass ich auch in der Türkei die ausgegrenzten »Anderen« zu sehen begann.

In Deutschland hatte ich in der Schule gelernt, dass der Umgang mit »den Anderen« auch in der deutschen Geschichte eine wichtige Rolle gespielt hatte, und ich bekam mit, dass man sich dieser Vergangenheit stellte, dass darüber gesprochen wurde. In der Türkei wurde damals nicht darüber gesprochen, wie man mit »den Anderen« umging, über die drastischen Folgen, die es haben kann, anders zu sein. Das lag zum Großteil daran, dass der türkische Staat sich seiner Vergangenheit nicht stellte, mehr noch, dass es ein Tabu war, über die eigene Geschichte zu sprechen.

Heute fangen wir langsam damit an, über diese Themen zu sprechen. Aber es ist noch nicht lange her, da wurde der Schriftsteller Orhan Pamuk angeklagt, weil er sagte, Anfang des 20. Jahrhunderts seien im Osmanischen Reich eine Million Armenier und 30 000 Kurden ermordet worden. Seine Bücher wurden verbrannt, sein Name geriet auf die Todeslisten rassistischer Kreise. Das alles beruht im Grunde darauf, dass Staat und Gesellschaft in der Türkei ihre Geschichte nicht aufgearbeitet haben. Auch der Mord an Hrant Dink im Januar 2007 ist nicht einfach damit zu erklären, dass er Armenier war und dass der junge Mann, der sich bis heute vor einem Istanbuler Jugendgericht verantworten muss, einen rassistisch geprägten Hass gegen ihn empfand. Denn das würde bedeuten, die

Augen vor der Verantwortung des türkischen Staates für den Mord zu verschließen, der Warnungen ignoriert hat und zuließ, dass Dink zur Zielscheibe nationalistischer Eiferer wurde. Noch wichtiger ist, dass Staat und Regierung ihren Willen zeigen, die wahren Mörder, die Hintermänner vor Gericht zu stellen.

Es ist aus mehreren Gründen von Bedeutung, dass dieser Prozess mit einem gerechten Urteil endet. Die Türkei muss alte Denkschemata aufbrechen, ihre Vergangenheit aufarbeiten. Dazu gehört, dass fast ein Jahrhundert lang, seit der Gründung der Türkischen Republik 1923, Armenier, Kurden und andere Minderheiten diskriminiert wurden, zum Teil sogar ihre Existenz geleugnet wurde.

Vielleicht beschäftigen mich diese Fragen in besonderer Weise, weil ich selbst erlebt habe, wie es sich anfühlt, als »die Andere« in einem Land zu leben, dem man gleichzeitig tief verbunden ist. Um herauszufinden wie »türkisch« ich bin, wurden mir in Deutschland immer wieder die gleichen Fragen gestellt: »Was denkst du über die Menschenrechtsverletzungen, die in deinem Land an Kurden und Minderheiten begangen werden?«, »Was hältst du vom Beitritt der Türkei zur Europäischen Union?« Für mich sind diese Fragen schwierig zu beantworten, was nicht daran liegt, dass ich keine Antwort darauf wüsste. Ich will einfach nicht »die bessere Türkin« sein, indem ich das anprangere, was – sehr zu Recht – auch in Deutschland angeprangert wird. Ich will auch keine Argumente dafür liefern, dass die Türkei unfähig zur Veränderung sei und als »nicht geeignet« für eine EU-Mitgliedschaft erachtet wird. Ich bin von der Notwendigkeit überzeugt, Vergangenes aufzuarbeiten. Was mich weniger überzeugt, ist das Aburteilen ganzer Kulturen oder Nationen.

Die Veränderungen in der Türkei gehen sehr langsam voran. Die Entwicklung demokratischer Strukturen sind allerdings notwendig – und mittlerweile wohl auch unumkehrbar geworden. Der Wandel betrifft die militärische und zivilgesellschaftliche Ordnung, die Überwindung historischer Herrschaftsstrukturen. Eine Vollmitgliedschaft der Türkei in der EU wird von vielen Menschen in der Türkei inzwischen nicht mehr mit Euphorie und Ungeduld erwartet. Wahrscheinlich sind die Pendler zwischen Deutschland und der Türkei, die sich seit Jahrzehnten Reisefreiheit erhoffen, die größten Befürworter der EU. Für unser Land ist die Beschäftigung mit der EU-Frage dennoch wichtig. Sie bedeutet für unser Land eine Chance. Sie führt uns vor Augen, dass wir uns mit unserer Geschichte konfrontieren müssen. Sie hat bereits bewirkt, dass einer Bevormundung durch das Militär ein Ende bereitet und eine gesellschaftliche Elite entmachtet wurde, die in Justiz und Verwaltung, Wirtschaft und Politik lange an den Schalthebeln saß und sich strikt weigerte, in neuen Kategorien zu denken.

Allein in dieser Hinsicht kommt Deutschland eine historische Aufgabe zu, was die Unterstützung der Aufnahme der Türkei in die EU betrifft.

Der Koffer

Bundeskanzlerin Angela Merkel bedauerte im Oktober 2010 auf dem Deutschlandtag der Jungen Union, dass man sich in Deutschland viele Jahre lang in die Tasche gelogen habe: Man habe sich Gastarbeiter ins Land geholt, jahrelang geglaubt, sie würden schon wieder gehen, nun aber sehe man, dass dem nicht so sei. In der Öffentlichkeit hängen geblieben ist von dieser Rede wohl vor allem der Satz: »Der Ansatz für Multikulti ist gescheitert, absolut gescheitert!« Mittlerweile wird in Deutschland ja sehr viel darüber gesprochen, wie sich das Zusammenleben mit den Menschen aus der Türkei gestalten lässt. Das Wort »Integration« habe ich allerdings immer misstrauisch beäugt. In meinen Augen steckt dahinter eine überhebliche Haltung. Zugleich greift es auf das Konzept des Nationalstaates zurück, das im Kern davon ausgeht, dass ein hohes Maß an kultureller Gemeinsamkeit, gemeinsamer Geschichte und gemeinsamen Wertvorstellungen erstrebenswert für das Zusammenleben von Menschen in einem Staat ist. Dabei leben wir mit verschiedenen Kulturen und Religionen zusammen. Die Schwierigkeiten, mit denen sich die aktuelle Integrationspolitik herumschlägt, sind meines Erachtens nicht in den deutsch-türkischen Beziehungen, sondern in etwas Größerem begründet: in den von der Globalisierung geschlagenen Wunden.

Mit der Globalisierung wird die Migrationspolitik komplizierter. Denn in einer globalisierten Welt lässt sich das Bild der Migranten als homogene Masse noch weniger aufrechterhalten als früher. Dabei wissen wir schon lange, dass die Türken in Deutschland keineswegs alle in den 60er-Jahren mit einem Koffer in der Hand über das Anwerbeabkommen kamen, im festen Glauben, nach einer überschaubaren Zeit wieder zurückzukehren, und sei es »im Bauch eines Flugzeugs«.

Im Grunde unterscheidet sich die Haltung der Deutschen in der Migrantenfrage nicht so sehr von der jener türkischen Familien, die mit allen Kräften zu verhindern versuchen, dass ihre Kultur in der neuen Heimat verloren geht. Es ist eine nach innen gerichtete, provinzielle Abwehrhaltung. So wie bei uns zu Hause das Verbot, Deutsch zu sprechen. Ebenso wenig scheinen die Deutschen sehen zu wollen, dass die Türken, die kamen, sehr unterschiedliche kulturelle Hintergründe mitbrachten.

Auch Migranten sind Individuen, Träger unterschiedlicher Identitäten. Die Begriffe »Heimat« und »Fremde« sind für die in Deutschland geborenen Migrantenkinder mit denen ihrer Eltern nicht kompatibel. Ich bezweifle, dass die Kinder und Enkel der in den 60er- und 70er-Jahren aus der Türkei nach Deutschland gekommenen Migranten auf die Frage, wo sie die letzten sechs Monate ihres Lebens verbringen wollen, nach wie vor wie mein Vater antworten würden: »In meinem Heimatland Türkei.« Zugleich weiß ich, dass Menschen türkischer Herkunft, deren Selbstbeschreibung seit Langem auf einer deutsch-türkischen Identität beruht, sich hier nicht als »Geiseln« fühlen, wie es noch ihre Eltern bis zu dem Tag tun, an dem sie in Deutschland sterben werden. Der entscheidende Unterschied zwischen ihnen und ihren älteren Familienangehörigen ist das Bewusstsein, nicht auf Deutschland »angewiesen« zu sein.

Die zur neuen Mittelschicht Gehörenden wollen gut verdienen und ihr Vermögen »gut« ausgeben. Sie betrachten sich nicht als Arbeiter, sondern begründen ihre Existenz mit dem Ansehen, das ihre jeweiligen Karrieren ihnen geben. Immer mehr gut ausgebildete Türkeistämmige erkennen zudem, dass in der neuen Weltordnung die Grenzen von Nationalstaaten verschwimmen und Deutschland mit seiner Abwehrpolitik gegenüber Migranten an Ansehen verliert – und sie nutzen die Chancen, die die Türkei mit ihrem raschen Wirtschaftswachstum ihnen bietet.

In meinem Leben öffneten sich 2004 die Türen nach Deutschland ein drittes Mal – oder besser gesagt: Es gelang mir, nach einem enormen bürokratischen Aufwand – und der geringschätzigen Haltung einiger deutscher Konsulatsbeamter gegenüber Antragstellern aus der Türkei zum Trotz – die Türen aufzustoßen. Die Träume meiner Mutter waren in der Zwischenzeit wahr geworden, ich hatte ein Studium in Istanbul abgeschlossen. Nur dass ich als Journalistin arbeitete, entsprach nicht ganz ihren Wünschen. Jedenfalls reiste ich im Januar 2004 – ähnlich wie meine Eltern damals mit nur einem Koffer in der Hand – nach Bonn, um dort ein paar Monate lang für die Deutsche Welle zu arbeiten. Anders als bei meinen Eltern steckte in meinem Koffer jedoch nicht die Hoffnung auf ein neues Leben. Er enthielt nur die Dinge, die ich brauchen würde, um wenig später erneut nach Istanbul zurückzukehren, wo ich bei einer Tageszeitung als Redakteurin arbeitete.

Acht Monate später stehe ich am Flughafen. Als der Grenzbeamte bemerkt, dass mein Visum noch nicht abgelaufen ist, fragt er skeptisch: »Werden Sie denn wieder nach Deutschland einreisen?« Ich will schon antworten: »Ja, bestimmt! Ich bin hier geboren!«, unterlasse es aber. Es ist wohl unnötig, aus heiterem Himmel für Panik zu sorgen.

Semra Pelek

Aus dem Türkischen übertragen von Sabine Adatepe.

Republik mit Zukunft

»Der deutsche Staat hat Integration auch behindert«

Im Gespräch: Die ehemalige Ausländerbeauftragte Barbara John und der türkeistämmige Journalist Sinan Şat

Mehr als ein halbes Jahrhundert nach der Ankunft der ersten Gastarbeiterinnen und Gastarbeiter in Deutschland zeigt der Dialog zwischen zwei Vertretern verschiedener Generationen und Herkunftskulturen über die politischen und gesellschaftlichen Entwicklungen der vergangenen Jahre, dass auf beiden Seiten Fehler gemacht wurden – doch gleichfalls, dass die junge Generation in diesem Land vor einer Jahrhundertaufgabe steht, auf die sie sich auch freuen kann.

Das hier aufgezeichnete Gespräch zwischen Barbara John (von 1981 bis 2003 Ausländerbeauftragte im Berliner Senat, CDU) und Sinan Şat (Jahrgang 1987, Autor der Westdeutschen Allgemeinen Zeitung,) fand statt im Rahmen einer Tagung Anfang März 2011 zum Thema »Deutschland und die Türkei. Diagnosen zu einem schwierigen Verhältnis« in der Katholischen Akademie Schwerte, veranstaltet von der Evangelischen Akademie Villigst im Institut für Kirche und Gesellschaft in Kooperation mit dem KulturForum TürkeiDeutschland e. V.

Barbara John und Sinan Şat: Zwei Generationen im Gespräch über 50 Jahre Migration aus der Türkei.

Von »Gastarbeitern« zu »Menschen mit Migrationshintergrund«

Sinan Şat: Frau John, was halten Sie von dem Begriff »Gastarbeiter«?

Barbara John: Bis 1973 war er eine treffende Bezeichnung für eine bestimmte Gruppe. Er entsprach den Erwartungen auf beiden Seiten, doch das ist überholt.

Sinan Şat: Einigen CDU-Politikern scheint der Begriff aber nach wie vor sehr wichtig zu sein: als Mittel der Abgrenzung, wenn wir über Integrationsprobleme sprechen.

Barbara John: Wobei die Gastarbeiterinnen und Gastarbeiter der ersten Generation sich ja besonders erfolgreich integriert haben. Unter anderem deshalb, weil sie stark in Arbeitsprozesse eingebunden und sprachlich und kulturell nicht so abgeschottet waren wie die Nachfolgegenerationen. Viele haben Unternehmen gegründet, ihre Kinder gingen oft aufs Gymnasium. Es entstanden gute nachbarschaftliche Beziehungen zu Deutschen. Die Gastarbeiter hatten die besten Integrationsvoraussetzungen, und sie haben das Beste daraus gemacht.

Sinan Şat: Das sehe ich nicht ganz so positiv. Man hat in meinen Augen viel zu lange rückwärtsgewandt gelebt in Deutschland, und damit meine ich auch die Türken. Die Menschen kamen mit dem Gedanken: Wir kehren eines Tages in die Heimat zurück. Als ihre Kinder geboren wurden und sie merkten, dass es wohl keine Rückkehr geben würde, war es für die erste Generation häufig schon zu spät, am gesellschaftlichen Leben teilzuhaben. Das ist in meinen Augen das größte Versäumnis der türkischen Community.

Barbara John: Ich denke aber, Herr Şat, wir dürfen das nicht direkt in Verbindung mit der aktuellen Integrationsdebatte bringen. Die »klassischen« Gastarbeiterinnen und Gastarbeiter und ihre Kinder sind sehr viel besser integriert, was Schulerfolg und berufliche Qualifikation angeht, als die Menschen, die in den 90er-Jahren kamen. Diese wichtigen Differenzierungen, wer zu welcher Gruppe gehört, was die Menschen gemacht haben, bevor sie herkamen, wie sie gelebt haben, welche Konflikte sie hatten, sind vielen Deutschen bedauerlicherweise nicht gegenwärtig. Sonst würden wir sehr viel besser erkennen, welche Maßnahmen und Ansätze erfolgreich waren bzw. sind und welche nicht erfolgreich sein können.

Sinan Şat: Dazu musste, vor allem in Ihrer Partei, aber erst einmal die Erkenntnis wachsen, dass Deutschland ein Einwanderungsland ist. Es ist eigentlich sehr bemerkenswert, dass Sie selbst schon so früh diese Position vertreten haben.

Barbara John: Weil ich immer den Kontakt gesucht habe. Ich habe mein Amt als ein offenes geführt. Jeder konnte sich an mich und meine Mitarbeiter wenden. Jeden Monat habe ich eine türkische Familie besucht. Dort hörte ich von den Problemen aus erster Hand. Meine Parteikollegen waren damals weit entfernt von den persönlichen Erfahrungen und konnten sich dadurch nur von Vorurteilen und Presseberichten »ernähren«. Deshalb stand ich auch lange in einem großen Spannungsverhältnis zu der Partei, der ich angehöre. Ich habe mich oft gefragt, ob wir dieselbe Wirklichkeit sehen. Heute ist das ein bisschen anders. Bundeskanzlerin Angela Merkel kann das Wort »Integration« buchstabieren und tut es oft. Sie pflegt auch unmittelbaren Kontakt.

Sinan Şat: Es ist aber die gleiche Kanzlerin, die kürzlich »Multikulti« für gescheitert erklärt hat – 2010 auf dem Deutschlandtag der Jungen Union. Gerade die CDU müsste sich aber ja eingestehen, dass sie für das Gelingen nicht immer die entsprechenden politischen Voraussetzungen geschaffen hat. Wie sollten sich die Türken in die deutsche Gesellschaft einbringen, wenn sie weder eine Arbeitserlaubnis hatten noch die deutsche Staatsangehörigkeit? Die Menschen hatten ja formal schon ganz andere Voraussetzungen. Heute würde ich fragen: Warum müssen Menschen, die nicht seit drei Generationen deutsche Eltern haben, immer noch anders bezeichnet werden, nämlich als »Migranten«, »Zuwanderer«, »Menschen mit Migrationshintergrund«? Wieso können wir nicht alle einfach Mitglieder dieser Gesellschaft sein? In meinen Augen machen diese ständigen Differenzierungen es nicht einfacher, sich zurechtzufinden, sich zu entwickeln. Ich bin in Deutschland aufgewachsen und fand es nicht angenehm zu spüren, dass ich zwar Vieles genauso gut oder schlecht mache wie »Martin von nebenan«, aber für mein Gegenüber doch immer »der mit dem Migrationshintergrund« bleibe. Gerade in der Selbstfindungsphase, im Teenageralter, ist das wirklich nicht einfach.

Barbara John: Die Unterschiede zu ignorieren, wäre in meinen Augen aber verkehrt. Man muss und sollte dazu jedoch nicht auf ethnische Ordnungsmuster zurückgreifen. Wo es um Bildungsbenachteiligung, Langzeitarbeitslosigkeit, Kriminalität geht, rücken sozioökonomische Faktoren in den Blickpunkt. Es ist sicher falsch und wenig förderlich, wenn in Berichten pauschal von »den Migranten« die Rede ist. Die gibt es genauso wenig wie »die Deutschen«.

Sinan Şat: Wenn auf politischer Ebene versucht wird, mit »den Migranten« zu kommunizieren, fällt mir vor allem die Deutsche Islam Konferenz ein. Was aber soll solch ein exklusiver Dialog dem normalen Türken in Duisburg-Marxloh bringen? Ich frage mich auch, ob der deutschen Gesellschaft bewusst ist, dass die Islam-Verbände, die dort vertreten sind, nicht jeden Muslim in Deutschland repräsentieren – und schon gar nicht jeden Migranten oder jeden Türken!

Barbara John: Ich denke schon, dass den meisten das klar ist. Aber man kann natürlich nicht mit allen sprechen. Ich halte diese Initiative dennoch für einen sehr wichtigen, auch mutigen ersten Schritt.

Sinan Şat: Mir würde es vor allem darum gehen, dass nicht nur religiöse Gemeinden eine Vertretung auf der bundespolitischen Ebene haben. Weil eben nicht alle Türken Mitglied einer solchen Gemeinde sind. Meiner Meinung nach basieren die größten Missverständnisse darauf, dass wir Integration immer über den religiösen Aspekt beurteilen. Wobei natürlich nicht übersehen werden darf, dass die konservativ-religiöse türkische Community in Deutschland besonders gut organisiert ist. Ein großes Versäumnis der liberalen, sozialdemokratischen oder linken türkischen Community in Deutschland war es wohl, sich zu wenig aktiv in der Öffentlichkeit zu zeigen, selbst Flagge zu zeigen. Aber das darf nicht dazu führen, dass die deutsche Politik sich nur diese organisierten Migrantengruppen als Ansprechpartner an den Tisch holt.

Türken, Integration und Klischees im medialen Diskurs

Barbara John: In den 60er-Jahren klang das so: »Siemens hat wieder soundso viele Gastarbeiterinnen und Gastarbeiter angeworben« oder: »Jetzt kommt der erste Portugiese«. Das waren schon immer Nachrichten. Aber es ging zunächst nie darum, wie diese Menschen leben, wie sie sich fühlen, wie ihre Anwesenheit möglicherweise unsere Gesellschaft verändert. Dieses Interesse wuchs erst in den 90er-Jahren.

Sinan Şat: Heute wünsche ich mir manchmal, es gäbe einen Tag, an dem nicht darüber geschrieben wird. Was natürlich daran liegt, dass ich mich immer ein Stück weit mit jenen identifiziere, die Auslöser dieses Problemdiskurses sind. Ich bin aber nicht nur Türke oder Deutschtürke: Ich bin auch Gelsenkirchener, Fußballfan, Abiturient, Student, Nachwuchsjournalist – und Deutscher. Es gibt Studien, die behaupten, Jugendliche bestimmter Kulturkreise neigten stärker zur Gewalt als andere, und die religiösen unter ihnen seien die Schlimmsten. Wen interessiert das? Und vor allem: Wem soll das etwas bringen? Wenn Jugendliche mit diesen oder jenen Wurzeln oder einer religiösen

Einstellung tatsächlich stärker zu Gewalt neigen, dann lautet doch die entscheidende Frage: Welche Sozialisation haben sie erfahren? Welcher Schicht gehören sie an? Jedenfalls darf die Frage nicht lauten: Aus welchem Land kommen ihre Eltern, in welcher Stadt ist die Oma geboren?

Barbara John: Ich erinnere mich an eine Anfrage des Nachrichtenmagazins »Der Spiegel« in den 90er-Jahren. Die Redaktion wollte eine Studie unter Jugendlichen durchführen. Wir nannten ihnen die Adressen von hundert Jugendlichen, die bereit waren, von sich und ihren Erfolgen zu berichten. Und was kam dabei heraus? Ein Artikel über die Kriminalität unter türkischen Jugendlichen mit dem Titel »Gefährlich fremd«. Da wurden Kurden mit ihren Flaggen und Türken mit ihren Messern gezeigt, also die bekannten Klischees – weil es sich eben besser verkauft hat.

Sinan Şat: Gerade, was den Islam angeht, halte ich die tendenziell sensationsheischende, angstmachende Berichterstattung für gefährlich. Für Leute wie mich ist das außerdem frustrierend. Wir müssen uns als Türken – ob Muslime oder nicht – ja erst einmal von all dem distanzieren, um als normale Bürger gesehen zu werden. Das würde nicht passieren, wenn es mehr Kontakt in den Stadtteilen gäbe. Ich würde mir auch wünschen, dass bei der Berichterstattung weniger von Polizei- und Verfassungsschutzberichten abgeschrieben wird, dass hintergründiger, tiefgründiger berichtet wird, und vor allem aufklärend und erklärend.

Barbara John: Aber auch aus den Reihen der Muslime wird Angst vor dem Islam geschürt: Autorinnen wie Necla Kelek und Serap Çileli verdienen mit ihren pauschalen islamkritischen Thesen viel Geld. Wir müssen ganz klar sehen: Das Schüren von Ängsten verkauft sich gut. Das Buch »Deutschland schafft sich ab« des ehemaligen Bundesbank-Vorstandsmitglieds Thilo Sarrazin wurde über 1,5 Millionen Mal verkauft. Auf der Suche nach den Gründen dafür hält das kollektive Gedächtnis der Deutschen eine Reihe Mythen parat: Man erinnert sich auf einmal an die Türken vor Wien, der Islam wird zunehmend als großer Gegenspieler des Christentums gesehen... Das einzige Mittel gegen diese Mythen ist, immer wieder zu differenzieren, genau hinzugucken, nah an die Menschen heranzurücken.

Sinan Şat: Ich mache leider die Erfahrung, dass Lesern dafür häufig das Hintergrundwissen fehlt – oder das Interesse, über die Hintergründe ausführliche Berichte zu lesen. Wenn wir in Nordrhein-Westfalen über die »Bozkurtlar« (die »Grauen Wölfe«) oder ihre Jugend-Bewegung, die »Ülkücüler« (wörtlich: die Idealisten), berichten, also über rechtsradikale türkische Gruppierungen, die vom deutschen Verfassungsschutz beobachtet werden, sollte der Leser nicht nur wissen, um welche Personen es sich handelt, welches Gedankengut dahintersteckt. Er sollte auch begreifen, dass nicht jeder Türke ein »Grauer Wolf« ist – genauso wenig wie jeder Deutsche ein Neonazi ist. Übrigens sind diese Verbände zwar türkische Organisationen, aber warum sie in Deutschland bei den hier geborenen türkeistämmigen Jugendlichen so viel Zuspruch haben, ist eine Frage, die wir uns auch als deutsche Gesellschaft stellen müssen.

Ausländerpolitik damals, Integrationspolitik heute

Barbara John: Das deutsche Ausländergesetz war bis 1991 auf einen temporären Aufenthalt der Zugewanderten ausgerichtet. Das war der größte Fehler. Davon abgesehen denke ich, dass Integration hauptsächlich über den Arbeitsmarkt und Bildung stattfindet. Beides wurde vernachlässigt. Wir brauchen einen diskriminierungsfreien Arbeitsmarkt, ein Bildungssystem, das allen offensteht. Außerdem müssen wir darüber diskutieren, was ein eng geknüpftes soziales Netz mit Menschen macht, die auf dem Arbeitsmarkt nur eine gering entlohnte Tätigkeit finden. Wenn sie nämlich feststellen, dass sie, wenn sie nicht arbeiten gehen, das Geld auch so auf den Tisch gelegt bekommen, greifen sie zu.

Sinan Şat: Aber viele durften doch gar nicht arbeiten! Den von Ihnen eingangs angesprochenen Menschen, die vor allem in den 90er-Jahren als Flüchtlinge kamen, wurde der Zugang zum Arbeitsmarkt ja geradewegs verweigert.

Barbara John: Genau. Insofern hat der deutsche Staat daran mitgewirkt, Integration zu behindern, indem er Asylbewerbern, aber auch den nachgezogenen Ehepartnern ehemaliger Gastarbeiter über Jahrzehnte hinweg die Arbeitserlaubnis verweigert hat. So hat er Menschen daran gewöhnt, vom Sozialstaat zu leben. Das waren unmögliche Regelungen. Arbeit bedeutet Teilhabe, Kontakt, Lernen, die Chance zu einer Weiterentwicklung. Im deutschen Sozialstaat ist so ein Denken tabu. Auch was den Familiennachzug angeht, würde ich sagen: Wir sollten jeden, der hierherkommt, wie einen EU-Bürger behandeln: großzügig mit der Arbeitserlaubnis, knauserig mit der Sozialhilfe.

Sinan Şat: Wollte man denn, dass die Arbeiter aus der Türkei erfolgreich hier leben? Belohnt wurden ja diejenigen, die in die Türkei zurückkehrten – zum Teil mit vierstelligen Rückkehr-Prämien. Es wurde ja nicht überlegt: Wie schaffen wir Entwicklungsmöglichkeiten, Beteiligung am gesellschaftlichen Leben und Zufriedenheit für alle?, sondern: Wie werden wir sie wieder los?

Barbara John: Das stimmt, es gab das Recht auf Familienzusammenführung, aber eigentlich wollte man die Ehepartner nicht. Deshalb gab es die sogenannte Ehebestandszeit. In Bayern und Baden-Württemberg musste man drei Jahre verheiratet sein, bevor man den Ehepartner nach Deutschland holen durfte. In Berlin betrug die Frist nur ein Jahr, wir waren etwas liberaler. Jedenfalls gingen die Gesetzgeber davon aus, dass für die Paare eine so lange Trennung nicht infrage käme. Tatsächlich war es aber nicht selten so: Die Ehefrau reiste, ganz legal, mit einem Touristenvisum ein. Man sah sich, verliebte sich neu, die Frau wurde schwanger. Bestand die Ehe noch kein Jahr, musste die Frau nach Ablauf ihres Visums wieder heimreisen – schwanger oder nicht. Ich habe geraten, diese Frauen »reiseunfähig« zu schreiben. Aber weil die Ausländerpolizei das in der Regel nicht glaubte, mussten die Frauen sich bei offiziell beauftragten Ärzten einer Untersuchung unterziehen, ob die Reiseunfähigkeit wirklich gegeben war. Ich habe gedroht, dass ich mein Amt aufgeben würde, falls diese schikanöse Praxis fortgeführt würde. So konnte ich immerhin eine Härtefallregelung durchsetzen. Ab 1987 durften die betroffenen Frauen dann in Berlin ihr Kind zur Welt bringen und nach der Geburt vier Monate in Deutschland bleiben. Dann mussten sie in die Türkei reisen, sich ein neues Visum ausstellen lassen. Das war eine Formalie, aber diese Ehrenrunde mussten sie drehen.

Sinan Şat: Dagegen hätten eigentlich auch die türkischen Ehemänner aufbegehren sollen.

Barbara John: Ich habe immer gesagt: Warum wehrt ihr euch nicht, warum geht ihr nicht auf die Straße? Das ist doch eine Schikane erster Güte! Es kam auch vor, dass junge Mädchen, die einst als Familienangehörige oder Ehefrauen zugezogen waren, abgeschoben wurden – wenn sie nämlich, aus welchen Gründen auch immer, aus dem Haus ihrer Eltern oder ihres Ehemanns auszogen. Eine neue Adresse reichte den Ausländerbehörden, um festzustellen: Der »Aufenthaltszweck« Familienzusammenführung ist nicht länger erfüllt. Ausreise! Dagegen protestierten die Männer aus der Türkei aus einem ganz einfachen Grund nicht: Sie konnten sich die Ausländerbehörde zu Verbündeten bei der schlechten Behandlung ihrer Töchter und Ehefrauen machen. Und sie haben das auch getan. So war die deutsche Rechtswirklichkeit in den 80er-Jahren. Immerhin gelang es uns, 1984 eine Härtefallkommission zu gründen, in der solche Fälle besprochen wurden. Der damalige Innensenator Heinrich Lummer, ein Hardliner, hat versucht, die Frauen wieder in die Türkei zu schicken, ich habe versucht, sie zu halten. Mit der Hilfe vieler Mitstreiter konnte sich das »Bleibekonzept« letztlich durchsetzen.

Sinan Şat: Offenbar zu spät. Eine Generation haben wir durch eine »Bitte-nicht-Bleiben«-Politik verloren.

Barbara John: Ich habe oft von einer »verlorenen Generation« gesprochen. Es wuchs mit der Zeit ein großer Abstand zwischen der deutschen und der eingewanderten Bevölkerung, vor allem was die Schulerfolge ihrer Kinder betraf. Wir hätten damals eine aktive Einwanderungspolitik betreiben und die Systeme, die über die Teilhabe und Chancen von Menschen entscheiden, völlig verändern müssen. Zum Beispiel das System der Auslese an unseren Schulen, das in meinen Augen ein großer Skandal ist: Im Alter von zehn oder zwölf Jahren werden unsere Kinder in gute, nicht so gute und schlechte Schüler unterteilt. Das ist doch keine Demokratie, die Kinder schon in diesem Alter regelrecht in eine soziale Schicht einzuweisen. Auch dieses System hat Einwandererkinder stark benachteiligt. Aber über diese Kriterien reden wir erst, seit klar ist, dass auch die Kinder deutscher Eltern darunter zu leiden haben.

Sinan Şat: Ich stelle auch fest, dass viele in meiner Generation sich von der deutschen Gesellschaft abwenden. Meines Erachtens hat das aber auch noch andere Ursachen: die mangelnde Akzeptanz und das geringe Interesse der Deutschen an denen, die gekommen sind. Ich will nicht jedem erklären, ob oder weshalb ich Muslim bin oder was ich stattdessen bin, und dass ich deshalb noch kein Terrorist bin. Das macht die Integration sehr schwierig auch für Jugendliche, deren Eltern hier aufgewachsen sind. Da ist dann übrigens auch egal, was ein deutscher Bundespräsident oder ein Bundesinnenminister über den Islam sagt.

Barbara John: Was in den Medien zu lesen und zu hören ist, unterscheidet sich deutlich von dem, was ich im Alltag beobachte. Deshalb denke ich auch, man sollte es nicht überbewerten, wenn der deutsche Innenminister Hans-Peter Friedrich, wie im Frühjahr 2011 geschehen, sagt, der Islam gehöre nicht zu Deutschland. Das sind politische Abgrenzungsspielchen. Allerdings tat es gut, zum Beispiel von seinem Vorvorgänger Schäuble zu vernehmen, dass der Islam hier seine Heimat finden und hier auch zu Hause sein soll. Dass die Muslime sehr wohl zu Deutschland gehören, hat Herr Friedrich im Übrigen ja auch gesagt.

Sinan Şat: Wenn kurz vor den Landtagswahlen ein Politiker etwas über den Islam sagt, ist klar, dass er damit bei seinen Wählern punkten will. Das interessiert den »normalen« Türken nicht; für ihn ändert sich dadurch ja nichts. Bei der Debatte um die Thesen Sarrazins, der den muslimischen Zuwanderern im Kern vorwarf, eine dümmere, sich aber leider stark vermehrende Spezies zu sein, war das allerdings anders. Die hat bei der türkischen Community für großes Entsetzen gesorgt, und, noch schlimmer, für eine Art Resignation. Weil die Menschen auf der Straße diese unsinnige Debatte mitgeführt haben.

Barbara John: Schade, ignorieren wäre das Gebot der Stunde. In offenen Gesellschaften findet jede Meinung einen Autor, auch irrige. Also nicht resignieren, sondern widersprechen. Die Realität von Millionen Menschen, deren Eltern und Großeltern wie Ihre, Herr Şat, nach Deutschland eingewandert sind, entlarvt solche Propaganda als Lügen, tagtäglich. Ich bin zuversichtlich, dass unsere Gesellschaft nicht in einem großen Auseinanderdriften enden wird.

Sinan Şat: ... und dann steht man im Februar 2011 in Düsseldorf und sieht Tausende, die den türkischen Ministerpräsidenten Recep Tayyip Erdoğan wie einen Popstar feiern. Da driftet dann ja doch einiges auseinander. Da läuft doch irgendwas falsch.

Barbara John: Ich sehe das nicht so dramatisch: Menschen haben nun einmal das Bedürfnis, sich an Autoritäten anzulehnen, von der Politik anerkannt zu werden, Wärme zu spüren. Wenn das Land, in dem sie leben, ihnen das nicht liefert, finden sie es eben woanders. Wenn Frau Merkel mit entsprechender Vorbereitung zu einer gemeinsamen Versammlung einladen und – vielleicht mit einem kurzen türkischen Grußwort, »Sevgili Türk-Almanlar, Sevgili Türk arkadaşlarım« – sagen würde: »Ich bin auch eure Kanzlerin!«, dann würde sie ähnlich enthusiastisch begrüßt werden. Wann kommt so ein Zeichen?

Sinan Şat: Dass es vielen Türkinnen und Türken die Seele streicheln würde, glaube ich auch. Aber es würde nicht wirklich etwas für sie verändern. Viel entscheidender ist, was zwischenmenschlich in der Gesellschaft passiert.

Geschichte, Erinnerung und Perspektiven

Barbara John: Nach der Wende hat sich für die Türken in Deutschland, zumindest in Berlin, manches verändert. Ich erinnere mich noch an Szenen auf der Oberbaumbrücke zwischen Ost- und Westberlin kurz nach dem Mauerfall. Auf der westlichen Seite, in Kreuzberg, hatten viele Türken ihre Geschäfte und überhäuften die Menschen, die über die Brücke kamen, mit Bananen und Orangen. Es herrschte eine große Freigebigkeit. Dann kam der große Absturz. Es gab im Osten eine erschütternde Ablehnung gegenüber Türken, einen offensichtlichen Rassismus. In der DDR war ja ein Deutschtum gezüchtet worden, das es im Westteil der Stadt gar nicht mehr gab. Bei einer Diskussion in Ostberlin, auch kurz nach dem Mauerfall, habe ich erzählt, dass

Freundschaften und Partnerschaften zwischen türkischen Zuwanderern und Deutschen ganz selbstverständlich geworden seien. Plötzlich schrie jemand von hinten: »Rassenschande!« In der DDR waren kritische Diskussionen über Begriffe der Nazi-Ideologie wie »Rasse«, »Arier«, »Nicht-Arier« tabuisiert, gedanklich eingefroren. Was da alles aufzuarbeiten war! Für die deutschen Kommunisten war immer klar: In Westdeutschland lebten die Nazis weiter, sie aber, die Sozialisten, waren die Gutmenschen; deshalb kamen ausländerfeindliche Aggressionen in der DDR in den Medien nie vor, kritische Diskussionen darüber fanden nicht statt. Das hat den Osten Deutschlands dann wieder eingeholt. Die massive und gewalttätige Ausländerfeindlichkeit im Ostteil Berlins nach dem Mauerfall hat es ja mehrfach belegt. Die Berliner türkischer Herkunft sagten mir, wenn sie nach Westdeutschland fuhren: Das Wichtigste ist, dass wir einen vollen Tank haben, damit wir nicht in Ostdeutschland anhalten müssen. Sie waren von einer massiven Angst geplagt, und die war auch berechtigt.

Sinan Şat: Nach 1990 gab es aber ja nicht nur in Ostdeutschland fremdenfeindliche Übergriffe. Auch in der alten Bundesrepublik eskalierte die Gewalt gegen Türken wie nie zuvor: In Mölln fielen Ende 1992 zwei türkische Mädchen und ihre Großmutter einem Anschlag auf ein vornehmlich von türkischen Familien bewohntes Haus zum Opfer. In Solingen starben ein halbes Jahr später zwei türkische Frauen und drei Mädchen.

Barbara John: Da haben Sie recht – das waren natürlich auch Einschnitte, gerade im Bewusstsein der türkischen Einwanderer. Man hätte das nie von den Deutschen gedacht, seit den deutsch-türkischen Bündnissen in beiden Weltkriegen waren sie ja von den Türken als Freunde gesehen worden. Mit diesen furchtbaren Anschlägen trat eine Ernüchterung ein. Auch die Reaktion der Bundesregierung auf das Verbrechen in Solingen war beschämend.

Sinan Şat: Meine Generation hat das nicht wirklich miterlebt, wir waren zu jung. Was uns mehr prägt, ist eine Stimmung gegenüber Türken in der deutschen Gesellschaft – und zwar eine, die ich nicht selten als ablehnend beschreiben würde.

Barbara John: Deutschland hat in seiner jüngsten Einwanderungsgeschichte vielen Menschen Schmerzen und Unrecht zugefügt. Dabei sind wir ein Land oder ein Volk, das besser wissen müsste, was geschieht, wenn man Minderheiten abwertet, auf ihnen herumtrampelt, sie negiert und sogar dämonisiert. Ich habe den Eindruck, dass sich nach 50 Jahren langsam Einstellungen dieser Art ändern. Endlich.

Sinan Şat: Über den Umgang mit Minderheiten und über die Aufarbeitung von Vergangenheit können wir ja auch in Bezug auf die Türkei aus diesem Abschnitt der Geschichte viel lernen.

Barbara John: Es hat Deutschland einiges abverlangt, sich einer Kultur zu nähern, die auf den ersten Blick fremd erscheint. Das hat sicher auch mit der Religion der meisten Türken zu tun – man darf ja nicht vergessen, dass auch Deutschland ein Land ist, in dem Religion immer eine große Rolle gespielt hat: im Dreißigjährigen Krieg, die Auseinandersetzungen zwischen Protestanten und Katholiken. Jetzt kommen die Muslime dazu, ob sie nun gläubig sind oder nicht. Man muss sich aneinander gewöhnen. Es wäre schlecht, jede Spannung immer gleich zur Bruchstelle zu erklären. Wenn ich an die Zukunft denke, bin ich zuversichtlich. Die meisten Zuwanderer haben inzwischen die Sicherheit eines dauerhaften Aufenthaltsstatus, die deutsche Staatsbürgerschaft ist sehr viel leichter zu erwerben als früher, und die Menschen lassen sich tatsächlich häufiger einbürgern. Ich beobachte, dass wir nicht einen Schritt vor, einen zurück, sondern zwei Schritte vor, einen zurück gehen. Auch das bringt uns vorwärts.

Sinan Şat: Ich bin, was die Integration angeht, leider etwas pessimistisch, weil ich eine Rückwärtsgewandtheit unter türkischen Jugendlichen festzustellen glaube: weg von der deutschen Kultur, zurück zur Kultur der Eltern, zu einem ethnisch oder religiös geprägten Selbstverständnis. Aber vielleicht ist das nur der eine Schritt zurück, und wir gehen bald wieder zwei Schritte nach vorne.

Barbara John: Aber Herr Şat, die junge Generation steht vor einer so großartigen Herausforderung, wie sie nur selten eine Generation vor sich hatte! Über Jahrtausende wurden kulturelle, religiöse, ethnische Unterschiede von der Politik genutzt und missbraucht, um Menschen damit zu quälen. Eine Demokratie wächst jedoch daran, dass die Gesellschaft pluraler wird, und hat die Aufgabe, diese Vielfalt zusammenzuhalten. Vor Ihrer Generation liegt eine Jahrhundertaufgabe – freuen Sie sich darauf!

Moderiert und zusammengefasst wurde das Gespräch von Dorte Huneke.

Kleine Chronik der deutsch-türkischen Migrationsgeschichte

Die Türkei und Deutschland beziehungsweise ihre jeweiligen Vorgängerstaaten verbinden enge politische und wirtschaftliche Beziehungen, die lange vor dem gemeinsam beschlossenen Anwerbeabkommen 1961 entstanden sind. Die folgende ausschnitthafte Darstellung umfasst Ereignisse der deutschen und der türkischen Geschichte aus den Bereichen Politik, Wirtschaft und Kultur, die auch für die gemeinsame Geschichte der Arbeitsmigration eine Rolle spielen.

1903–1940 Bau der Bagdadbahn
Die Eisenbahnstrecke soll im Auftrag von Sultan Abdulhamid II die beiden Metropolen Konstantinopel und Bagdad verbinden. Mit der Entwicklung der Baupläne sind seit Anfang der 80er-Jahre des 19. Jahrhunderts deutsche Ingenieure betraut.

1914–1918 Erster Weltkrieg
Preußen und das Deutsche Reich schließen militärische Bündnisse mit dem Osmanischen Reich. Wie Bulgarien tritt das Osmanische Reich den sogenannten Mittelmächten bei: einem Militärbündnis zwischen dem Deutschen Reich und Österreich-Ungarn.

1915/16 Massaker an den Armeniern
Unter der jungtürkischen Regierung des Osmanischen Reichs fallen schätzungsweise 1,5 Millionen Armenier Massakern und Todesmärschen zum Opfer.

1923 Gründung der Republik Türkei
Am 29. Oktober wird die Republik Türkei ausgerufen. Gründer und erster Präsident der nach dem Ersten Weltkrieg aus dem Osmanischen Reich hervorgegangenen Republik ist Mustafa Kemal Atatürk (1881–1938). Er führt radikale politische und kulturelle Reformen durch. Gemäß dem Vertrag von Lausanne werden die Kurden – im Gegensatz zu den Armeniern, Griechen und anderen nicht-muslimischen Bevölkerungsgruppen – nicht als ethnische Minderheit anerkannt.

1923	**Krisenjahr im Deutschen Reich**

Die seit 1914 spürbare Inflation gerät außer Kontrolle, die deutsche Währung ist einer Hyperinflation unterworfen und verliert ihre Kaufkraft, die deutsche Wirtschaft bricht zusammen. Mehrere Gruppierungen unterschiedlicher politischer Richtung lehnen sich gegen die Regierung auf. Es droht ein Bürgerkrieg.

1929	**Weltwirtschaftskrise**

1933	**Machtübernahme der NSDAP**

Adolf Hitler wird am 30. Januar deutscher Reichskanzler. Damit beginnt die systematische Diskriminierung und später millionenfache Verfolgung und Ermordung der jüdischen Bevölkerung, verschiedener Minderheiten und politisch Andersdenkender in Deutschland. Mehrere hundert Verfolgte finden in den 30er-Jahren Zuflucht vor den Nazis in der Türkei, darunter der spätere sozialdemokratische Bürgermeister von Westberlin, Ernst Reuter.

1937/38	**Dersim-Aufstand**

In der Region Dersim, die in etwa der heutigen Provinz Tunceli entspricht, wehrt sich die kurdische Bevölkerung der Zaza, die sogenannten Dersim-Kurden, gegen offizielle Bestrebungen der Regierung, ihnen nach den Grundsätzen der neu gegründeten Republik eine türkisch-sunnitische Identität aufzuerlegen. Das Militär schlägt die Revolte gewaltsam nieder. Zahlreiche Bewohner werden aus ihren Dörfern vertrieben, die Dörfer anschließend zerstört. Die Zahl der Todesopfer wird auf mindestens 10 000 geschätzt.

1938	**Novemberpogrome**

In der Nacht vom 9. auf den 10. November 1938, der Reichspogromnacht, werden im gesamten Deutschen Reich Synagogen und andere Gebetsräume, jüdische Geschäfte und Friedhöfe geschändet und zerstört. Nach offiziellen Angaben sterben in dieser Nacht 91 Menschen, 267 Gottes- und Gemeindehäuser werden zerstört, 7 500 Geschäfte verwüstet.

1939–1945	**Zweiter Weltkrieg**

Unter dem nationalsozialistischen Regime werden in Deutschland etwa 6 Millionen Juden ermordet, außerdem Roma und Sinti, Behinderte, Kommunisten und Sozialdemokraten, Homosexuelle, Zeugen Jehovas und andere Minderheiten oder Andersdenkende. Nach der Kapitulation Deutschlands am 8. Mai 1945 endet der Krieg. Die Siegermächte teilen Deutschland in vier Besatzungszonen ein. Ein ideologischer Konflikt zwischen den Westmächten unter Führung der USA und dem Ostblock unter Vormachtstellung der Sowjetunion, zwischen kapitalistischer Marktwirtschaft und sozialistischer Planwirtschaft, führt zum sogenannten Kalten Krieg.

| 1948 | **Währungsreform und Beginn des sogenannten Wirtschaftswunders** |

Die inflationäre Reichsmark-Währung wird durch die Deutsche Mark abgelöst. Ludwig Erhard, der ein Jahr später, 1949, sein Amt als Wirtschaftsminister im Kabinett Adenauer antritt und in den westlichen Besatzungszonen die Wirtschafts- und Währungsreform voranbringt, gilt mit seinem Konzept der Sozialen Marktwirtschaft als »Vater des Wirtschaftswunders«, wie der rasche wirtschaftliche Aufstieg der Bundesrepublik in den 50er-Jahren häufig bezeichnet wird.

1949   **Gründung der Bundesrepublik Deutschland**

1955   **Pogrome gegen die griechische Bevölkerung in Istanbul**
Ein von Nationalisten angeheizter Mob in Istanbul und anderen Städten wütet in der Nacht vom 6. auf den 7. September gegen die seit Jahrhunderten dort ansässige griechische Bevölkerung. Plünderungen, Brandschatzungen und brachiale Gewalt, die sich gegen sie richten, haben einen Exodus der Mehrheit der griechischen Bevölkerung zum Ziel und zur Folge.

1955   **Anwerbeabkommen zwischen der Bundesrepublik Deutschland und Italien**
Am 20. Dezember 1955 schließt Deutschland mit Italien ein Anwerbeabkommen, dem ähnliche Vereinbarungen mit anderen südeuropäischen Ländern folgen. Es regelt die Auswahlkriterien für die Bewerber vor Ort, aber auch Fragen wie Organisation und Kostenübernahme für die Anreise, Bezahlung der Gastarbeiterinnen und Gastarbeiter oder Familiennachzug.

1960   **Militärputsch in der Türkei**
Am 27. Mai putscht das türkische Militär nach gewalttätigen Auseinandersetzungen zwischen Studierenden und den Sicherheitskräften gegen die Regierung unter Adnan Menderes. In einem anschließenden Prozess wird auch eine Beteiligung der Regierung am Pogrom von Istanbul gegen die griechische Bevölkerung 1955 thematisiert. Menderes wird zum Tode verurteilt.

1960   **Anwerbeabkommen zwischen der Bundesrepublik Deutschland und Spanien**

1960   **Anwerbeabkommen zwischen der Bundesrepublik Deutschland und Griechenland**

1961   **August: Bau der Berliner Mauer**

1961   **Oktober: Anwerbeabkommen zwischen der Bundesrepublik Deutschland und der Türkei**
Das Anwerbeabkommen mit der Türkei (wie später auch mit Tunesien und Marokko) legt zunächst fest, dass nur unverheiratete Perso-

nen angeworben werden, ein Familiennachzug oder die Familienzusammenführung ausgeschlossen ist, eine Gesundheitsprüfung und
eine Eignungsuntersuchung für die anzunehmende Arbeit erfolgen
müssen. Für die Aufenthaltsdauer in Deutschland wird eine zeitli-
che Obergrenze von zwei Jahren festgeschrieben. Die Herkunft der
Arbeitskräfte ist anfangs nur auf die europäischen Gebiete der Türkei
begrenzt. Am 30. September 1964 tritt eine Neufassung des Abkom-
mens in Kraft, die diese Beschränkungen im Wesentlichen aufhebt.

1963   **Anwerbeabkommen zwischen der Bundesrepublik Deutschland und Marokko**

1963   **»Gastarbeiter-Knigge«**
Die Türkische Anstalt für Arbeit und Arbeitsvermittlung in Ankara
gibt eine türkischsprachige Broschüre für Arbeitsmigranten in
Deutschland heraus mit dem Titel: »Wie geht man als Arbeiter nach
Deutschland? – Lebensbedingungen in der Bundesrepublik Deutschland« (İşçi Olarak Almanya'ya Nasıl Gidilir ve Federal Almanya'da
Yaşama Şartları). Darin heißt es unter anderem: »Arbeitet fleißig,
wach und umsichtig und lernt schnell dazu, was ihr noch nicht wisst.
Haltet euch strikt an die Betriebsordnung. Kommt pünktlich und
geht pünktlich. Lasst euch nie krankschreiben, außer wenn es gar
nicht anders geht.«

1963   **Ankara-Abkommen**
Das Assoziierungsabkommen zwischen der Türkei und der Europäischen Wirtschaftsgemeinschaft (EWG) wird am 12. September
in Ankara unterzeichnet und tritt am 1. Dezember 1964 in Kraft.
In den folgenden Jahren wird es durch Protokolle und Beschlüsse
ergänzt. Das Abkommen eröffnet der Türkei die Möglichkeit eines
späteren Beitritts zum Europäischen Wirtschaftsraum.

1964   **Anwerbeabkommen zwischen der Bundesrepublik Deutschland und Portugal**

1964   **Der millionste Gastarbeiter**
Auf dem Bahnhof Köln-Deutz wird der millionste Gastarbeiter
in Deutschland begrüßt: Der Portugiese Armando Sá Rodrigues
bekommt ein Moped überreicht.

1964   **Der WDR spricht Türkisch**
Anfang November 1964 strahlt der WDR mit »Köln Radyosu« (Das
Kölner Radio) die erste Sendung einer deutschen Rundfunkanstalt
in türkischer Sprache aus. Das Programm richtet sich an türkische
Arbeitnehmerinnen und Arbeitnehmer. Zeitungen oder Fernseh-
programme in türkischer Sprache sind damals noch nicht erhältlich.
Bis heute wird die Sendung, die traditionell mit den Worten »Mer-

haba, burda Köln Radyosu!« (Hallo, hier Radio Köln!) beginnt, vom WDR produziert.

1965   **Anwerbeabkommen zwischen der Bundesrepublik Deutschland und Tunesien**

1965   **Erstes deutsches Ausländergesetz**
Das erste Ausländergesetz sichert den in der Bundesrepublik lebenden Ausländern alle Grundrechte zu, die laut Grundgesetz nicht nur deutschen Staatsbürgern vorbehalten sind, wie beispielsweise das Versammlungsrecht und das Recht auf freie Berufswahl. Die Regelung des Aufenthaltsrechtes für »Gastarbeiter« und ihre Familien überlässt es den Ausländerbehörden: Diese sollen weiterhin im Einzelfall nach »sorgfältiger Prüfung« darüber entscheiden, ob ein Verbleib des jeweiligen Antragstellers nach Ablauf der Laufzeit des ersten Arbeitsvertrages erwünscht erscheint.

1968   **Studentenbewegung**
Der Vietnamkrieg treibt nicht nur in den USA junge Menschen auf die Straße: Auch in Westdeutschland setzen sich vor allem Studentinnen und Studenten massenhaft für Frieden sowie gegen autoritäre Strukturen an den Universitäten wie auch in Politik und Gesellschaft ein. Statt in die Parlamente zieht es sie – als selbst ernannte Außerparlamentarische Opposition (APO) – massenhaft auf die Straße. Zentrale Themen neben dem »antiimperialistischen« Kampf sind die von der Bundesregierung 1968 verabschiedeten »Notstandsgesetze« (die die Außerkraftsetzung einiger Grundrechte im Krisenfall vorsehen) sowie die Verstrickung der Elterngeneration in den Nationalsozialismus. Einzelne Mitglieder militarisieren sich im Verlauf der Bewegung, was in den linksradikalen Terrorismus der 70er-Jahre münden wird. Andere beginnen erfolgreiche politische Laufbahnen – Joschka Fischer zum Beispiel, der 1998 Bundesaußenminister und Daniel Cohn-Bendit, der 1989 erster Dezernent für multikulturelle Angelegenheiten in Frankfurt am Main und 1994 Europaparlamentarier für die französischen Grünen werden wird.
Auch in der Türkei besetzen 1968 Studierende den Campus der Universität Istanbul und in Ankara die Technische Universität. Zahlreiche politisch Verfolgte kommen aus der Türkei in die Bundesrepublik und finden dort Asyl.

1968   **Anwerbeabkommen zwischen der Bundesrepublik Deutschland und Jugoslawien**

1969   **Der millionste Gastarbeiter aus Südosteuropa**
Der aus Konya in Zentralanatolien stammende İsmail Bahadır wird als der millionste »Gastarbeiter aus dem südosteuropäischen Raum«

am Münchner Hauptbahnhof willkommen geheißen und erhält einen Fernseher als Geschenk.

1969 **Erster Direktflug in die Türkei**
Vural Öger gründet das »Reisebüro Istanbul« in Hamburg und bietet erstmals Direktflüge von Hamburg in die Türkei an; aus dem Unternehmen geht 1973 die Öger Türk Tour GmbH hervor. 1982 gründet der einst als Student nach Deutschland gekommene Unternehmer die Öger Tours GmbH in Hamburg.

1971 **Militärputsch in der Türkei**
Nach heftigen politischen Unruhen, Großdemonstrationen und Protestaktionen im Zuge der Studentenbewegung sowie zahlreichen Streiks der Arbeiter und Gewerkschaften macht das türkische Militär am 12. März über den staatlichen Radiosender TRT die Regierung für die sozialen und wirtschaftlichen Missstände verantwortlich und droht in einem Ultimatum mit ihrer Enthebung. Die Regierung unter Süleyman Demirel tritt zurück.

1972 **Hinrichtung von Deniz Gezmiş**
Am 6. Mai wird der 25-jährige Deniz Gezmiş, ein aktives Mitglied der türkischen 68er-Bewegung und einer der Gründer und Führer der Untergrund-Organisation »Volksbefreiungsarmee der Türkei«, erhängt.

1973 **Anwerbestopp**
Die Rezession der bundesrepublikanischen Wirtschaft in den Jahren 1966/67 lässt die Anwerbebestrebungen von Arbeitskräften aus der Türkei zurückgehen. Am 23. November 1973 beschließt die Bundesregierung einen Anwerbestopp, der sämtliche Anwerbeländer betrifft. Für Gastarbeiter, die bereits im Land leben – unter ihnen etwa 600 000 Türken – hat der Anwerbestopp keine Auswirkungen. Viele von ihnen bleiben in Deutschland. Der gesetzlich geregelte Familiennachzug gewährt ihnen, ihre Angehörigen zu sich zu holen.

1975 **Gastarbeiter-Filmgeschichte: »Shirins Hochzeit«**
Im Auftrag des WDR entsteht einer der ersten, aus türkischer Sicht erzählten deutschen Spielfilme über das Leben der Gastarbeiter in Deutschland. Das Drehbuch für das kontroverse Drama stammt von der deutschen Filmemacherin Helma Sanders-Brahms und dem türkeistämmigen Berliner Schriftsteller Aras Ören.

1978 **Gründung der PKK**
Am 27. November geht unter dem Einfluss der Befreiungsbewegungen in Dritte-Welt- und Schwellenländern aus der linksgerichteten prokurdischen Bewegung der »Kurdistan Revolutionäre« die

Arbeiterpartei Kurdistans, PKK, hervor, die zunächst eine marxistisch-leninistische Politik verfolgt. Unter ihrem Anführer Abdullah Öcalan unternimmt sie militante Aktionen gegen die Innenpolitik des türkischen Staates und gegen die türkische Armee.

1979   **Kühn-Memorandum**

Als Meilenstein in der Integrationspolitik der Bundesrepublik gilt der erste Bericht des 1978 gegründeten Amtes des Ausländerbeauftragten, dessen erster Leiter Heinz Kühn (SPD) wird. Die Kernaussage des nach ihm benannten Papiers: Deutschland ist ein Einwanderungsland und müsse den »Gastarbeitern« eine dauerhafte Integration ermöglichen. Darunter fasst das Memorandum unter anderem die unbeschränkte Ausbildungs- und Arbeitserlaubnis für ausländische Jugendliche, das Recht auf Einbürgerung für in Deutschland geborene oder aufgewachsene Jugendliche aus Zuwandererfamilien, die Erteilung des kommunalen Wahlrechts nach längerem Aufenthalt sowie die volle rechtliche und tatsächliche Gleichstellung von Ausländern in Deutschland.

1980   **Militärputsch in der Türkei**

Am 12. September putscht das Militär zum dritten Mal seit Gründung der türkischen Republik, angeblich zur Sicherung der nationalen Einheit. General Kenan Evren verhängt das Kriegsrecht und verbietet alle politischen Parteien. Die Regierung wird des Amtes enthoben. Gewerkschaften, Vereine und Stiftungen werden verboten, ihre Funktionäre vor Gericht gestellt. Tausende politische Gefangene werden gefoltert und zum Tode verurteilt; es kommt zu Festnahmen Hunderttausender.

1981   **Heidelberger Manifest**

15 deutsche Hochschulprofessoren warnen im Juni in einem Manifest vor einer »Unterwanderung des deutschen Volkes« und einer »Überfremdung« der deutschen Sprache, der Kultur und des »Volkstums«. Mehrere Zeitschriften drucken das Manifest im Wortlaut ab. Im Februar 1982 unterzeichnet eine 24-köpfige Professorengruppe der Ruhr-Universität Bochum ein Gegenmanifest zur Völkerverständigung.

1983   **Gesetz zur Förderung der Rückkehrbereitschaft von Ausländern**

Angesichts steigender Arbeitslosenzahlen bietet die Bundesregierung ausländischen Arbeitern finanzielle Anreize für eine Rückkehr in ihre Heimat. Ehemalige Gastarbeiter, die arbeitslos geworden sind, können eine Rückkehrhilfe in Höhe von 10 500 DM plus 1 500 DM je Kind beantragen. Bis Mitte Januar 1984 gehen 3 200 Anträge für eine Rückkehrprämie ein, zu mehr als vier Fünfteln von Türken.

1984 **Beginn des bewaffneten Kampfes zwischen der PKK und der türkischen Armee**

Die seit 1978 geführte Auseinandersetzung um die Freiheit der Kurden und einen unabhängigen kurdischen Staat schlägt in einen bewaffneten Kampf um, angeführt von der Arbeiterpartei Kurdistans (PKK) unter Abdullah Öcalan. Die türkische Armee schlägt unerbittlich zurück. Die Lage gleicht einem Bürgerkrieg. Die bewaffneten Kämpfe dauern mit Unterbrechungen bis heute an. Die Zahl der Todesopfer seitdem wird auf 40000 geschätzt, die meisten gehören der kurdischen Bevölkerung an. Der Parteigründer und langjährige Vorsitzende Öcalan wird 1999 zum Tode verurteilt; das Urteil wird 2002 in eine lebenslange Haftstrafe umgewandelt.

1985 **Buch- und Filmprojekt »Ganz unten«**

Der Kölner Journalist Günter Wallraff verkleidet sich als türkischer Arbeiter und veröffentlicht seine mit einer versteckten Kamera dokumentierten Erfahrungen unter dem Titel »Ganz unten«. Das Buch erscheint zunächst in Deutschland und in der Türkei und löst breite Debatten aus, die vorübergehend zu einer Verbesserung der Arbeitsbedingungen führen. Es wird in 38 Sprachen übersetzt.

1989 **Ausländerfeindlichkeit**

Die rechtsextreme Partei der Republikaner betreibt Wahlkampfwerbung mit Bildern türkischer Familien, die mit Musik aus dem Film »Spiel mir das Lied vom Tod« unterlegt sind. Im Januar wird die Partei mit 7,5 Prozent der Stimmen erstmals in das Abgeordnetenhaus von Westberlin gewählt.

1990 **Deutsche Vereinigung**

Nach der friedlichen Revolution von 1989 in der Deutschen Demokratischen Republik fällt im November 1989 die Berliner Mauer; am 3. Oktober 1990 tritt die DDR der Bundesrepublik Deutschland bei, die Deutsche Einheit wird vollzogen. Damit endet nach vier Jahrzehnten die deutsche Teilung.

1991 **Neues Ausländergesetz**

Ein neues Ausländergesetz verschafft vielen ehemaligen Gastarbeitern und ihren Familien mehr Rechtssicherheit. Wer seit acht Jahren rechtmäßig im Land lebt, für seinen Lebensunterhalt sorgt und binnen der letzten drei Jahre nicht straffällig wurde, hat fortan Anspruch auf einen dauerhaften Aufenthalt.

1991/92 **Brandanschläge und Morde in Mölln, Solingen und anderen Städten in Deutschland**

Die fremdenfeindliche Gewalt nimmt eine neue Dimension an. In den neuen Bundesländern greifen Jugendliche 1991 in Hoyerswerda und 1992 in Rostock unter dem Jubel applaudierender Anwohner Ausländerwohnheime an. Bald zeigt sich, dass das Problem nicht auf die östlichen Bundesländer begrenzt bleibt: Ende 1992 sterben zwei türkische Mädchen und ihre Großmutter bei einem Mordanschlag in der schleswig-holsteinischen Kleinstadt Mölln. Ein halbes Jahr später fallen zwei türkische Mütter und ihre drei Töchter einem Brandanschlag in Solingen (NRW) zum Opfer.

1993   **Anschlag auf das Madımak-Hotel in Sivas**
Am 2. Juli kommen in Sivas (kurdisch: Sêwas) in Zentralanatolien 37 Menschen ums Leben: vor allem alevitische Musiker, Schriftsteller, Dichter und Verleger, auch Kinder und Jugendliche, die zum alevitischen Pir-Sultan-Abdal-Kulturfestival angereist waren. Eine religiös motivierte, aufgepeitschte Menge steckte das Hotel in Brand. Unter den wenigen Überlebenden ist der berühmte Satiriker Aziz Nesin.

1998   **Grenze der Belastbarkeit**
Bundesinnenminister Otto Schily (SPD) diagnostiziert kurz nach seinem Amtsantritt: »Die Grenze der Belastbarkeit Deutschlands durch Zuwanderung ist überschritten.«

1999   **Die Türkei wird offizieller EU-Beitrittskandidat**
Am 11. Dezember wird der Türkei offiziell der Status als EU-Beitrittskandidat zuerkannt. Ein Beschluss auf dem EU-Gipfel in Kopenhagen 2002 sieht vor, dass die EU im Dezember 2004 über die Aufnahme von Beitrittsverhandlungen entscheiden soll, sobald die Türkei die politischen Bedingungen der Kopenhagener Kriterien erfüllt.

2000   **Neues Staatsangehörigkeitsrecht**
Erstmals werden Kinder ausländischer Eltern unter bestimmten Voraussetzungen automatisch Deutsche, wenn sie in Deutschland geboren werden. Allerdings müssen sie sich bis zum 23. Lebensjahr entscheiden, ob sie den deutschen oder den Pass des Herkunftslandes ihrer Eltern behalten wollen. Erwachsene Ausländer erhalten nach acht Jahren rechtmäßigen Aufenthalts in Deutschland einen Anspruch auf Einbürgerung. Voraussetzung ist, dass sie Deutsch sprechen, die deutsche Gesellschaft kennen und ihren Lebensunterhalt selbst bestreiten.

2001   **Anschläge auf das World Trade Center in New York**
Bei Anschlägen islamischer Terroristen auf das US-amerikanische Finanzzentrum am 11. September 2001 sterben mehr als 3 000 Menschen. Weltweit werden daraufhin Sicherheitsvorkehrungen und -gesetze massiv verschärft. Die Vereinigten Staaten reagieren mit einem Militärschlag gegen Afghanistan. Auch in Deutschland gerät

der Islam stärker als je zuvor in den Fokus des Interesses: Die Skepsis gegenüber Muslimen nimmt, bis zu einer messbar gestiegenen Islamfeindlichkeit, zu – aber auch das Interesse am Islam. Die Kommunen treten zunehmend mit »ihren« Muslimen in den Dialog; immer mehr der meist in Hinterhöfen wirkenden Moscheevereine bauen und gründen weithin sichtbare islamische Gebetshäuser. Auch die islamwissenschaftlichen Studiengänge an deutschen Universitäten erleben nach dem 11. September einen nie gekannten Zulauf.

2002   **Schächten unter Auflagen zulässig**
Das Bundesverfassungsgericht erklärt das sogenannte Schächten, das Schlachten von Tieren nach islamischem oder jüdischem Brauch, für zulässig. Allerdings dürfen nur Sachkundige in einem registrierten und überwachten Schlachtbetrieb Tiere schächten. Tierschützer kritisieren das Urteil, weil die Tiere beim Schächten unbetäubt getötet werden.

2004   **Ausgezeichnet: Fatih Akın**
Der deutsch-türkische Filmregisseur, Drehbuchautor, Schauspieler und Produzent Fatih Akın, Sohn türkischer Gastarbeiter, gewinnt mit »Gegen die Wand« den Goldenen Bären der Berlinale, den Deutschen Filmpreis sowie den Europäischen Filmpreis und erringt international Aufmerksamkeit.

2005   **Erstes Landesministerium für Integration**
Nordrhein-Westfalen schafft als erstes Bundesland ein Ministerium für Integration. Erster Amtsinhaber wird Armin Laschet (CDU). Nach dem Wahlsieg von SPD und Grünen bei den Landtagswahlen 2010 übernimmt der Sozialdemokrat Guntram Schneider das Amt.

2005   **Neues Zuwanderungsgesetz**
Das Gesetz zur Steuerung und Begrenzung von Zuwanderung ersetzt das Ausländergesetz von 1991. Vor allem Hochqualifizierte können sich nun leichter in Deutschland niederlassen. Bei Flüchtlingen werden auch nichtstaatliche und geschlechtsspezifische Verfolgung als Asylgründe anerkannt. Aber auch die Abschiebung von Ausländern, die als Sicherheitsrisiko gelten, wird erleichtert. Auch sogenannte Hassprediger, Schleuser und Funktionäre verbotener Vereine können schneller abgeschoben werden. Zuvor sechs verschiedene Aufenthaltstitel werden durch zwei ersetzt: durch eine befristete Aufenthalts- und eine unbefristete Niederlassungserlaubnis.

2005   **Beitrittsverhandlungen der Türkei mit der Europäischen Union**
Die Verhandlungen mit der Türkei werden offiziell in der Nacht vom 3. zum 4. Oktober aufgenommen. Sechs Jahre zuvor war der Türkei auf der Grundlage des Ankara-Abkommens von 1963 der Status eines offiziellen EU-Beitrittskandidaten zuerkannt worden.

2006   **Integrationsgipfel**
Bundeskanzlerin Angela Merkel (CDU) macht das Thema Integration zur Chefsache. Rund 80 Teilnehmer, darunter 30 Vertreter von Migrantenverbänden, kommen zum ersten Integrationsgipfel ins Bundeskanzleramt. Beschlossen wird ein »Nationaler Integrationsplan« mit etwa 400 Selbstverpflichtungen seitens des Staates, aber auch der Selbstorganisationen, der später in ein »Bundesweites Integrationsprogramm« fortentwickelt wird. Hintergrund sind vor allem die schlechteren Bildungschancen und -resultate von Jugendlichen aus Zuwandererfamilien.

2006   **Einführung der Deutschen Islam Konferenz (DIK)**
Die vom Bundesinnenministerium ins Leben gerufene Deutsche Islam Konferenz soll die Integration der Muslime in Deutschland voranbringen und den Dialog mit ihnen verbessern. Die DIK, die sich aus Vertretern von Bund, Ländern und Kommunen, islamischen und türkischen Verbänden sowie muslimischen Einzelpersonen zusammensetzt, tagt etwa einmal im Jahr. Zu ihren Themen gehören die islamische Unterweisung an Schulen, die Gleichberechtigung von Mann und Frau sowie die Prävention islamistischer Strukturen und Tendenzen

2007   **Zuwanderungsrecht mit neuen Auflagen**
Die Bundesregierung verschärft das Zuwanderungsrecht. Ehepartner, die nach Deutschland nachziehen wollen, müssen fortan einfache Deutschkenntnisse nachweisen. Wer kein Deutsch spricht, muss in der Heimat einen Sprachkurs belegen. Mit der Reform will die Bundesregierung den Nachzug zwangsverheirateter Frauen verhindern und die Integration bereits in Deutschland lebender Zuwanderer fördern. Türkische Verbände protestieren heftig und sagen für das laufende Jahr ihre Teilnahme am Integrationsgipfel ab.

2008   **Erster deutscher Parteivorsitzender mit türkischen Wurzeln**
Cem Özdemir, der als Sohn einer Gastarbeiterfamilie in Baden-Württemberg aufwuchs und sich selbst als »anatolischen Schwaben« bezeichnet, wird im November 2008 der erste türkeistämmige Parteivorsitzende in Deutschland (Bündnis 90/Die Grünen).

2009   **Erster türkischer Tatort-Kommissar**
Der in Niedersachsen aufgewachsene Schauspieler Mehmet Kurtuluş wird der erste türkeistämmige Hauptdarsteller der beliebtesten deutschen Krimiserie. An der Seite von Maria Furtwängler spielte er unter anderem bereits 2007 in der viel diskutierten Tatort-Folge »Wem Ehre gebührt«, die das Alevitentum in Deutschland thematisierte.

2010   **Erste türkeistämmige Ministerin**
            Die als Tochter eines Gastarbeiters in Hamburg geborene CDU-Poli-
            tikerin Aygül Özkan wird Ministerin für Soziales, Frauen, Familie,
            Gesundheit und Integration in Niedersachsen. Sie ist die erste tür-
            keistämmige und muslimische Ministerin der Republik. 2011 wird
            die in Malatya geborene Bilkay Öney (SPD) Ministerin für Integra-
            tion des Landes Baden-Württemberg.

2010   **Erste deutsch-türkische Universität in der Türkei**
            In Istanbul wird der Grundstein für die erste deutsch-türkische
            Hochschule gelegt. Rund 5000 Studierende aus beiden Ländern
            sollen hier überwiegend in deutscher Sprache und von deutschen
            Hochschullehrern auf den internationalen Arbeitsmarkt vorbereitet
            werden. Das Kooperationsprojekt soll Ende 2011 den Betrieb auf-
            nehmen.

2010   **Amt für Auslandstürken**
            Die türkische Regierung eröffnet ein eigenes Amt für im Aus-
            land lebende Staatsbürger. Erster Amtsinhaber wird Faruk Çelik.
            Der Minister betont bei der Eröffnung, die Auslandstürken sollten
            sich in ihren jeweiligen Ländern gut integrieren, aber ihre Identi-
            tät bewahren.

2010   **»Der Islam gehört zu Deutschland«**
            In seiner Rede zum 20. Jahrestag der Deutschen Einheit warnt Bun-
            despräsident Christian Wulff vor der Ausgrenzung von Migranten
            und dem Auseinanderdriften der Gesellschaft in Deutschland. Der
            Islam gehöre inzwischen zu Deutschland. Schon Goethe habe vor
            200 Jahren festgestellt: »Orient und Okzident sind nicht mehr zu
            trennen.«

2011   **Wahlrecht für in Deutschland lebende Türken – in der Türkei**
            Im Vorfeld der Parlamentswahlen im Juni 2011 will Ministerpräsi-
            dent Recep Tayyip Erdoğan die Stimmabgabe von mehreren Mil-
            lionen Türken außerhalb der Türkei durch die Aufstellung von
            Wahlurnen in türkischen Auslandsvertretungen erleichtern. Nach
            Schätzungen der türkischen Regierung leben rund 1,5 Millionen
            wahlberechtigte Türken in Deutschland. Die Einführung eines
            Briefwahlrechts wird vom türkischen Verfassungsgericht gestoppt.

2011   **50. Jahrestag des Anwerbeabkommens zwischen der Bundesre-
            publik Deutschland und der Türkei am 30. Oktober**

Herausgeberinnen, Autorinnen und Autoren

Jeannette Goddar studierte Politikwissenschaft und Internationale Beziehungen in Marburg, Berlin und Amsterdam. Sie arbeitet als freie Journalistin in Berlin. Seit den frühen 90er-Jahren begleiten sie die Themen Migration und Integration, Interkulturelles und Islam, Bildung und Wissenschaft. Sie veröffentlicht(e) unter anderem in: Frankfurter Rundschau, Spiegel Online, Süddeutsche Zeitung, Das Parlament, De Groene Amsterdammer, tageszeitung (taz), Tagesspiegel, Freitag, Rheinischer Merkur, Die Woche, Die Zeit, zitty.

Dorte Huneke, 1975 in Köln geboren, studierte Anglistik, Amerikanistik und Neuere Deutsche Literaturwissenschaft in Bonn und Berlin, außerdem Deutsch als Fremdsprache. Seit 2001 arbeitet sie als freie Autorin und Übersetzerin in Berlin, Köln und Istanbul. 2004 veröffentlichte sie zusammen mit Roger Boyes die Studie »Lebt es sich leichter als Türke in Berlin oder als Pakistani in Bradford?«. Sie ist Co-Kuratorin der Wanderausstellung »Erinnerungen an eine neue Heimat. Aus dem Leben deutscher Frauen in Istanbul und türkischer Frauen in Berlin« (Istanbul 2010) und verfasste dazu den Katalog. Sie ist Geschäftsführerin und Projektkoordinatorin des KulturForums TürkeiDeutschland in Köln.

Prof. Dr. Barbara John (CDU) war von 1981 bis 2003 Ausländerbeauftragte im Berliner Senat und unterrichtete mehrere Jahre Deutsch als Zweitsprache. Als Honorarprofessorin lehrt sie am Institut für Europäische Ethnologie der Humboldt-Universität Berlin, seit 2003 ist sie Koordinatorin für Sprachförderung bei der Senatsverwaltung für Bildung, Wissenschaft und Forschung in Berlin und Vorsitzende des Expertengremiums für Integrationssprachkurse beim Bundesamt für Migration und Flüchtlinge (BAMF). Barbara John ist Vorsitzende des Paritätischen Wohlfahrtsverbandes Berlin, des Beirats der Antidiskriminierungsstelle des Bundes und Mitglied des Kuratoriums der Muslimischen Akademie in Deutschland.

Sabine Küper-Büsch, in Werne geboren, studierte in Hamburg Politikwissenschaft, Soziologie und Germanistik. Sie lebt seit Anfang der 90er-Jahre in ihrer Wahlheimat Istanbul, pendelt regelmäßig nach Deutschland und fühlt sich in beiden Ländern zu Hause. Mit ihrem Mann Thomas Büsch produziert sie Filme und Fernsehbeiträge und schreibt als Korrespondentin für die NZZ am Sonntag. Beide sind im Rahmen ihrer Arbeit für den türkischen Kulturverein »Dialog« als Kuratoren und Veranstaltungsorganisatoren in der interkulturellen Kulturarbeit aktiv.

Osman Okkan, 1947 in Ankara geboren, studierte nach seinem Schulabschluss in Istanbul Wirtschaft und Soziologie in Münster. Der Journalist und Filmemacher war von 1986 bis 2006 Redakteur beim WDR. Zu seinen Filmen gehören »Gedanken wie Zündstoff – Intellektuelle in der Türkei« (ARTE/WDR, 1996), »Vertrieben für Frieden – Als Griechen und Türken getrennt wurden« (ARTE/WDR, 2003, mit Simone Sitte), »Mordakte Hrant Dink – Armenier in der Türkei« (ARTE/WDR, 2009, mit Simone Sitte), »Menschenlandschaften. Sechs Autorenportraits der Türkei« (WDR/Robert Bosch Stiftung, 2010/11) mit Porträts der Autoren Nazım Hikmet, Yaşar Kemal, Orhan Pamuk, Elif Şafak, Murathan Mungan, Aslı Erdoğan. Er gehört zu den Initiatoren des KulturForums TürkeiDeutschland, der Griechisch-Türkischen Freundschaftsinitiative und des Hrant Dink Forums Köln.

Semra Pelek, 1976 in Böblingen bei Stuttgart geboren, verbrachte ihre Kindheit in Deutschland, zog als Elfjährige mit ihrer Mutter und den Geschwistern in die Türkei. An der Universität Istanbul studierte sie Publizistik. Seit 1998 arbeitet sie als Journalistin in Istanbul, unter anderem für die Tageszeitungen Milliyet, Sabah, Akşam, die Zeitschrift Tempo, und für die Deutsche Welle in Bonn. Zuletzt schrieb sie Beiträge für das politische Online-Portal »Bianet«. Sie gehört zu den Gründungsmitgliedern der Partei für Gleichheit und Demokratie (EDP).

Sinan Şat, 1987 in Gelsenkirchen geboren, bezeichnet sich als »Kind des Ruhrgebiets«. Sein Vater stammt aus Bursa im Westen der Türkei und kam als Flüchtling nach dem Militärputsch 1980 über Griechenland nach Deutschland. In Griechenland lernte der Vater seine zukünftige Frau, Sinans Mutter, kennen, die aus Hatay, im Osten der Türkei, stammt. Sinan Şat absolvierte nach seinem Abitur 2007 in Gelsenkirchen in einem Jugendhaus der Evangelischen Kirche den Zivildienst. Er studiert seit 2008 in Duisburg Politikwissenschaft und ist seither auch Redaktionsmitglied der Westdeutschen Allgemeinen Zeitung (WAZ).

Günter Wallraff, wurde 1942 in Burscheid bei Köln geboren, sein Vater arbeitete bei Ford in Köln. Bekannt wurde der Journalist durch seine Reportagen seit